KB060697

기호의 정치경제학 비판

쟝 보드리야르 지음

이규현 옮김

1992

차 례

기능-기호와 계급의 논리*

1. 물건-기호의 사회적 기능

경험론의 가설: 욕구와 사용가치

물건들의 실제를 다양한 계급과 범주에 따라 조절하는 사회적 논리의 분석은 동시에 '소비' 이데올로기의 비판적 분석일 수밖에 없는데, 그 이유는 소비 이데올로기가 오늘날 물건들에 관련된 모든 실제의 기초를 이루기 때문이다. 이 이중의 분석——물건들 각각의 독특한 사회적 기능에 대한 분석과 물건들에 결부되어 있는 이데올로기의 정치적 기능에 대한 분석——은 절대적인 선결 조건, 곧 욕구에 입각하여 물건들을 보는 자연발생적인 시각, 물건들의 사용가치에 우선권이 있다는 가설을 넘어서는 것에서 출발해야 한다.

자명한 경험적 사실로 뒷받침되는 이 가설은 기능적 지위, 세상 사람들에 대한 기술적 조작에 연결된 도구의 지위, 그리하여 심지어는 개인의 '자연스러운' 인류학적 욕구들에 대한 조정의 지위를 물건들에 할당한다. 이러한 관점에서는 물건들이 무엇보다도 먼저 욕구의 함수이며 환경에 대한 사람의 경제적 관계 안에서 의미를 띤다.

이 경험론의 가설은 틀린 것이다. 물건의 일차적인 지위가 그 뒤에 기호의 사회적 가치에 의해 다원적으로 결정될 실용적 지위이기는커녕, 기본적인 것은 바로 교환가치 기호[1]이다——사용가치는 흔

---

* 『코뮈니카시옹』, 13, 1969에 실린 글.
1) (역주): 기호로서의 교환가치라는 의미로서, 양면성을 지닌 하나의 개념이다. 뒤에서는 교환가치/기호로 표기되기도 한다.

히 교환가치의 실제적인 보증(게다가 심지어는 순수하고 단순한 합리화)일 뿐이다. 비록 역설적인 형식을 띠고 있지만, 바로 이것이 단 하나의 올바른 사회학적 가설이다. 욕구와 기능은 구체적인 자명성을 띠고 있지만 결국은 추상적인 층위, 대상들에 대한 의심할 여지 없는 담론만을 표현하는데, 그 담론에 비해 사회적 담론은 대체로 무의식적이며 그만큼 근본적인 것으로 보인다. 물건들과 소비에 관한 참된 이론은 욕구와 욕구의 충족에 관한 이론이 아니라 사회적 급부(給付)[2]와 의미 작용 *signification*[3]에 관한 이론을 근거로 삼을 것이다.

상징적 교환: '쿨라'와 '포틀래치'

원시 사회를 암시하는 것은 의심할 나위없이 위험하다——그렇지만 재물(음식물 또는 사치품)의 소비는 본래 여러 가지 욕구들의 개인적 관리에 부응하지 않는다는 것, 위세와 위계적 분배의 사회적 작용이라는 것을 기억해야 한다. 재화의 소비는 먼저 생명의 필요 또는 '당연한 권리'가 아니라 그야말로 문화적 강제에 종속한다. 요컨대 하나의 제도이다. 재화를 비롯한 물건들은 사회적 위계가 명백해지도록 마땅히 생산되고 교환되어야 한다(때때로는 격심한 낭비의 형태로 말이다). 트로브리안드 산호섬군[4] 주민들의 경우(말리노프스키), 경제적 기능과 기능/기호 사이에는 근본적인 구분이 있다.

---

2) (역주): 인류학상의 개념으로, 결혼 전이나 결혼 후 처음 몇 년 동안 신랑이 처가를 위해 일해야 하는 기간, 신랑이나 그의 부모가 신부의 부모에게 제공해야 하는 재화를 정하는 제도를 가리킨다. 신부의 부모는 신랑 측의 급부에 대해 반대 급부를 제공할 수 있다. 그리하여 두 가족 사이에 교환의 순환 과정이 시작될 수 있다. 우리나라의 함, 데릴사위 제도는 사회적 급부의 한 형태이다. 여기에서는 좀더 폭넓은 의미로 쓰인 것 같다.

3) (역주): 좁게는 기표와 기의를 맺어주는 상호적인 관계(언어학상의 의미)이지만, 이 책에서는 좀더 폭넓게, 이를테면 후서를의 현상학에 등장하는 의미, 곧 "여러 있음직한 모형들에 따라 배열된 일단의 기호들과 의미를 실어나르는 것으로 여겨지는 일단의 실체들 사이의 소통"이란 의미로 쓰이고 있다. 이 개념은 또한 동일자로서의 통일적 의미로 나아가는, 또는 그러한 통일적 의미를 드러내는 과정을 함축하므로, 필시 추상(추상작용)을 수반할 것이다.

4) (역주): 파푸아뉴기니의 동쪽에 위치한 태평양의 뗴섬으로, 영국의 인류학자 말리노프스키의 연구로 유명하다.

12

말하자면 대조적인 두 체계──팔찌와 목걸이 등 장식물의 유통과 연쇄적 증여에 기반을 둔 상징적 교환 체계, 곧 '쿨라*kula*'[5]와 기본적인 재물의 거래인 '짐왈리*gimwali*'──에 연결되는 두 등급의 물건들이 있다.

우리들의 사회에서는 이러한 분리가 없어졌다(하기야 완전히 없어진 것은 아니다: 지참금·선물 등). 그렇지만 구입과 매매와 사적 소유의 모든 상부 구조 뒤에는 사회적 급부의 기제가 있으며 우리들의 선택, 우리들의 축적, 우리들의 물건 취급, 그리고 우리들의 물건 소비에서 읽어내야 하는 것은 실로 언제나 그 기제──가치 체계와 사회적 위계 질서로의 통합 체계에서 그야말로 밑바닥을 이루는 차별과 위세의 기제──이다. '쿨라'와 '포틀래치*potlatch*'[6]가 사라지긴 했지만, 그것들의 원리는 남아 있는바, 우리는 그 원리를 물건들에 관한 사회학적 이론의 기반으로 삼을 것이다──게다가 물건들이 증가하고 구별됨에 따라 그 원리는 틀림없이 점점 더 진실에 근접할 것이다. 말하자면 욕구와의 관계나 사용가치가 아니라 상징적 교환, 사회적 급부, 경쟁, 그리고 극단적으로는 계급 판별식의 가치일 것이다──이것이 바로 '소비'에 대한 사회학적 분석의 기본을 이루는 개념적 가설이다.

과시적 소비

물건들의 이 기본적인 기능은 소스타인 베블런Thorstein Veblen[7]

---

5) (역주): 트로브리안드 떼섬 사람들의 교환 체계로서, 의식 체계 밖에서는 제조자의 자본도 소비물도 교환의 매체도 아닌 붉은 조개껍질 목걸이와 흰 조개껍질 팔찌만이 정해진 경로를 따라 교환된다. 그것들은 사용하기 위해서라기보다는 오히려 위세와 서열을 획득하기 위해 소유된다. 제한된 수의 사람들만이 '쿨라'에 참여할 수 있는데, 각자는 '쿨라' 물품을 비교적 짧은 기간 동안 지니고 있다가 자신의 편에게 건네주고 그것을 받은 자는 그 대신에 다른 하나의 물품을 상대방에게 준다. 그렇게 해서 생긴 제휴 관계는 평생 계속된다.

6) (역주): 원래는 북아메리카 인디언들이 축제일에 행하는 지위 과시용 선물 분배 행사로서, 상류 계급에 속하는 한 개인 또는 집단이 다른 사회 계급의 개인에게 일정한 수의 선물을 주는데, 그러한 선물을 받은 자는 선물을 준 자를 긍정적으로 대하면 그만일 뿐, 어떤 다른 것을 상환물로서 제공해서는 안 된다.

의 분석[8]에서 '과시적 낭비'(보란 듯한 사치, 위세를 떠는 지출 또는 소비)라는 개념 아래 더 폭넓게 메아리친다. 베블런이 입증하고 있듯이, 종속된 계급은 무엇보다도 먼저 일하고 생산하는 것을 직분으로 삼고 있지만, 이와 동시에 '주인나리'의 생활 수준을 자랑삼아 내보이는 것도 그 계급의 기능(그리고 하는 일 없이 빈둥빈둥 지내는 경우에는 유일한 기능)이다. 이처럼 여자·'심복'·하인은 신분의 지수들이다. 수적으로 남아돌고 무위도식하는 가운데 주인의 권세와 부를 여실히 드러내는 이 범주의 사람들도 역시 소비를 하기는 하지만, 그들의 소비는 '주인나리'의 이름으로 행해진다('대리 소비'). 그러므로 그들의 기능은 경제적으로는 '쿨라'나 '포틀래치'에서 찾아볼 수 있는 물건들의 기능에 지나지 않으며, 더 나아가서는 가치들의 위계를 설정하거나 유지하는 것이다. 베블런은 이러한 관점에 입각하여 가부장제 사회에서의 여성의 지위를 분석한다. 말하자면 음식을 먹이기 위해서가 아니라 일을 시키기 위해 노예의 생활을 돌봐주듯이, 여자를 아름답게 꾸미기 위해서가 아니라 여자의 사치를 통해 주인의 정당성이나 사회적 특권이 여실히 드러나도록 여자에게 호화로운 옷을 입힌다는 것이다(흔히 여자들에게 사회적 부속물로 작용하는 '교양'의 경우에도 사정은 마찬가지이다. 특히 살림이 넉넉한 계급에서 여자들의 교양은 그녀들이 속한 집단의 자산 가운데 일부를 이룬다). 이 '대리 소비,' '남을 대신하여 행하는 소비'의 개념은 대단히 중요하다. 이 개념은 소비에 관한 기본적인 정리(定理), 곧 소비란 개인의 향락과는 아무런 관계도 없다는 것(여자가 매우 기꺼이 아름다워지려고는 하지만), 소비는 사회 생활 당사자들의 의식에 의해 숙고되기도 전에 그들의 행동을 결정짓는 강제적인 '사회 제도'라는 것 쪽으로 우리를 이끌어간다.

더 나아가 이 개념은 우리로 하여금 소비를 현재 소비가 자처하

---

7) (역주): 미국의 경제학자·사회학자(1857~1929)로서, 주변론을 비판한 뒤, 마르크스주의로부터 영향을 받았지만, 뒤이어 기술주의 사회를 향한 변화를 예감하고 마르크스주의에서 멀어진다. 그는 수요에 영향을 주는 요인들 가운데, 과시적 소비를 낳는 사회적 경쟁심을 명백하게 설명한다 ('베블런 효과').

8) Th. 베블런, 『유한 계급론』, 1899, 불어판, 갈리마르, 파리, 1969.

는 것으로, 이를테면 일반화된 개인적 욕구 충족으로가 아니라——
다른 집단이나 계급보다는 오히려, 또는 다른 집단이나 계급과는
대조적으로, 특정한 집단이나 계급에 영향을 미치는 사회의 '운명'
으로 간주하게 한다. 오늘날 현대의 민주적 사회에는 '법률상' 거창
한 대리 소비를 하도록 지정된 계층이 더 이상 존재하지 않는다 할
지라도, 소비 과정의 명백한 사회적 일반화 뒤에는 그러한 낭비 기
제들에 얽매이게끔 사실상 미리 정해진——그리하여 개인들에게 주
어진 행동상의 명백하고 전적인 자유 재량에 휩싸여 있음에도 불구
하고, 산업혁명 이전의 사회에서 소비가 떠맡은 기능이었던 아주
오래 된 가치 설정 및 사회적 차별의 기능을 다시 나타나게 하는
——계급이 있지 않을까 하고 자문해볼 수는 있다.

　　베블런에 의하면, 위세의 주요한 지수에는 호사와 탕진('헛된 지
출') 말고도 또 하나가 있는데, 그것은 직접적으로나 대리로('대리 여
가') 행사되는 무위(無爲)('시간 낭비')이다. 물건들의 세계는 이 법
칙, 이 남아돎의 속박에서 벗어날 수 없다. 물건들의 온갖 범주들
(자질구레한 실내 장식품, 기발한 가정 용구, 복장의 조화를 도모하는 부
속품) 또는 각각의 물건에서 찾아볼 수 있는 모든 암시적 의미들,
형태들의 신진대사, 유행의 작용 등이, 요컨대 물건들이 용도의 테
두리 밖으로 넘쳐나는 것은 그야말로 언제나 물건들의 쓸데없음 ·
하찮음 · 남아돎 · 장식성 · 비기능성에서 비롯되며, 물건들이 위세
의미를 띠는 것은, 물건들이 더 이상 세계가 아니라 물건 보유자의
실체와 사회적 서열을 '가리키는' 것은 바로 이 현존의 과잉 안에서
이다.

기능의 모사물

　　그렇지만 가치들의 원천으로서의 이 무위 활동, 비도구성의 속박
은 오늘날 도처에서 이와는 반대되는 요청에 부딪히고 있으며, 그
런 만큼 현재 일상의 물건에 부여되는 지위가 유래하는 것은 바로
서로 대립하는 두 윤리——귀족의 '오티움 otium'[9] 윤리와 청교도의
노동 윤리——사이의 알력, 아니 더 정확히 말해서 타협에서이다. 실
_____
　9)　(역주): 일이 없음(무위), 한가로움을 뜻하는 라틴어 낱말.

상 사람들은 물건들의 기능을 물건들에 내재하는 이치로 삼으며, 그럴 때마다 오늘날 물건이 개인과 마찬가지로 놀고 있지 않기를 바라는 사회 윤리에 의해 그 기능적 가치 자체가 얼마나 지배당하고 있는가를 대충 잊어버린다. 물건은 "유익한 결과의 획득을 위해 움직이고" "제구실을 다하며" 그리하여 위세의 순수한 기호라는 자체의 옛 귀족적 지위를 이를테면 민주적으로 변호할 의무가 있다. 과시와 지출에 기반을 둔 그 옛 지위는 전과 다름없이 현존하지만, 유행과 장식의 작용에 뚜렷이 결부되어 있는 관계로, 변별적(辨別的) 기능('남의 시샘을 받기 쉬운 품위')에 대해 '현장부재증명'의 구실을 할 수 있는 기능에 관한 담론이——다양한 비율로——따라 붙는다. 이처럼 물건들은 영속적인 놀이를 벌이는데, 그 놀이는 사실상 윤리상의 갈등, 사회적 요청들의 부조화에서 유래한다. 기능에 관련된 물건이 마치 장식용인 체하거나 짐짓 무용성 또는 유행을 표방하며, 이와는 반대로 쓸데없고 비생산적인 물건이 실용성의 근거를 짊어진다.[10] 극단적으로 말해서 이는 기발한 술책, 이를테면 기능성으로 포장된 순전한 무목적성, 실용의 윤리로 가리워진 순전한 낭비이다. 어쨌든 모든 물건들은 쓸데없는 것조차도 살림·정돈·잡일·수리 등 노동의 대상이다——어디에서건 '호모 파베르'[11]가 '호모 오티오수스'[12]를 따돌린다. 더 일반적으로 우리들은 (물건들의 세계에서뿐만 아니라 다른 영역에서도) 기능의 '모사물 simulacre'('기능인 체하는 것')에 말려들어 있다고 생각되는바, 그 뒤에서 물건들은 사회적으로 차별을 짓는 노릇을 계속해서 맡아 수행할 것이다. 달리 말하자면, 더 나아가 모든 물건들은 무언가를 의미해야 할, 다시 말해서 '오티움'과 놀이의 양태——쾌락주의적 소비 이데올로기가 다시 관련을 맺으려 하는 고풍의 귀족적 양태——에 의거하여 사회적 의미,

---

10) 그리하여 중앙 난방이 갖추어진 시골 별장에서 농부의 난상기(煖床器)는 자체의 민속적인 특성을 감춘다. 다시 말해서 "혹한을 견디는 데 도움을 준다"고들 한다!

11) (역주): 숙련된, 재간있는 사람 또는 공작인(工作人). 도구를 만들며 또한 그걸 사용하는 공작성·기술성에서 인간과 동물의 차이를 찾는 인간관.

12) (역주): 문자 그대로는 공적인 의무에서 자유로운 인간, 한가한 인간을 뜻한다. 여가를 누릴 줄 아는 것이 인간이라는 생각을 가리킨다.

16

위세를 부여해야 할 필요와 더구나 노력·실행·재능의 민주적 윤리에 대한 매우 견고한 합의에 순응하는 일 사이의 기본적인 타협[13]에 얽매여 있다.

이것이 서로 분리된 두 종류의 물건들, 이를테면 사용/위세, 사용가치/교환가치 기호——강력한 계층 통합으로 이어지는 분리——로 귀결될 사회(세습적 사회 계급 및 의례 중심의 원시 사회)의 상태를 상상할지도 모른다. 다시 한번 말하건대, 현대 사회에서는 이것이 대개의 경우 각 물건에서의 양가성으로 귀결된다.

중요한 것은 어디에서건 물건들의 자명한 실용성을 넘어, 그리고 행동의 명백한 무의식성을 가로질러 사회적 강제, '과시적' 소비(직접적이건 대리로이건)[14]의 풍조를 읽어내는 것, 따라서 소비에서 영속적인 차원의 사회적 계층 질서를 파악하는 것, 그리고 오늘날은 지위에서 늘 그렇게 강압적인 윤리를 들추어내는 것이다.

이처럼 물건들은 두 인식 요소 사이의 이러한 역설적인 관계 아래 놓여 있는 관계로 욕구의 만족이 아니라 상징적 노동, 라틴어 '프로-두케레 pro-ducere'의 이중적인 의미——물건들을 제조한다는 의미에 그치지 않고 더 나아가 물건들을 '증거'로서 만들어낸다는 두 가지 의미——에서의 '생산'이 이루어지는 장소이다. 물건들은 사회적 가치의 지속적이고 명백히 실제적인 증거를 만들려는 노력, 끊임없는 실행, '성취를 위한 긴장'의 축성(祝聖) 장소이다. 신교도 윤리의 도덕적 원칙들이었고 베버에 의하면 자본주의적 생산 정신의 원칙들이었던 똑같은 도덕적 원칙들을 전도된 행실 아래 이어받은 일종의 세속적 '검증 Bewährung,' 수련(修鍊), 급부. 소비의 윤리

---

13) 어떤 논리에서건, 이것은 모순이다. 왜냐하면 두 가치 체계는 이율배반적이기 때문이다. '기능주의적' 산업 미학만이 기능과 형태를 조화롭게 화해시킨다고 스스로 상상할 수 있다. 왜냐하면 실행됨으로써 사회의 모순들을 무시하기 때문이다(나중의 '일시적인 것의 사치' 참조).

14) 여기에서 훌륭한 물건들을 다른 이들보다 더 많이 소유하려는 개인의 허영은 문제되지 않는다. 그러한 허영은 심리적으로 체험한 것, '의식적인' 경쟁 관계에 종속한다. 과시의 사회적 목적들, 가치의 사회적 역학 전체는 폭넓게 무의식적인 것이며 모든 주체들에 의해 그들도 모르는 사이에 표면화된다. 위세와 경쟁의 의식적인 놀이는 그 궁극 목적과 그 속박에 대한 의식 안에서의 굴절일 뿐이다.

는 생산의 윤리와 교대하거나 복지에 관한 똑같은 사회의 논리 안에서 서로 얽힌다.

2. 사회학적 관점들

채핀: 거실의 등급

여러 저자들이 물건들을 사회적 논리의 구성 요소로 간주하여 전체에 통합하려고 시도해왔다. 그렇지만 사회학적 탐구에서 물건들이 맡는 구실은 대개의 경우 들러리의 그것이다. '소비' 분석가들에게 물건들은 사회학적인 준(準)문학에서 곧잘 선택되는 주제들 가운데 하나, 곧 광고 담론의 보완물이다. 그렇다 하더라도 하나의 체계적인 시도, 곧 채핀[15]의 시도를 특기하지 않을 수 없다.[16] 채핀은 신분을 "문화의 수준, 실질 소득, 물질적 재화, 사회의 단체 활동에 대한 참여도라는 지배적인 기준들에 따라 개인이나 가족이 차지하는 지위"로 정의했다. 따라서 네 가지 척도, 그리고 네 가지 구성 요소들은 오로지 거실 집기만에 대한 독자적인 측정과 매우 밀접한 관계를 맺고 있어서 통계학적인 관점에서 계급을 헤아리는 데에는 거실 집기만으로 충분하다는 것이 지적되었다. 그리하여 그 '거실의 등급'은 23가지 항목을 개입시키는데, 그것들을 통해 다양한 물건들이 목록에 기입되고 부기(簿記)로 표시된다(전체에 관련된 몇몇 양상들, 곧 청결·질서·유지비와 더불어). 그러므로 사회학상의 여러 목적들에 이바지하는 그 최초의 탐구는 가장 고지식한 경험론으로 특징지워진다. 이를테면 사회적 지층들이 물건들의 결산서 위에서 색인의 경우처럼 단순하게 분류된다. 그런데, 그 절차는 엄밀히 말해서 (왜냐하면 그의 결론은 어쨌든 조잡하기 때문에) 비교적 궁핍한 사회에서만 효력을 지니는바, 거기에서는 구매력 하나만 하더라도 계급

---

15) (역주): 미국의 사회학자(1888~1974). 그는 사회 현상들의 연구에 통계학적 방법을 활용하는 새로운 기법을 중요시한다.

16) F. 스튜어트 채핀, 『현대 미국의 제도』, 뉴욕, 1935, 19장: 「사회적 신분의 측정」. 또한 데니스 채프먼, 『가내(家內)의 지위와 사회적 신분』, 런던, 1955 참조.

들을 뚜렷이 갈라놓는다. 또한 그 절차는 정말로 극단적인 것들에 대해서만 유효할 뿐, 중간 범주들에 대해서는 효력을 잃는다. 게다가, 그러한 고정된 상호 관계들로는 계층 형성의 논리 및 역학의 윤곽조차 그릴 수 없을 것이다.

통사법적 · 수사법적 환경 분석

이렇게 말해놓긴 했지만, 채핀의 등급도 만일 물건들의 품질 · 재료 · 형태, 미묘한 스타일상의 차이 등에 대한 목록이 작성되어 그 바탕을 이루는 분석이 더 섬세해진다면, 여전히 어느 정도로는 유용할 수 있을 것이다. 왜냐하면, 채핀의 등급에 제기되어온 반론에 따르면 오늘날 모든 사람들이 똑같은 사물들을 실질적으로 소유하고 있다는 것 역시 사실이 아니기 때문이다. 견본과 일련의 규격품들에 관한 연구[17]는 차이들, 미묘한 차이들의 복잡한 단계를 보여주는바, 그 차이들에 힘입어 똑같은 범주의 물건들(안락의자, 정돈용 가구류, 자동차)이 여전히 모든 사회적 부조화를 재현할 수 있게 된다. 하지만 오늘날 생활 수준의 향상으로 말미암아 순수하고 단순한 소유에서 조직과 물건들의 실제로 차별이 옮겨갔다는 것 또한 분명하다. 그러므로 다름아닌 환경과 일상적 관행들에 관한 더욱 섬세한 기호학 위에 사회적 분류 체계의 기초가 놓여야 할 것이다 (경우에 따라). 목록 조사가 아니라 물건들의 분포(중심성/중심 이탈; 균형/불균형; 위계적 질서/편이(偏異); 혼재/상위)에, 형식적 또는 기능적 연사체(連辭體) *syntagme*들에 바탕을 둔 실내와 가족 공간의 분석, 요컨대 주거의 유형과 사회의 범주, 그리고 담론의 일관성 또는 모순에 따라 조직화의 상수들을 애써 끌어내려는 물건들의 통사법에 관한 분석——이러한 것이 사회의 논리에 입각한 해석의 예비 층위일 것이다. 이 '수평적' 위치 분석 *topoanalyse*에 '수직적' 기호학이 곁들여지고 그리하여 일련의 규격품에서 견본까지 의미있는 모든 차이들을 가로질러 각 범주의 물건들의 위계적 등급이 수직적 기호학에 의해 탐구될 터이라면 말이다.[18]

---

17) 장 보드리야르, 『물건들의 체계』, 갈리마르, 파리, 1968 참조.
18) 몇몇 범주들(가정용 전기기구, 텔레비전 등)의 경우에는 차별적(差別的)

그러면 문제는 어느 물건 또는 물건들 전체의 상대적 지위와 다른 한편으로는 그것이 처해 있는 맥락의 조직 유형 및 그것에 결부되어 있는 관행들의 유형 사이에 일관성을 솟아오르게 하는 것일 터이다. 그러나 일관성의 가설이 억지로 확증되지는 않을 것이다. 물건들에 관한 형식적 담론에뿐만 아니라 사회적 담론에도 부정확한 어법, 말의 실수가 들어 있기 때문이다. 그렇게 되면 구조 분석에서 그런 어법이나 실수를 되풀이하는 것뿐만 아니라 사회의 논리와 사회적 모순들의 관점에서 그것들을 해석하는 것이 문제될 것이다.

　요약컨대, 이 영역에서 사회학적 분석은 무엇을 목표로 삼을 수 있는가? 채펀의 경우처럼 사회적 등급에 의거하여 물건들의 어느 배치상과 어느 지위 사이의 역학 관계 또는 반사(反射) 관계를 끌어내는 것이 목표라면, 그다지 흥미가 일지 않는다. 물건들이 소유자의 신분에 대해 중요한 의미를 띤다는 것은 잘 알려져 있지만, 거기에는 악순환이 있다. 다시 말해서(다른 기준들 중에서) 물건들에 입각하여 마음속으로 이미 규정해놓은 그대로의 사회 범주를 물건들로부터 다시 찾아낸다는 점이다. 회귀하는 귀납이 순환하는 연역을 숨기고 있는 셈이다. 이러한 작업으로부터는 특수한 사회적 실제, 따라서 사회학의 진정한 대상이 드러나지 않을 것이다.

물건들의 실제에 대한 전략적 분석

　의심할 나위없이 처음에는 물건들 자체와 물건들의 총계를 사회적 소속의 지표로 간주할 수 있지만, 물건들의 선택과 물건들의 조직 및 실제에 주의를 기울이면서 물건들을 활성적인 행동 구조이기도 한 환경의 전반적 구조의 받침대로 간주하는 것이 훨씬 더 중요하다. 그렇게 되면 그 구조는 다소간 미리 할당되고 목록에 기입된 신분에 더 이상 직접적으로 결부되지는 않을 것이며, 반대로 개인과 집단들의 사회적 전술을 구성하는 요소로, 개인과 집단들의 열망을 구현하는 살아 있는 요소로 분석될 것인바, 그럴 경우 그러한

등급이 상대적으로 빈약하고——다른 범주들(의자, 정돈용 가구류)의 경우에는 견본과 일련의 규격품들의 위계적 계열체(系列體) *paradigme*가 풍부할 것이다.

20

요소는 더 폭넓은 구조 속에서 그 사회적 실제의 다른 양상들(직업상의 진로, 자식들의 교육, 거주의 장소, 교제 관계의 그물 등)과 부합될 수 있으며 더 나아가 부분적으로 상반될 수도 있다.[19]

어쨌든 분명해지는 것은 물건들 자체와는 다른 용어들로써만, 사회의 논리와 전략의 견지에서만 물건들에 대해 말할 수 있다는 점이다. 그렇지만 동시에, 물건들은 다른 기호 체계들에 비하여 어떤 특수한 지위를 차지하는가, 그리고 사회적 행동의 전반적 구조 속에서 물건들은 어떤 특수한 영역을 구성하는가를 명확히 헤아림으로써, 분석을 특수한 지반 위에 고정시켜야 한다.

물건들에 관한 담론은 특수한가?

소비 태도에 관한 규범은 정말로 구별의 규범임과 동시에 일치의 규범인 것 같다.[20] 대개의 경우, 이상적인 준거 집단에 대한 소속 집단의 우세가 확립되어 있을 것으로 생각된다. 사람들은 '부합하는' 물건들, 자기 동류의 물건들을 지니고 있는 것이다.[21] 그러나 문제는 여전히 제기되어 있는 상태이다. 소비 태도에 관한 그 매우 일반적인 규범과 관련하여 물건들의 특수한 지위는 무엇인가?——하나의 특수한 지위가 과연 존재하는가? 소비에 관계된 다양한 기호 및 행동 체계들에는 등(等)기능성, 쓸데없는 중복이 있는가? 의류·일상용품·여가·주거·문화 활동? 아니면 상대적 자율성? 그러므로 의복, 살림살이 비품, 자동차, 주택 부문들은 오늘날 그야말로 전부가 비록 제각기 고유한 리듬에 따라서지만 새것으로의 급속한 교환——다른 점에서 보면 사회 범주들에 따라 각양각색인 상대적 폐물

---

19) 따라서 어린이들에게 주어지는 교육은 사회의 모든 층위들에 불가결한 전술상의 요소이다. 그러나 몇몇 층위들에서는 그 성취 형식이 물건들을 통한 성취와 충돌한다.

20) 이는 또한 유행의 역설이다. 각자는 모든 사람들의 기호로 귀착하는 변별적 기호들을 걸치고 있다. 리즈먼David Riesman(미국의 사회학자 1909~ ?: 역자)은 연속적인 문명의 유형들로써 유행의 역설에 숨통을 튼다. 말하자면 구별되기를 노리는 '내면 지향형'에 뒤이어 순응하는 것을 목적으로 하는 '동조형'이 온다는 것이다.

21) 이 점에 관해서는 조지 카토나George Katona(p. 70의 각주 5) 참조: 역자), 『강력한 소비자』, 그리고 '눈에 잘 띄지 않는 소비'의 개념 참조.

화——의 규범에 종속되어 있다. 그러나 다른 부문들은 모두 '거주하기'에 대립한다는 것 역시 인정할 수 있다——거주하기가 일반적인 과정과 불가분의 것이긴 하지만, 노골적으로나 이상적으로 소비와 유행의 다른 양상들에 동화될 수 없을 특수한 기능을 구성하기 때문이다.[22] 사회적 등급 위에서의 상황과(또는 궤도와) 일방적 관계를 맺고 있는 상태에서, 개별적인 기호 부문들 전체를 공시태에 국한시키는 것은 의심할 나위없이 대조·모호성·부조화의 매우 풍요한 영역을 청산하는 것일 터이다. 달리 말하자면, 물건들의 사회적 실제는 특수한가? 사람들은 자신의 자식·친구·의복 등을 통해서보다는 오히려 자신의 물건들을 통해 순응, 안전의 요구, 아니 더 정확히 말해서 자신의 갈망, 자신의 사회적 야망을 나타내는가? 그럴 경우 갈망의 유형은 무엇이며, 어떤 범주의 물건들을 통해서인가? 왜냐하면 사회적 태도의 맥락에서 물건들과 물건들의 실제가 갖는 이러한 상대적 자율성을 물건들의 범주가 어떤 것이건 물건들 자체에 대한 가설로 삼을 수 있기 때문이다. 주택들에서 흔히 관찰되듯이, 신분의 관점에서 볼 때 전체의 배치상이 동질적이지는 않다——같은 실내의 모든 물건이 똑같은 파장에 맞추어지는 일은 드물다. 어떤 물건들은 사회적 소속, 사실상의 신분을, 또 어떤 것들은 가상의 신분, 갈망의 정도를 함축하고 있지 않을까? '비현실적인' 다시 말해서 실제의 신분을 부인하고 도달할 길 없는 생활 정도를 필사적으로 보여주는(정도의 차이는 있어도, '도피' 행위 또는 문화 변용의 위기 국면을 특징짓는 실효성 없는 행위와 비슷한) 물건들은 있는가? 거꾸로, 유동적인 신분에도 불구하고 출신 계급에의 집착과 집요한 '문화 적응'을 입증하는 증거로서의 물건들은 있는가?

형식적 약호와 사회의 실제

그래서 물건들과 그 물건들에 결부된 사회적 의미의 목록을, 곧 이 경우라면 해몽의 실마리보다도 더 유효하지 않을 약호를 작성할 아무런 이유가 없다. 물건들이 지표에 따라 변동하는 사회적 의미를, 문화적·사회적 위계를 실어나른다는 것——그것도 형태·재료·

---

22) 뒤에 언급될 '일시적인 것의 사치'를 보라.

색깔·지속 기간, 공간 속에서의 진열 등 물건들의 세부 사항들 가운데 가장 사소한 것을 통해서 말이다──은, 요컨대 물건들이 약호를 구성한다는 것은 확실하다. 그러나, 정확히 이 점 때문에, 개인과 집단들이 그 약호의 명시된 명령을 곧이곧대로 따르기는커녕 도덕이나 제도상의 그 어떤 약호를 대하듯, 다시 말해서 제멋대로, 물건들의 독특한 강압적 목록을 대한다고 생각할 충분한 이유가 있다. 개인과 집단들은 그 목록을 다소간 교묘하게 이용하고, 거기에서 속임수를 쓰며, 자기네 계급의 사투리로 그 목록 이야기를 한다.

따라서 그 담론은 그야말로 계급의 문법, 계급의 억양, 개인이나 집단이 자기 자신의 사회적 상황 때문에 물건들에 관한 자신의 담론을 가로질러 벌이는 반박을 고려해서 읽어야 한다. 올바른 사회학적 분석이 실행되어야 하는 것은 바로 물건들 전체에 대한──이야기 *récit*의 등가물이며, 꿈 이야기가 무의식적 갈등의 어휘에 의해 해석될 수 있듯이 사회적 운명의 어휘에 따라 해석될 수 있는── 구체적인 통사법 안에서이고, 스스로와는 결코 화해하지 않고(그렇게 되면, 우리 사회에서는 있음직하지 않은, 이상적으로 안정된 사회적 신분을 나타낼 것이다) 반대로 다름아닌 자체의 통사법을 통해 언제나 유동성·타성 또는 사회적 퇴행으로 인한 신경증을 표현하는 그 담론의 오류, 지리멸렬한 말, 모순들 안에서이며, 더 나아가 물건들에 관한 그 담론이 그 밖의 사회적 행위들(직업·경제·문화에 관련된)과 맺는, 경우에 따라서는 어울리지 않거나 상반된 관계 안에서이다. 다시 말해서 '현상학적' 읽을거리(특성이나 사회적 유형들에 갖다붙인 물건들의 '일람표들')와 동시에 아무튼, 그리고 엄격한 사회의 논리를 포함한다 할지라도, 그 이름으로 말해지기는커녕 각 상황에 고유한 논리에 따라 언제나 복원되고 조작되는 물건들의 약호에 대한 단 하나의 형식적 재구성을 회피함으로써이다.

따라서 물건들, 물건들의 통사법과 수사법은 여러 사회적 목적과 사회의 논리를 참조하게 한다. 물건들이 우리들에게 말하는 것은 사용자와 기술적 응용에 대해서라기보다는 차라리 사회적 포부와 체념, 사회적 유동성과 타성, 문화 변용과 문화 적응, 계층 형성과 사회적 분류에 대해서이다. 물건들을 가로질러 각 개인, 각 집단은 개별적인 궤도에 따라 질서를 뒤엎으려고 애쓰면서도, 그 질서 속에서 자기 위치를 찾는다. 물건들을 가로질러 말하는 것은 여러 층으로 된 사회[23]이며, 더구나 대중매체처럼 물건들이 모든 이에게 말하는 것으로 보인다면(법률상 특권 계급의 물건들은 더 이상 없다), 그것은 실로 각자를 제위치에 자리매김하기 위해서이다. 요컨대, 물건들의 기호 아래, 사적 소유권의 표시 아래 행해지는 것은 그야말로 언제나 가치의 끊임없는 사회 과정[24]이다. 그리고 물건들도 역시 언제 어디에서건 도구이면서 동시에 그 이상으로 가치의 그 사회 과정의 항목 겸 증언이다.

3. 물건들의 차별적 실제

이 모든 이유들로 말미암아, 사회적 계층 형성과 유동성과 갈망이 물건들의 '세계'에 대한 사회학적 탐구의 실마리이기 때문에, 우리의 관심을 우선적으로 끌게 될 것은 신분이 불확실하고 위태로운, 상승하거나 불안정하거나 '상승할 수 있는' 계급, 다시 말해서 산업 프롤레타리아트가 겪는 사회적 배제의 운명 또는 농촌 고립 집단의 운명을 모면하는 계급, 이른바 중산층에서의 물건들의 배치상, 그 사회 범주들에서의 물건들의 실제(그리고 이것을 승인하는 심리적 양상들)이다.

유동성과 사회의 타성

일반적으로 알려져 있듯이, 본질적인 문제는 그 유동적인 계층들에서 찾아볼 수 있는, 의도적인 유동성(여러 가지 열망들)과 실제적인 유동성(사회적 지위 향상의 객관적 기회) 사이의 불균형이다. 그 열망들이 얽매여 있다는 것, 그 열망들이 사회적 세습과 확정된 상

---

23) 뒤에서 살펴볼 터이지만, 의심할 나위없이 계급 사회이다.
24) (역주): 집단 생활에서 찾아볼 수 있는 일체의 생성·변화·발전 과정.

황의 함수라는 것도 또한 일반적으로 알려져 있다.[25] 일정한 유동성의 문턱 이쪽에는 열망이 존재하지도 않았다. 절대적인 체념이 있을 따름이다. 대개의 경우 열망은, 객관적으로 성취할 수 없을 때 더 바라기 때문에 상대적으로 현실성이 없으며, 야심어린 상상력을 마음껏 펼친다는 것이 손쉽게 이루어지지는 않는 까닭에(병적인 경우를 제외하고는) 비교적 현실적이다. 이 복잡한 심리의 모습 자체는 사회의 당사자들이 사회학의 객관적 여건들에 대해 은연중에 행하는 해석에 근거를 두고 있는바, 산업 사회는 유동성의 기회를, 그러나 상대적인 기회를 중간 범주들에 제공하고, 궤도는 예외적인 경우를 제외하고는 짧으며, 사회의 타성은 강하고, 퇴보는 언제나 가능하다는 것이다. 이러한 사정으로,

——사회적 신분의 사닥다리를 기어올라가려는 동기는 성장하는 사회가 지닌 규범과 일반적 도식들의 은폐를 나타내는 것으로 보이는 반면에,

——현실적 가능성에 비해 과도할 수밖에 없는 갈망은 사회의 진보라는 '민주적인' 이데올로기가 생겨나 흔히 사회적 기제들의 상대적 타성을 보완하고 필요 이상으로 많은 동기들로써 결정짓는 그러한 사회의 불균형, 심각한 모순을 나타내는 것 같다. 달리 말해서, 개인들은 그들이 기대해도 좋다는 것을 '알기' 때문에 '바라는'바, 그 사회가 자유로운 상승에 대해 넘을 수 없는 울타리를 실제로 내세운다는 것을 '알기' 때문에 지나치게 바라지는 않으면서도, 그들 또한 널리 퍼진 유동성과 성장의 이데올로기에 젖어 살아가기 때문에 약간 지나치게 바란다. 그러므로 개인들이 품는 갈망의 수준은 정확히 사실이 북돋우는 현실주의와 주위의 이데올로기에 의해 뒷받침되는 현실 감각 결여 사이의 타협——제 차례가 되어 사회 전체 내부의 모순을 반영하는 타협——에서 유래한다.

그런데, 사회의 당사자들이 자신들의 장래 계획과 자신들의 자식에 관계된 계획에서 현실화하는 이 타협, 이것을 개인들은 또한 우선 자신의 물건들에 담아 표현한다.

---

25) 그리하여 자기 자식들에게 고등 교육을 받게 하고 싶어하는 노동자들의 비율은 특권 계급에 속하는 개인들의 비율보다 훨씬 더 낮다.

가정의 질서와 공중의 평결

여기에서, 물건들의 사적 소유로 말미암아 물건들에 대한 특별 재판권이 생겨나, 사회적 속박에 의해 지배되는 다른 모든 행위로 부터 사유물에 관련된 행위를 절대적으로 구별지을 것이라는 있음 직한 이의를 제기할 필요가 있다. '사생활'과 '사회 문제'는 일상적 상상력 안에서만 서로를 배제하며, 물건들이 십중팔구 가정내 질서 의 일부분을 이룬다 할지라도, 순응과 유동성이라는 사회적 속박과 의 관계로부터만 물건들의 의미가 밝혀진다는 것을 우리는 보아왔 다. 좀더 근본적으로, 사회적 가치 체계의 재판권은 가정의 질서에 내재한다. 사적인 관계는 공중의 평결에 대한 깊은 인정과 동의를 감추고 있다. 각자는 자신이 요컨대 자기 물건들에 의해 판단된다 는 것을, 자신의 물건들에 따라 판단받는다는 것을 느끼지는 못한 다 할지라도 알고는 있으며, 설령 비난을 한다 할지라도 결국 그 판단에 굴복한다. 여기에서는 제한된 집단에서 나오는 순응의 요청 이나 사회 전체에서 유래하는 위를 향한 유동성의 요청 이상의 것 이 문제된다——각 집단이나 개인이 자신을 사회적으로 생존하게 만드는 움직임 자체 때문에 편입되어 정돈될 수밖에 없는 그러한 질서가 문제된다. 개인은 사회적 속박 이쪽이나 저쪽의 안전 지대 로, 욕구와 만족의 자율적 영역으로 경험하는 '사생활'이나 '가정 생 활'(따라서 또한 물건들이 구성하는 환경)에서도, 겉으로는 거부하는 재판권의 내재성을 증언하고 정당한 것으로 주장하며 기호들을 통 해 확보하고 자신의 행위들 가운데 가장 사소한 것, 자기 물건들 가운데 가장 하찮은 것까지도 수단으로 삼아 표현한다.

모호한 수사법: 승리자 의식과 체념

그런데, 이 평결은 우리의 관심을 끄는 범주의 사람들에 대해 결 코 실질적이지 않다. 말하자면 사회적 등급 위에서 이루어지는 그 들의 향상이 언제나 상대적이고 때때로는 웃음거리밖에 안 되며, 특히 정당성이, 다시 말해서 그들의 확정된 상황을 고유 가치로 확 립할 가능성이 그 범주들을 벗어난다. 저 중산 계층이 궐석 재판식

26

으로 그 모든 것에 자율성을 부여하여 거기에서 승리를, 중산층으로서는 누릴 길 없는 진정한 사회적 인정을 구가하려고 시도하면서, 사적인 영역에, 사유 재산과 물건들의 축적에 그만큼 더 악착스레 투자하도록 만드는 것은 바로 이 저지된 정당성이다(문화·정치·직업의 면에서).

이러한 정당성은 그 사회 안의 물건들에 기본적으로 모호한 신분을 부여하는 것이다. 물건들은 사회적 지위 향상의 징표들이 구현하는 승리자 의식 뒤에서, 사회적 패배를 은밀히 공표한다(또는 고백한다). 물건들의 증가, 물건들의 '양식화'(樣式化), 물건들의 조직화는 거기에, 곧 하나의 수사법에, P. 부르디외Bourdieu의 용어를 다시 취하건대 정확히 '절망의 수사법'에 뿌리박고 있다.

값어치 있는 이론(異論)들을 알아보는 데 몰두하며 그것들을 바라고 알리는, 곧 사회적 위계를 미리 인정치 않으면서도 사회적 위계의 잠재적인 재판권에 굴복하는 물건들의 방식, 사적 소유의 체험극(體驗劇)을 구성하는 이 모든 것은 또한 참으로 사회 생활의 열정을 표시하며 물건들에 관한 저 담론에 담긴 사회 생활의 비장감을 부채질한다. 트로브리안드 떼섬 사람들이 수확물을 마당에 쌓아 전시하는 것은 언제나 선동·경쟁·도전이며 더 나아가 가치들의 질서를 뚜렷이 드러나게끔 되어 있는 의례(儀禮), 그 질서에 통합되기 위한 놀이의 규칙이라는 것을——변경되어야 할 것은 변경하면서 mutatis mutandis——잊지 말기로 하자. 포틀래치에서, '증거가 되는' 것은 물건들과 재산의 거만한 파괴이다. 우리가 익히 알고 있으며 언뜻 보아 개인적 규범에 기반을 두고 있는 것 같은 사적 소유 및 소비에서는, 급부의 그 적대적인 사회적 양상이 마치 예방되었거나 해결된 듯하다. 하지만 전혀 그렇지 않다. 심지어 물건들에 관련된 '상극적인' 지수들의 그러한 기능이 '소비' 사회의 절차로 말미암아 강력하게 재활성화될지도 모르는 일이다. 어쨌든, 그 원시적 관행들의 어떤 것은 아직도 현재의 물건들을 떠나지 않고 있으며, 그리하여 물건들의 현존이 결코 중성적이지 않게끔, 언제나 격렬하게끔 만든다.

문체상의 양태들

문체상의 다양한 양태들이 물건들의 층위에서 그 절망의 수사법을 뚜렷하게 보여준다. 그 양태들은 모두 모사(模寫) *simulation*[26]——가정 조직에 관한 부르조아 모형들의 모사——의 논리(그리고 미학)에 종속한다. 게다가 현대의 상류 계급이 훨씬 더 폭넓은 창의력에 호의적임에 따라, 준거 모형들은 그 계급의 것들이 아니라는 점에 대해 주의를 환기시켜야 한다. '상승할 수 있는' 계급의 준거는 이전의 귀족적 모형들로부터 번안되어 제1제정과 왕정 복고기 이래 강요되어온 그대로의 전통적인 부르조아 질서이다.

'소시민 계급의' 이 수사법적 질서는 두 가지 본질적인 양상, 곧 한편으로는 포화와 표현의 잉여 *redondance*, 다른 한편으로는 균형과 위계에 의해 지배된다. 간섭 현상은 명백히 아주 다양하다(그래서 균형 또한 표현의 잉여이지만, 중심성을 포함한다). 그렇지만, 두 양태는 실로 별개의 것이다. 하나——포화/표현의 잉여——는 그 질서의 비유기적 성격을 나타내고, 다른 하나——균형/위계——는 유기적 구조를 표시한다. 이러한 조직 방식들이 본래 부르조아나 소시민 계급의 질서에 연결되어 있는 것은 아니라는 점에 아직 유의토록 하자. 그것들은 또한 좀더 일반적인 인류학적 또는 미학적 분석에 관련되기도 한다. 그렇다 치더라도 여기에서는 사회적 정의(定義) 때문에만, 그러한 사회 범주의 특수한 수사법으로서만 우리의 관심을 끈다.

포화: 널리 알려져 있듯이, 부르조아 집안은 그 자체로 닫혀 있으며 달걀처럼 속이 가득차 있다. 유산과 축재는 '신분'과 안락의 징표이다. 똑같은 방향에서, 소시민 계급 주택의 실내는 혼잡으로 이

---

26) (역주) : 모사라고 옮겼으나 그대로 그림, 흉내냄의 뜻 이외에 가장이나 위장의 뜻도 내포하는 낱말. 아무튼 그럴듯하게 흉내를 냄으로써 특정한 계급들(이를테면 피지배 계급들)의 눈을 속인다(또는 의식을 둔화시킨다)는 함의를 띠고 있다.

채를 떤다. 흔히 거기에 공간이 부족하다는 것은 사실이지만, 이번에는 그러한 공간 부족이 보상의 반응을 불러일으킨다. 그리하여 공간이 적으면 적을수록, 더 많은 것이 축적된다(라디오 방송 활동에서 양적 기억력이라는 기준이 '고귀한' 문화적 동기들의 부재로 작용하는 것과 약간 비슷하게). 게다가 때때로는 몇몇 방들, 집의 몇몇 구석진 곳들이 '가득차' 있다. 그러므로 파악해야 할 것은 차라리 가득함과 텅 빔에 의거한 놀이, 몇몇 장소들을 저장고·광·창고——예전에는 곳간과 지하실이 비슷한 역할을 맡았다——로 삼는 기호논리학의 각종 양상들이다. 순수하고 단순한 축적 또는 물건들의 더미, 부분적인 연사체와 폐물들, 전체에 대한 통사법적 개념들인 것이다. 그리하여 주택과 방의 지형도가 분석적으로 작성될 수 있다. 다시 한 번, 이러한 방법은 사회의 논리에 의해 손질되지 않는다면 무가치하다. 무언가 결핍된 축적에서 심사숙고된 건축술에 이르기까지, 각 계급은 자체의 조직 방식이 있다.

화분과 화분 씌우개의 전술

표현의 잉여, 이것은 가정 소유물에 대한 과장된 바로크적 포장 전체이다. 예컨대 식탁은 식탁보로 덮이고, 식탁보 자체는 다른 합성수지 상보로 보호된다. 창문에 달린 커튼과 이중 커튼·양탄자·덮개·깔개·미장널·차양, 자질구레한 실내 장식품은 각각 깔개 위에 놓인다. 꽃은 따로따로 화분에 심어져 있고, 각 화분에는 화분 씌우개가 있다. 모든 것이 보호되고 둘러싸인다. 정원에서도, 각 화단이 철책으로 포위되고, 작은 길이 모두 벽돌이나 모자이크로 두드러져 보이는 등 매한가지이다. 이러한 현상은 압류에 대한 불안스런 강박충동으로, 강박관념의 상징 체계로 분석될 수 있다. 단순히 소유할 뿐만 아니라 소유하고 있는 것을 두 번, 세 번 돋보이게 하는 것은 오두막집의 주인과 시시한 부자의 강박관념이다. 다른 곳에서와 마찬가지로 거기에서도, 무의식이 의사를 표시하는 것은 기호들의 잉여를 통해서, 기호들의 내포적 의미 *connotation*[27]와 기호

27) (역주): 가장 일반적인 어의로는, 특별한 언어 재료의 활용에 의해 유발되는, 그리고 기본적이고 안정된 개념적 또는 인식적 의미(외연적 의미

들의 과잉을 통해서이다.

그러나 다른 사정도 거기에서 입을 열며, 그런 만큼 다른 결론들을 이끌어내는 것이 중요하다.

i) 여기에서 지시사처럼 작용하는 소유 기호들의 과잉은 소유하려는 의도뿐만 아니라 어떻게 적절히 소유하고 있는가를 보여주려는 의도로서 분석될 수 있다.[28] 그런데 이러한 표시, 곧 '스타일의'이 과도한 결정은 언제나 집단과 관계가 있다. 소유주로 하여금 자신의 소유물에 대해 안심하도록 하는 심리적 기능뿐만 아니라, 똑같은 방식으로 소유하는 개인들의 계급 전체에 그를 가입시키는 사회학적 기능도 맡는다. 그래서 사생활의 기호들 자체가 사회적 소속의 기호로 작용한다. 이런저런 상징적 행동을 가로질러 말을 하는 것은 여전히 계급의 문화적 지상명령이다(그것은 물론 계급의 정치 의식과 아무런 관계가 없다).

ii) 이 점에서, 그 소유 행위들의 불안스럽고 동시에 의기양양한 성격을 사회적 궤도에서 중산층(또는 여러 중류 계급들)이 차지하는 특수한 위치에 연결시키는 것은 흥미로운 일이다. 중산층을 어떻게 정의해야 하는가? 중산층은 사회적 성공의 본보기들을 은폐할 만큼 충분히 멀리 나아갔으나, 동시에 좌절을 은폐할 만큼 충분히 나아가지는 못한 계급이다. 중산층은 소유하고 있는 것의 내포적 의미에 의해, 자체의 지위에 대한 과잉 가치 부여에 의해, 과잉에 의해 프롤레타리아트와 구별된다. 그러나 동시에 스스로 달성한 것의 한계를 강조함으로써 결여에 의해, 그리고 결코 도달할 수 없을 모든 것이 문제의 핵심이라는 암암리의 의식에 의해 상류층과도 구별된다. 그리하여, 마치 둘러싸서 고상하게 만들기 위해서인 듯 모든

---

dénotation)에 덧붙여지게 되는 일단의 2차적인 의미 내용들을 가리킨다. dénotation과 connotaion은 여러 가지 역어들이 쓰이고 있지만, 논리학에서 외연과 내포를 의미하므로, 각각 외연적 의미와 내포적 의미로 옮기는 것이 좋을 것 같다.

28) 어떤 일을 하려는 데 목적을 두기보다는 자신이 얼마나 올바르게 그 일을 하고 있는가를 보이는 데 목적을 두고서 과도하게 표를 내는 사르트르

물건들의 윤곽을 그리는 그 검은 선, 다다를 수 없는 소유 형태들에 대한 벅찬 도전인 그 검은 선을 따라, 승리감과 체념의 이중적 감정이 생겨난다. 여러 층으로 된 사회에서, 중산층은 타협을 했는데, 그 타협은 중산층이 사회 계급으로서 실제로 겪는 운명이며, 중산층의 물건들을 둘러싸는 승리와 동시에 체념의 의례(儀禮)에 반영되는 것은 사회학적으로 명확하게 규정될 수 있는 다름아닌 그 타협이다.

옛것에의 '취향'

이와 마찬가지로 옛 물건에 대해서도 거창한 심리분석, 심지어는 정신분석을 행할 수 있다(진본에 대한 고정관념, 과거나 기원의 신비성, 밀도 높은 상징성, 그리고 다소간 의식적으로 체험된 다른 양상들). 그러나 우리와 관련되는 것은 '옛것'에 대한 체험된 심리 '내용'의 어느 층위에도 녹아들지 않는 별개의 사회적 기능이다.

옛 물건은 문화상의 바로크 양식에 관련된다. 옛 물건의 '심미적' 가치는 언제나 부차적인 가치이다. 말하자면 옛것에서는 공업 생산의 흔적과 일차적인 기능들이 지워진다. 이 모든 이유 때문에, 옛것에의 취향은 경제적 성공의 차원을 초월하려는, 사회적 성공이나 특권적 지위를 문화화된 장황한 상징적 기호로 신성화하려는 욕망의 지표이다. 옛것은 다른 것들 중에서도 정당성, 상속권, '귀족의' 승인을 구하는 사회적 성공이다.

따라서 옛것에의 취향은 경제적 신분을 세습적 특혜로 변환하는 것이 필요한 특권 계급의 사태일 것이다. 그렇다치더라도 또한 촌스러운 가구(공업 제품은 거의 중요하지 않다)를 구입함으로써 그만큼 자신들의 상대적 지위를 절대적 지위 향상(하류 계급에 대해)으로 인정하고 싶어하는 중류 봉급 생활자 계층의 사태이다. 그리고 옛것에의 취향이 오히려 경제적 지위와 사회적 중요성의 거부(또는 부끄러운 동의), 계급 바깥에 자리잡으려는 의지를 나타내는, 그리

카페의 웨이터 참조.

고 그렇게 하기 위해 공업 생산 이전의 과거를 상징하는 기호들의 저장고에서[29] 무언가를 끌어내는 주변적인 부문들——지식인과 예술가——의 사태이기도 할 것이다.

어떤 계급은 상고 시대의 것을, 다른 어떤 계급은 시골풍의 공업 제품을, 또 다른 어떤 계급은 18세기의 진짜 시골 가구를 장만한다는 점을 확인하는 일은 취향에 입각하여 사회적 계층 형성의 도표를 작성하는 데 그렇게 중요하지는 않을 것이다. 그 점은 단지 문화적 속박과 거래의 규칙들만을 반영할 것이다. 중요한 것은 옛것에의 취향이 표현하는 특수한 사회적 요구를 각 층위에서 알아보는 일이다. 어떤 계급에 대해 거리를 두려고 하는가? 어떤 사회적 지위를 승인하는가? 어떤 계급 또는 계급 모형을 갈망하는가? 파악해야 하는 것은 사회적 위상과 물건이나 행위의 유형을 단순히 비교하는 서술 관계에 그치는 게 아니라 유동성의 문화적 논리이다.[30]

니스 칠한 것과 옻칠한 것

환경의 층위에서는 다른 양상들이 계급의 문화적 타협을 확증하기 시작한다. 그 타협은 포장, 전능한 청교도적 도덕 관념에 의한

29) 또는 더 나아가 '상궤를 벗어난,' 말하자면 오늘날 센강 좌안의 진열장들에 잔뜩 쌓여 있는 그대로 기괴스럽거나 야릇하거나 괴상하거나 결점이 있는 일련의 인기 물품들에서, 무용성이나 엉뚱함이 엿보이는 '진기한' (또는 널리 퍼져 있지 않은) 물건의 아수라장 전체, 결국은 파리 변두리의 생토노레가(街)를 동경하는 사치용 물건의 이색 지대 전체. 다시 말하자면 산업 사회에서 물건의 강제된 독창성은 특권자들의 '합법적인' 영역에 대한 주변적인 지식 계급의 반항으로 해석되게 마련이다.

상궤를 벗어난 물건들은 부당성에 잠겨 도전적으로 절대적인 가치를 요구하기는 하지만, 도발과 비합법성으로 말미암아 사랑받는다. 절대적인 본보기들에 대한 도전인 그러한 물건들은 또한 같은 규격의 대량 생산된 물건들에 대한 도전이기도 하다. 그 물건들은 자체의 특이성을 통해 스스로 절대적이기를 바란다——'계급을 벗어난' 지식 계급의 정확한 상황.

30) 농부들——농부들의 갈망은 과거의 기호들에 대한 거부를 거쳐 대량 생산되는 현대의 기능적인 물건 쪽으로 나아간다——과 노동자들만이 옛 것의 바로크 양식에——잠정적으로——저항하고 있다. 왜냐하면 그들은 여전히 문화적 유동성에서 벗어나 있으며 지키거나 정당화해야 할 유효한 신분을 지니고 있지 않기 때문이다. '옛것'에 관해서는 앞의 책, 『물

치장, 관례에 따른 위생의 절정이다. 니스 칠한 것, 윤나는 것, 도금한 것, 밀랍을 먹인 것, 옻칠한 것, 반짝이는 것, 투명하게 만든 것, 플라스틱 가공이 된 것의 개선(凱旋)이다. 문제되어온 규율적 테두리하기 의례와 함께 한 점으로 모이는 보호·정성·청결의 윤리 전체이다(소유의 동심원들: 덧문, 커튼, 이중 커튼; 미장널, 굽도리지, 벽지; 상보, 깔개, 침대보, 종이받침 등). 또한 사물들이 둘로 나뉘어 서로 반사되는 대칭적 정돈과 똑같은 질서에 속한다. 그런 만큼 여전히 표현의 잉여이다. 하나의 물건은 그 자체로 반복될 경우에만, 그리고 이 거울 같은 표현의 잉여에서 소유의 방정식인 기본 방정식, 곧 A는 A이다가 읽혀질 수 있을 때에만 문자 그대로 존재한다. 상징적 전유(專有)에 의해 뒷받침되는 경제 원리(유리창과 거울). 다시 말해서 (소)시민 계급 환경의 형식 논리이다.[31] 이 형식상의 정돈은 말할 나위없이 이데올로기적인 가치를 지닌다. 이를테면 유클리드와 아리스토텔레스식의 논리로서, 사회적 변전을 하나의 질서 속으로 쫓아내고 모순을 동어반복적 의식 안으로 몰아내는 경향이 있다.

균형은 (위생 및 도덕 관념과 더불어) 중산층이 문화에 대해 갖는 '무의식적인' 표상이다. 불균형과의 놀이는 이 표상을 인정하게 만들 따름이다.

가사에의 심적인 탐닉

이러한 관점에서, 윤나는 것과 니스 칠한 것은 (테두리치기, 균형과 마찬가지로) '범속한' 문화적 본보기──아름다움과 장식의 본보기가 아니라, 청결과 단정함에 관련된 정신상의 본보기──의 앙양이다. 여기에서 물건들은, 우선 훌륭한 태도를 주입시켜야 하는 예의 범절의 단호한 요청에 종속시킴으로써 '교화해야' 하는 아이들과 완전히 대등하다. 그런데 이것이 바로 계급의 타협이다. 말하자면, 나무랄 데 없는 것에의 집념이나 가사에의 탐닉은 사용의 엄격한 필

건들의 체계』 참조.
31) '이산성'(물건들은 기능과 형태의 측면에서 개체화된 별개의 단위이다) 및 표현 과잉의 원칙을 따르는 까닭에, 환경에 관한 '현대적인' 원칙들과는, 곧 가변성, 다가성, 요소들의 결합 작용 및 변동하는 통합과는 반대

요를 넘어서서 외관을 향하라는 요구——문화적 지위 향상의 요청
——에 분명히 상응하지만, 그 외관은 노동과 재능의 매우 강한 윤
리성이 주어져 있는 관계로 무상성이나 순수한 낭비의 경향을 띨
수 없다. 따라서 그 외관은 지속적인 실행, 힘겨운 가내 의례, 집안
에 바치는 일상적인 희생의 대상이다. 니스 칠한 물건은 형식의 측
면에서 모순되게, 하지만 매우 치밀한 사회의 논리에 따라 위세 급
부(교환가치 기호)와 재능 급부(사용 및 생산성 가치)라는 두 가지 요
청을 요약하기 때문에 폭넓은 사회-문화적 범주를 만족시키며, 그
리하여 '과시적 도덕 관념'의 종합 형상을 제시한다.

　물건의 이 문화적 지위는 실용적 지위와 직접적으로 대립한다.
가사에 관한 의식은 온갖 방식으로 이 모순의 효력을 상쇄시킨다.
"니스 칠한 물건은 더 아름답고 더 오래간다"고 하며, 역설의 한계
까지 나아가 "밀랍을 입혔거나 플라스틱 가공이 된 물건은 더 잘
유지되고 더 적은 노력을 요한다"고 한다——그러한 정성은 정확하
게 노력의 정성이며, 물건들을 부서지기 쉽게 만들고 물건들에 대
한 취급을 복잡하게 만드는 결과가 그러한 정성으로 말미암아 초래
되는데도 말이다. 실제로 가사 노동은 부차적으로만 실용적인 목적
(물건들을 사용에 적합하게끔 하는 일)을 갖는다. 말하자면 다른 종류
의——상징적인——취급이며, 때때로는 실제적인 사용을 완전히 압
도한다(결코 식탁에 내놓지 않으면서 정기적으로 닦는 은그릇). 가정에
서 여자들에게 부과되는 엄청난 노동(아이들과 물건)이 국가 차원의
회계에 포함되지 않는다면, 그 이유는 의심할 나위없이 명확한 사
회적 수익성 이외의 것을 조사하기에는 국가 차원의 회계가 너무
추상적이기 때문이며, 또한 그 노동이 자체의 의도로 말미암아 경
제적 타산에 깊이 연관되어 있다기보다는 법규에 따른, 다시 말해
서 계급의 여러 사회 관계의 외형에 의해 규정되는 상징적 타산의
영역에 속하기 때문이기도 하다.[32)]

　게다가, 그 악착스러운 정성에는 방금 분석한 성취 윤리 이외에
실제의 비장감이 있다. 사람들이 물건들에 대해 실행하는, 그리고

───────────

　　되는 경향.
　32) 그러한 용도의 가정 고용인(하녀·가정부·머슴 등)의 고용은 매우 중

(물건들의 기능에 의해) 언제나 명확하게 규정되는 구체적인 적용에 반해, 그러한 정성에는 한계가 없다——그 정성은 불행 의식의 절차를 따라 스스로 불타올라 스스로를 집어삼킨다. 그 정성은 완전무결주의적 형식 존중에 사로잡혀 예술을 위한 예술을 흉내내는데, 그 이유는 정확히 그 정성이 진정한 노동도 진정한 문화도 아니기 때문이다. 그 정성은 문화의 궁극 목적에서 잘려나간 문명 기호들의 격화, 곧 수사법이다. 합리적인 가정 경제가 아니라 가정 복지의 수사법. 의기양양하면서 괴로워하는 것. 교의와 의식은 변함이 없고 의미는 떨어져나간 것. 일상성의 진정한 함양이다.

'자연스러운 것'의 특권

문화적 구별의 논리는 이윽고 특권의 층위에서 꾸밈없음, '자연스러움'의 가치를 강요할 것이다. 이를테면 자연 그대로의 것, 광택이 없는 것, 거칠은 것, 허술한 것을 위해 윤나는 것, 니스 칠한 것, 공들인 것이라는 그러한 가치들에 대한 부정·비난을 강요할 것이다. 물건의 이러한 '꾸밈없음'은 취향에 의해 뒷받침되지만, '자연스러운' 것이 전혀 없으며 반대로 인공적인 것, 예의범절상의 바로크적 가식, 가리어진 것, 씌워진 것, 공들인 것, 다듬어진 것이 높이 평가되는 가치관, 노력이 결부된 도덕적 가치관에 대한 하층 계급의 신앙심에서 연역된다. 여기에서 꾸밈은 문화상의 결함이다. 다른 시대에는 부르조아지의 문화적 기호였던 단정함(억압적인 조화), 물건들에 관한 까다로운 격식이 이제는 물건들을 독점해온 소시민 계급의 독특한 특징으로 낙인찍힌다. 따라서 '순수' '진본' '무장식' 등의 가치들——다듬어지지 않은 콘크리트 벽, 광택 없는 목재품, 벗긴 자국이 그대로 남아 있는 가죽 등——이 발휘하는 기능은 구별의 기능이며, 그 가치들에 대한 정의는 우선 사회적이다.

이 대목에서도, 합리화가 이루어지기는 하지만, 이는 즉각적인 실용성("그것은 더 실용적이다" "그건 더 잘 세탁된다")에 입각해서라기보다는 오히려 부차적인 기능('직접적인 접촉' '더 진정어린 분위기'), 특히 기능적 미학('장식의 폐기' '물건의 참모습' '형태의 선용' 등)에 입

요한 사회적 기준이다. 하녀가 있다는 것은 중산층을 벗어났다는 것이다.

각해서이다. 그리하여 물건들은 연속적으로 진보를 따라 내적인 미학 논리에 종속할 터인바, 그러한 논리에 힘입어 결국 물건들의 '참모습,' 물건들의 기능과 형태의 조화로운 종합이 빤히 드러나보일 것이라고 넌지시 암시된다. 이것이 디자인의 기본적 이론이다. 그런데, 환경의 이상적인 단계를 향해 모형에서 모형으로 점진적 향상이 이룩된다는 가설, 기술 진보의 구현에 은밀히 기대는 이 가설은 하나의 이데올로기 전체를 암암리에 내포하는데, 그 이유는 그 가설이 형식 쇄신의 사회적 기능, 곧 문화적 차별의 기능을 가리기 때문이다. 물건들에 관한 한 형식 쇄신의 목적은 이상적인 물건들의 세계가 아니라 사회적 이상, 특권 계급의 이상, 곧 자신들의 문화적 특권을 영속적으로 다시 현실화하는 일이다.

형식 쇄신과 사회적 차별

'심미적' 기능에 대한 이 사회적 차별 기능의 우선권은 유행에서 읽을 수 있는데, 거기에서는 미학적인 면에서 아무리 상궤를 벗어나고 아무리 임의적인 형태들일지라도 새로운 재료에 변별적인 기호들을 갖추어주기 위해서만 매 순간 다시 활기를 떨 수 있다.

이 모든 것은 니스 칠한/광택 없는, 감싸인/꾸밈없는, 세련된/다듬어지지 않은 등 계열적 대립들이 물건들의 세계에 대한 기호학적 분석의 도구일 뿐만 아니라 사회 판별식, 형식상 별개이며 또한 사회적으로 구별을 짓는 특징이라는 것을 말하기 위한 것인바, 벽의 노출된 부분이 어떤 때는 지독한 빈곤, 극도로 초라한 모습의 특징일 수 있고 또 어떤 때는 '야성주의적' 사치의 특징일 수도 있으므로, 그러한 대립들이 맥락상 취하는 가치는 말할 나위없이 상대적이다.

또다시 달리 말해서, 모형들에 관한 합리적 논리의 층위에서 '보편적인 것'으로, 더할 나위없는 아름다움으로, 기능과 형태의 절대적 진면목으로 주어지는 것이 사실은 스스로 강요하는 사회의 논리 안에서 스스로가 차지하는 위치에 관한 일시적이고 상대적인 진실만을 지닐 뿐이다. 그 '보편적인 것'은 여전히 개별적인 기호, 계급

36

의 지수이다. '아름다움' '자연미' '기능'(기능주의에서 말하는 이상적인 의미에서)의 효과는 저 계급 관계 안에 새겨지며, 그리하여 계급 관계와 분리될 리 없다.

차후의 단계에서, 심미적 특권은 니스 칠한 것에도 자연 그대로 의 것에도 더 이상 결부되지 않는다. 그 대신, 옻칠된 작은 상자를 꺼칠꺼칠한 목재품과 가까이 놓고 반들반들한 대리석을 그저 틀만 떼어낸 콘크리트와 나란히 배열하는 등, 모든 항목들을 마음대로 조합하는 자유에 결부된다.[33] 이러한 전위(前衛) 층위에서는, 소시민 들을 인공적인 광택에, 교양인들을 '자연스러운' 무장식에 몰두시키 곤 한 배제가 십중팔구 일소될 것이다. 그리하여 여기에서는 모든 것이 소집되고 온갖 배합이 가능하다. 그러나 다시 한번, 형태의 측 면에서 실로 보편적인 지위를 향한 앞지르기로 보이는 것이 반대 방향의 사회적 의미 작용 속에서 참모습을 띤다. 다시 말해서, 다른 이들이 가정 물품들에 대한 윤리적 취급 속으로 추방된 처지에서 몇몇 선택된 자들만은 그 심미적인 배열의 단계에 이를 수 있을 터 이므로, 보편적인 항목(차이점들의 종합)이 효과적인 차별 요인으로 다시 바뀐다. 물건들과 물건들에 대한 타산의 문제에서 보편적인 것은 다시 특별한 범주의 귀족 증서가 된다.

심미적 타산은 언제나 사회의 논리 안에 잠겨 있다. 많은 대중이 대담한 '기능적인' '합리적인' 형태들에 자연스럽게 매혹되지는 않는 다는 점에 놀라면서도, 디자이너들이 그러한 형태들을 애써 대중화 하는 것은 바로 그 이데올로기 진전 상황을 감안하지 않기 때문이 다. 그런데, '인기있는' 창안자들은 자신들의 경건한 연도(連禱)(대중 의 취향을 교육시키는 것) 뒤에서, 자신들의 무의식적인 전략을 수행 한다. 현대적인, 양식화된 등의 한정어가 붙는 멋진 물건들이 적어 도 곧장은 다수에 의해 이해되지 않도록 정묘하게 만들어진다──

---

33) 오늘날 광고·장식술·의복 분야의 여기저기에서 유행하는 혼합은 동일
    한 '자유'의 증거가 된다. 예컨대 몽드리안식 기하학주의가 국수 양식
    (1900년경에 유행한, 곡선의 주제로 특징지워지는 장식 양식: 역자)의
    환각 작용설과 평화롭게 공존한다.

그 물건들의 사회적 기능은 무엇보다도 그것들이 변별적(辨別的) 기호들, 그러한 물건들을 분명히 알아보는 이들을 뚜렷이 구별지을 물건들이라는 점에 있다. 다른 이들은 그 물건들을 구경도 하지 못할 것이다.[34]

변별적 기호들의 밀물과 썰물

합리적·경제적 논리와 계급의 문화적 논리 사이의 이러한 모순은 물건들의 다른 본질적 양상, 곧 시간 속에서의 지위, 마멸 및 새것으로의 교환 주기에 영향을 미친다.

주택·가구·가정 전기기구·텔레비전·린네르 제품·의복, 기발한 가정 용구 등 물건들의 수명은 범주에 따라 다양하다. 그러나, 같은 범주의 물건들 전체에는 지속 기간의 면에서 두 가지 별개의 변수, 곧 기술적 구조와 재료에 의해 결정되어 있는 실제적인 마모율과 물건들이 유산처럼 지니는 가치 또는 거꾸로 유행으로 인해 가속되는 노폐가 작용한다. 여기에서 우리에게 중요한 것은 그 이차적 가치, 그리고 여러 계층으로 된 유동적 산업 사회에서 각 집단이 처해 있는 상황과 그 가치 사이의 관계이다. 하나의 집단이

---

34) 가구에 관해서도 똑같은 분석이 행해질 수 있다(자재의 관점에서가 아니라 기능의 관점에서). 기능에 관한 한, 최신형의 가구는 몇몇 축받이를 갖춰 마음대로 침대·의자·장롱·책꽂이 또는 심지어 전혀 쓸데없는 것(순수한 물건)으로 전환될 수 있는 가변적인 조립식 가구이다. 말하자면 '원(原)가구'이다. 대담한 분석 공식, 전적인 다가성(多價性), 명백하게 '합리적인' 공식. 동일한 요소——귀중품 상자——가 마찬가지로 탁자·걸상·침대·벽장의 구실을 하는 중세 또는 농촌 사회의 공식들과 역설적이게도 일치하는 공식. 그러나 의미는 명백히 반대이다. 현대의 가변적인 요소는 궁핍의 해결책이기는커녕 분화된 모든 기능들, 호사스런 품위 전체의 종합이다. 그것은 단순성의 절정이며, 그것의 구상자들은 (부당하게도) 그 명백한 단순성을 믿고서 경제적이고 '대중적인' 미래의 해결책을 마련한다! 가격은 언제나 현실주의적인 것이므로, 사회의 논리를 가차없이 나타낸다. 그 단순한 형태들은 값비싼 정제품(精製品)이다. 거기에서도 형식상의 혁신은 엄격성, 경제, '구조,' 심지어는 때때로 궁핍, 그리고 긴급성에 입각하여 정당화된다: "필요하다면, 당신의 침대가 장롱으로 바뀐다" 등. 어떤 이익? 형식상의 혁신은 놀이, 그것도 필요에 의거하여 행해지는 놀이에 지나지 않는다. 그 놀이에서 유행은 으뜸가는 것이다. 기술 혁신——실제적인——의 목적은 실제의 경제 활동이 아니라 사회적 구별의 놀이이다.

일시적인 것과 오래 지속하는 것에 대한 다소간 강한 집착을 통해 스스로를 구별짓는 것은 어떤 점에서이며, 새것으로의 급속한 교환을 불러일으키는 유행의 요청에 대해 집단들이 사회적 등급상의 지위에 따라 내보이는 다양한 반응은 무엇인가?

사실 유행이 변화에 대한 자연적 욕구를 반영하는 것은 아니다. 다시 말해서 의복·물품·자동차를 바꾸는 즐거움은 다른 종류의 속박, 사회적 구별과 위세의 속박을 심리적으로 인정하는 데 원용된다. 유행의 효력은 사회적 유동성이 강한(그리고 일정한 수준 이상의 경제적 유동 자산을 지닌) 사회에서만 나타난다. 상승하거나 하강하는 사회적 지위는 변별적 기호들의 끊임없는 밀물과 썰물에 휩쓸리게 마련이다. 특정한 범주의 물건들(또는 특정한 양식의 의복들)이 특정한 계급에 영속적으로 할당되어 있는 것은 아니다. 반대로 모든 계급들은 스스로 사회적 유동성의 보편적 요청에 (어느 정도) 가담하는 것과 마찬가지로, 모두 변화를 겪게 마련이고, 그래서 유행의 필요를 가치로서 받아들인다. 달리 말하자면, 물건들은 사회적 지위의 지수로 기능하며, 사회적 지위가 이미 실질적으로 유동적이게 된 관계로, 확정된 상황(물건들은 확정된 상황을 늘 초래해왔다)의 증거를 늘 보여줄 뿐만 아니라, 동시에 유행의 변별적 주기에 편입됨으로써 그 사회적 지위의 유동성이 띠는 잠재적 성질들을 언제나 나타낼 것이다.

물건들이 물질적으로 현존하므로 물건들의 기능은 무엇보다도 지속하는 것, 사회적 지위를 '영구적으로' 새기는 것이라고 생각할지도 모른다. 세습적 겉치레가 사회적 성취의 증거이었던 전통 사회에서는, 그리고 극단적으로 말해서 확정된 상황이 사회적으로 영속하던 시대에는 이것이 사실이었다. 그럴 때는 환경에 관한 서술과 사회적 의미론이 비교적 단순하다. 그리고 어떤 점에서는 실로 언제나 이런 식이다. 어떤 사회적 층위에서건, 물건들을 통해(그리고 자식들을 통해) 기정 상황을 영속화하려는 경향이 그야말로 언제나 실재한다. 사람을 둘러싸는 물건들은 우선 사회적 운명의 결산, (경우에 따라서는 체념한) 공정증명을 구성한다. 게다가 옛날의 졸업증명서처럼 흔히 틀에 끼워져 벽에 고정된 듯이 나타난다. 지위·운명. 물건들을 통해 무엇보다도 먼저 알아차릴 수 있는 것은 바로 이것이다. 따라서 사회적 유동성의 반대이다. 물건들은 선택되고 구입되고 정돈됨으로써, 상승 성적(成積)이 아니라 완료된 성취의 일부를 이룬다. 물건들은 자체의 귀속(歸屬)적ascriptive 차원으로 사람을 둘러싼다. 물건들이 실제의 사회적 성공보다 더 비싼 값을 부여받을 때조차(그런데 이런 경우는 드물지 않다), 물건들이 미래를 특권부(特權附)로 확보하는 것 같을 때조차, 사회적 인간이 유동적이거나 완성되는 것은 결코 물건들을 가로질러서가 아니다. 다름아닌 물건들에 사회적 인간이 몰두하는 형편이며, 물건들은 기껏해야 저지된 사회적 갈망을 나타내기 일쑤이다.

물건들의 이 관성적 기능은 때때로 영속적인 세습 신분을 초래하는바, 오늘날은 사회의 변화를 명확히 표시해야 할 기능에 의해 논박되고 있다. 사람의 사회적 등급이 높아짐에 따라, 물건들은 증가하고 다양화하며 새것으로 바뀐다. 게다가 유행의 영향 아래 가속된 물건들의 유통은 실제로 존재하지 않는 사회적 유동성을 매우 재빨리 의미하기에, 알아차리도록 하기에 이른다. 이것만 해도 몇몇 대체 기제들의 의미인 셈이다. 사람들은 주택을 바꿀 수 없어서 자동차를 바꾼다. 새것으로의 급속한 대체가 흔히 사회적·문화적 향상에 대한 어긋난 갈망을 보상한다는 것은 갈수록 더 분명한 사실이다. 그리하여 물건들 '읽기'가 그토록 복잡하게 된다. 말하자면 물건들의 유동성이 어떤 때는 특정한 사회적 범주의 상승하는 생활수준을 실제로 의미하면서 반영하고, 또 어떤 때는 반대로 특정한 집단이나 개인의 사회적 무기력을 보상하게 되는데, 그렇게 되면 유동성에 대한 욕망은 어긋나고 저지된 나머지 장식의 인위적인 유동성에 휩쓸리게 된다.

여기에서 문제되는 것은 유행의 이데올로기 그 자체이다. 유행의 형식 논리는 구별을 짓는 모든 사회적 기호들의 유동성 증가를 필연적으로 가져온다. 기호들의 이 명백한 유동성은 사회(직업·정치·문화) 구조들의 유동성에 상응하는가? 물론 그렇지 않다. 유행——그리고 더 폭넓게는 유행과 분리될 수 없는 소비——은 심한 사회적 타성을 띤다. 실제의 사회적 유동성에 대한 요구가 유행 안에서, 물품·의복·관념의 즉각적이고 흔히는 주기적인 변화를 가로질러 행해지고 좌절됨에 따라, 유행 자체가 사회적 타성의 요인이 된다. 변화의 환상에 민주주의의 환상이 덧붙여진다(다른 양상 아래에서도 마찬가지이다). 유행의 일시성이라는 속박은 변별적 기호들의 세습성을 제거하는 것으로 여겨지며, 주기의 매 순간마다 모든 사람들을 기회 균등에 귀착시키는 것으로 여겨진다. 어떤 물건이건 유행의 진전 과정에 직면할 경우 폐기될 수 있다. 물건들 앞에서의 모든 이의 평등을 생기게 하는 데에는 이것으로 충분할 것이다. 그런데, 매우 명확하게도 이것은 거짓이다. 다시 말해서 유행은 대중 문화와 마찬가지로 각자를 제자리에 더 잘 재위치시키기 위해 모든 이에게 말을 건다. 유행은 문화적 불평등과 사회적 차별을 가장 적절하게 회복시키는, 이를테면 타도한다는 구실 아래 밑받침하는 하나의 제도이다. 저 유행은 사회의 논리를 넘어 일종의 제2의 본성이기를 바란다. 실제로, 저 유행은 계급의 사회적 전략에 의해 전적으로 지배된다. 물건들(그리고 다른 기호들)의 '현대적인' 일시성은 사실 상속인들의 사치이다.[35]

---

35) 유행은 혁신해야 할 필요와 기본적인 질서에 아무런 변화도 일으키지 않아야 할 필요 사이의 타협을 구현한다——유행이 '현대' 사회의 지표인 것은 바로 이 점에서이다. 따라서 유행은 변화의 놀이로 귀결된다. 그 새로움의 놀이에서 새로운 것과 옛것은 기능의 측면에서 등가이다. 체험된 심리를 끈질기게 살필 경우, 그 놀이에서 두 가지 반대되는 경향, 곧 변화시키려는 욕구와 옛것에 대한 향수어린 욕구를 알아차릴 것이다. 사실상, 최신 유행과 구식의 기능은 교대하는 성질의 것이다. 그것들의 기능은 어느 층위에서건 체제의 논리적 속박에서 기인한다——옛것과 새로운 것은 상반된 욕구들에 속하지 않는다. 말하자면 유행의 '주기적인' 계열체이다. '현대적인 것'은 새로운 것이자 옛것이다——그것들은 더 이상 시간가(時間價)를 갖지 않는다. 똑같은 이유로, '현대적인 것'은 현행의 실제, 현실의 변화, 그리고 구조의 혁신과 아무런 관계도 없다. 변화의 놀이에서 새로운 것과 옛것, 새것 제일주의와 의고주의는 동질의 것이다.

일시적인 것의 사치

여기에서 우리는 유행과 사회적 계급 차별에 대해 방금 말한 것을 예증하기 위해 물건들의 영역에서 건축 쪽으로 약간 벗어날까 한다. 사실상 건축은 일시적인 것/영속적인 것의 대립이 상상력에 의해 매우 두드러지게 감지될 수 있는 영역이기 때문이다.

건축 분야에서 첨단을 가는 몇몇 사람들에게는 일시적인 건축물, 곧 움직이기 쉽고 가변성이 있으며 외향적인 구조물에 미래 건축의 참모습이 있다. 유동적인 사회는 유동적인 주거를 갖게 마련이다. 그리고 이것이 현대성의 사회적·경제적 요구에 편입된다는 것은 의심할 나위없이 사실이다. 오늘날(그리고 미래에는 점점 더) 세분된 영구·반영구 건축물로 대표되는 사회적 결손이 방대하다는 것은 사실이다. 그러한 건축물은 경제와 사회적 교환의 합리성에, 더 많은 사회적 유동성과 하부 구조의 유연성을 향한 돌이킬 수 없는 경향 등에 상반된다.[36] 그러나 이 모든 이유들 때문에 일시적인 건축은, 언젠가는 공동의 해결책이게 되어 있다 할지라도, 현재로서는 오래 지속하는 것의 신화를 경제적·문화적 생활 수준에 힘입어 문제삼을 수 있는 특권 분파의 독점물이다.

부르조아 세대들이 저택의 매우 오래 된 고정 장식을 즐길 수 있었기 때문에, 오늘날 그들의 상속인들은 깎은 돌을 저버리고 일시적인 것을 찬양하는 사치를 스스로에게 부여할 수 있다. 이러한 양태는 그들에게 고유한 것이다. 이와는 반대로, 영구적인 부동산과 동시에 문화적 본보기들에 다가갈 기회가 과거에 전무했던 모든 하층 계급 세대들——그들 또한 부르조아지를 본보기로 삼아 살아가고, 이번에는 자신들과 자기 자식들을 위해 주택의 콘크리트나 교외 별장의 맷돌용 규석으로 웃음거리밖에 안 되는 왕조의 기초를

---

36) 그렇지만 '딱딱한 것,' 고체의 잠재적이고 집단 심리적인 기능들——매한 가지로 '사회 예산 *budget social*'(어떠한 규범적인 효력도 갖지 않는 정보 문서로서, 국가나 사적 기구들에 의해 지출된 다양한 사회적 급부의 총 액과 사회보장법에 따라 실행된 양도의 규모를 일러주며, 예산안의 추가 조항으로 제출된다: 역자)에 포함되는 강력한 통합 기능들——을 고려해 야 할 것이다.

쌓는 것이 아니라면, 사람들은 그들이 무엇을 갈망하기를 바라는가 ──, 오늘날 '지위가 상승할 수 있는' 그 계급에 대해 부동산을 신성화하지 말고 유동적 구조들의 관념성을 그대로 받아들이라고 어떻게 요구할 수 있는가? 하층 계급 세대들은 오래 지속하는 것을 간절히 바라도록 정해져 있으며, 이러한 갈망은 그들이 겪어야 하는 계급의 문화적 운명을 나타낼 따름이다.

거꾸로, 일시적인 것에 대한 숭배는 이데올로기상 전위 집단의 특권을 함축한다. 문화적 구별의 영원한 논리에 의하면, 다른 분파들이 벽의 구적법(求積法)에 어김없이 동의할 때, 특권 분파는 건축 구조들의 순간성과 유동성을 맛본다. 특권 계급만이 본보기들의 현시성을 요구할 권리가 있다. 다른 계급들은 그 본보기들이 이미 변했을 때 그러한 권리를 갖는다.

이에 따라 형태들의 논리에서 일시적인 것이 현대성의 진면목을 상징한다 할지라도, 그 일시적인 합리적이고 조화로운 사회을 표현하는 미래의 상투어를 대표한다 해도, 현재의 문화 체계에서 일시적인 것이 취하는 의미는 전혀 다르다. 문화가 자체의 논리적 토대 위에서 별개의 두 항목, 곧 어느 것도 자율성을 떨 수 없는 일시적인 것/영구적인 것(건축은 언제까지나 이 둘 사이의 상호적인 놀이일 것이다)에 의거하여 작용한다 해도──계급의 문화 체계 안에서는 이와는 반대로 그 관계가 변별적인 두 축으로 갈라지는바, 그 가운데 하나인 일시적인 것이 다른 하나인 영구적인 것을 노폐로, 순진한 다수의 갈망으로 되돌리면서, 상류 계급의 문화적 본보기로서 자율성을 확보한다.[37]

4. 분리의 논리

물건들(그리고 물건들의 실제)의 변별적 기능에 연결되는 것은 오

---

37) 말할 나위없이 가격의 문제도 있다. 어느 영역에서건 가장 대담한, 따라서 가장 일시적인 유행이 또한 가장 값비싸다. 그러나 가격은 차별의 '논리적인' 과정을 뒷받침하게 될 뿐이다.

직 사회적 기제들에 관한 논리적 분석의 몇몇 요소들뿐이다. 우리는 충산층의 전술적 문화 요소들을 근거로 삼아 특권층의 그것들과 비교했다. 이러한 단순화는 명백히 부당하며, 좀더 진전된 분석이라면 더 분화된 계급 분류에, 피라밋형 사회 조직의 더 섬세한 계층 형성에 귀착할 것이다.

그렇지만 이러한 방향, 곧 계층 형성에 입각한 논리적 분석의 방향에서 행해진 노력 전체는 우리들로 하여금 근본적인 진실을 잊게 만들 위험이 있는데, 이는 사회학적 분석이 논리적 분석일 수 있으면서 동시에 관념-논리적 *idéo-logique* 또는 정치적 분석일 수도 있을 터이기 때문이다. 달리 말해서, 물건들의 변별적 기능(그리고 '소비'의 영역에 속하는 다른 많은 기호 체계들)은 기본적으로 판별하는 기능의 내부에 편입된다(또는 거기로 흘러든다). 논리적 분석(계층 형성의 전술들에 입각한)도 역시 정치적 분석(계급의 전략에 입각한)에 도달하게 마련이다.

소비의 층위에서 이 결론들을 일반화하기 전에, 우리는 어떻게 차이점들이 점층적인 사회적 위계를 또박또박 나누기는커녕, 철저한 차별을, 사실상의 분리를 초래하여 몇몇 '계급들'을 특정한 기호들에, 특정한 실제에 엄격히 결부짓고 사회계통학 전체에 따라 그러한 소명 쪽으로, 그러한 운명 쪽으로 내쫓는가를 가장 단순한 층위, 곧 물건들의 실제 자체의 층위에서 입증하고자 한다. 그렇게 되면 일반화된 기호 교환의 차원, 곧 소비를 격심한 정치 공작의 현장으로 간주할 근거가 확보될 것이다.

객관적 실제와 의례적 실제: 물건-텔레비전

우리는 텔레비전을, 그렇지만 약간 특별한 관점, 곧 물건-텔레비전의 관점에서 보기로 택할 생각이다. 사실상 텔레비전에 관한 초보적 수준의 조사로도 한편으로는 점유율, 시청 범위와 다른 한편으로는 C.S.P., 소득, 교육 수준 사이의 다양한 상관 관계에 관한 몇몇 진상들이 밝혀진다.

좀더 복잡한 수준에서는, 언제나 대충 구분된 사회 범주들과의

44

관계 아래, 시청 방식(가정에서, 단체로, 개인적으로, 혼합식으로)과 관심의 정도(매혹되어서, 호기심에서, 산만하게, 소극적으로, 선별적으로, 심심풀이로)에 조사가 집중된다. 이 모든 조사들은 텔레비전으로 방송된 전언에 대한, 곧 담론-텔레비전에 대한 시청자의 관계를 대상으로 한다. 매체로서의 영상에 대한 시청자의 관계를 말이다. 그 조사들에서는 물건 자체, 곧 텔레비전 수상기의 차원이 매우 폭넓게 누락된다. 그런데, 텔레비전은 말할 것도 없이 영상의 전달 수단, 수신자에게 말을 거는 발신자이기에 앞서 우선 제조업자가 개인에게 판매하는 장치이다. 텔레비전은 구입되고 소유되는 물건이다. 의심할 나위없이 텔레비전의 지위가 사회적 등급의 어떤 층위에서도 그러한 물건의 지위에 그치는 것은 아니지만, 이 초보적인 지위로 말미암아 영상 수신상의 매우 많은 애매한 문화 행위들이 은밀히 유도된다. 또다시 달리 말하자면, 수요가 물건(영상 생산 장치)에 대한 수요와 영상(의미의 매개물)에 대한 수요로 갈라진다. 이 두 요구는 체험적 실제에서는 풀리지 않을 정도로 뒤섞이지만, 논리적으로는 양립할 수 없다. 텔레비전이 물건-텔레비전으로 또는 통신 수단으로 현존함에 따라, 담론-텔레비전 자체는 물건으로 또는 의미로 받아들여질 것이다. 물건(기호)의 지위는 객관적인(합리적이고 실용적인) 기능에 대립한다. 이러한 구별은 교환가치 기호와 사용가치의 구별에 상응한다. 이 근본적인 불일치에 새겨지는 것은 바로 문화에 관한 사회의 논리 전체이다. 그리고 소비에 관한 일반 이론의 관점에서 우리가 지금 세우고자 하는 것은 이 물건-기호에 관한 사회 이론이다.

문화적 교화를 목적으로 또는 영상이 주는 단순한 즐거움을 위해, 다시 말해서 확고한 개인적 목적과 관련하여 텔레비전이 구입된다는 명백한 사실은 사회적 등급이 낮아짐에 따라 의심할 나위없이 점점 더 기만적이다. 흔히 사회적 속박을 인정하게 할 뿐인 흥미나 즐거움보다 더 깊이 작용하는 것은 순응과 위세의 지표(그리고 윤리적 명령의 가치 전체가 지표 항목에 포함되어야 한다)인바, 이것이 텔레비전 구매를 강요한다(냉장고·자동차·세탁기의 경우와 마찬가지로). 스튜어트 밀의 견해를 다시 취하건대, 이런저런 물건의 취득은 그 자체로 이미 사회적인 일이다. 그런 만큼 텔레비전은 시민권 증서로서 인정, 통합, 사회적 합법성의 담보물이다. 거의 무의식적인 이 반응의 층위에서 문제되는 것은 물건이지 그 물건의 객관적 기능이 아니다——그리고 물건은 더 이상 물건의 기능이 아니라 증거의 기능을 갖는다. 사회적 지수인 물건은 그러한 것으로서 돋보이게 될 것이다. 이를테면 노출될, 그것도 과도하게 노출될 것이다. 텔레비전이 언제나 받침대 위에 군림하면서 물건으로서 관심을 집중시키는 중산층(그리고 하층 계급)의 실내에서 볼 수 있듯이 말이다.

자신의 사회 활동 전체가 암암리에 경제적 축재의 노력에, 그리고 특히 성취의 노력에, 물건 자체의 취득이 구성하는 상징적 급부에 집중되어왔다는 것을 고려한다면, 텔레비전 전언들의 내용 앞에서 텔레비전 시청자가 나타내는 '수동성'에 대한 놀라움은 덜할 것이다. 그 이유는 순진한 평가에 따라 구매가 만족으로, 따라서 수동적인 행동으로 간주되며, 뒤이어 사용자에게 문화 활동이 요구되기 때문이다. 교육받은 상류 계급에게는 아마 이 점이 유효할 터이지만, 하류의 층위에서 사실인 것은 그 반대이다. 한편으로는 기호 겸 보증으로, 다른 한편으로는 자본으로 간주되는 물건의 전유에 활동 전체가 바쳐진다——그렇게 되면 논리적으로 실행 자체가 수동적 만족, 용익권(用益權), 이익과 특전, 완수된 사회적 의무에 대한 보상으로 탈바꿈한다. 물건은 보증으로서의 가치를 부여받기 때문에, 요물 같은 경제만을 낳을 수 있을 뿐이다(모스Marcel Mauss[38]와 상징적 교환가치 참조). 물건은 자본으로 간주되기 때문에, 양적인 수익성만을 낳을 수 있을 따름이다. 다시 말해서 어느 경우이건 물건은 자율적 문화 활동을 불러일으킬 수 없는바, 그러한 활동은 다른 가치 체계에 종속한다.

물건이 보증이기 때문에, 물건의 전유는 합리적인 실천에 의해서가 아니라, 논리적으로, 끊임없는 표명에 의해, 거의 종교적인 과시

---

38) (역주) 프랑스의 뒤르켕 학파 사회학자로서, 『증여에 관한 시론』을 썼다.

과정에 따라 연장된다. 물건은 자본이기 때문에 수익이 많아야 한다. 현대의 산업 사회에서는 물건이 순수한 숭배의 대상인 경우가 드물다.[39] 일반적으로 작용에 관한 기술적 요청이 부과된다. 물건들이 훌륭하게 기능하는 상태이거나 어떤 것에 소용된다는 것을 증명해야 한다. 객관적 근거로서보다는 보충하는 '초자연력 *mana*'[40]으로서 말이다. 물건은 적절히 기능하지 않으면 위세의 잠재력을 잃는다. 여기에서도 사용가치는 요컨대 교환가치 기호에 대한 현장부재 증명이다. 물건은 쓸모가 있어야 한다. 여기에서 보듯 수익성은 경제적 기능이 아니라 윤리적 명령이다. 그러므로 체계적이고 무선별적인 시청이 실행되는 것은 논리적으로 물건-텔레비전이 자체의 통신 기능을 벗어나 그러한 것으로서 신성시되는 동일한 사회 범주들 안에서이다. 사람들은 매일 저녁마다 텔레비전을 들여다보며, 처음부터 끝까지 잡다하고 연속적인 방송에서 눈을 떼지 않는다. 물건에 관련된 합리적 경제 활동의 부족으로, 사람들은 하나의 형식적이고 비합리적인 경제적 규범, 곧 절대적 사용 시간에 짐짓 굴복한다. 그러므로 긴 시청 시간 동안의 명백한 수동성은 사실상 힘겨운 인내를 감추고 있다. 질적인 선택이 결여되어 있기 때문에, 양적인 몰두에 의해(마찬가지로 라디오 방송의 작용에서는 기계적인 기억과 요행에 의해) 수동성이 표현된다.[41] 그러나 수동성이 수동성으로 인정되는 것은 아니다. 그렇게 되는 것은 상류 계급의 자율적인(다시 말해서 수익성에 대한 그 잠재적 요청에 따르지 않는) 문화 활동과 비교

---

39) 그러한 것으로서의 물건이 갖는 그 순수한 위세 가치, 자체의 기능과 무관한 마술적 급부 가치는 아프리카 삼림 지대에서 예컨대 고장난 텔레비전 수상기, 고장난 진공청소기나 손목시계, 휘발유 없는 자동차가 그래도 여전히 위세의 요소들인(그저 사회의 논리가 문제일 뿐인데도 우리들이 보통 '전논리적 심성'이라고 비난하는) 극단적인 사례들에서 명확히 드러난다.

40) (역주): '마나'는 멜라네시아의 토속어로 '세력있는' '이겨냄' 등의 뜻을 갖는다. 멜라네시아를 비롯한 태평양 제도의 미개 민족들 사이에서 볼 수 있는 관념으로, 비인격적, 초자연적인 힘, 곧 사람·생물·무생물·물건 등에 작용하여 외경의 정을 일으키는 영력(靈力)을 가리킨다.

41) 이 '경제적 물신숭배,' 또는 수익성에 대한 맹목적인 숭배는 문화외 측면에서 사실상 자율적으로 규정될 수 없다는——사회적으로 확정된——불가능성과 매우 강한 경제적 요청에 대한 산업(자본주의) 사회의 엄명 사이의 타협을 구현한다.

되는 것, 그리고 미리 실격당하는 것일 터이기 때문이다. 따라서 수동성은 즐거움·흥미, '구속받지 않는' 심심풀이, 자발적인 선택으로 더 기꺼이 주어질 것이다. 하지만 그 내세워진 즐거움은 깊은 이의(異議)에 대한 반항이며, 그러한 이의는 문화적 열등에 관련되므로, 의심할 나위없이 결코 분명하게 표명되지는 않을 것이다(판에 박힌 신랄한 비판, 예컨대 "그들의 속임수에 싫증이 난단 말이야!" 또는 "언제나 그 모양이야!"——상류 문화의 절차, 곧 판단·선택 등이 궐석 재판식으로 지시되는 흉내——를 통해 은밀히 표명되는 경우가 아니라면).

그러므로 몇몇 사회 범주들의 경우에 "쓸모가 있어야 한다"는 말은 그 물건이 상류 문화의 목적과 관련하여 무용하다는 것을 나타낸다. 즐거움으로 말하자면 그 물건을 가로질러 우선 규정에 맞는 의례적인 합리화 자체이다. 요약컨대, 자체의 '수동성'에 연결된 시각의 정량화(定量化)는 수익성에 대한 사회경제적 요청을, 물건·자본을 가리키지만, 필시 이러한 '자본화'는 상징적 급부, 공인, 사회적 신용, 초차연력의 양태를 띠며 '물건-물신'에 결부되는 더 심각한 사회적 속박을 필요 이상으로 결정하게 될 뿐이다.

이 모든 것은 계급의 문화적 외형——물건을 매개로 자유롭게 영위되는 문화의 합리적이고 자율적인 목적들이 심지어는 엿보이지도 않으며, 그럼에도 불구하고 모순되게도 내부에 감추어져 있는 계급의 문화적 외형——, 상대적인 사회적 지위 향상의 결과로 일어나는 문화 요구가 물건들과 그 물건들에 대한 숭배 속으로 쫓겨나는, 또는 적어도 집단의 묘한 경제적 속박에 의해 지배되는 문화적 타협 쪽으로 내몰리는, 문화 변용을 겪는 체념한 계급의 문화적 외형을 뚜렷이 나타낸다. 이를테면 소비의 모습 겸 정의 자체이다.

다른 지표들이 똑같은 계급 결정에 따라 청취량 및 청취 방식의 지표들과 더불어 배치되기에 이른다. 그리하여 가정 공간에서 물건-텔레비전의 상황이 정해진다. 하류의 층위에서 가장 빈번한 배치상은 수상기가 모퉁이의 받침대(탁자, 텔레비전용 가구, 선반) 위에 외따로 놓이고 시청하지 않을 때에는 경우에 따라 덮개와 자질구레한 실내 장식품으로 덮는 정도이며, 전통적으로 거의 그러한 용도로 구상되지 않은(라디오는 배열상의 어떠한 변화도 가져오지 않는다) 방이 다소간 시각의 영역으로 바뀌어 재배치된다. 논리적으로 텔레비전은 높고 덩치가 큰 가구들, 조명기구들 등에 변화를 초래한다. 아무튼 그 층위에서는 수상기가 (가구들과 동시에) 안락의자에서의 시각 고도로 낮아진다. 낮은 탁자 위에 놓이거나, 정돈된 다른 물건들 사이에 박힌다. 텔레비전은 더 이상 축이 아니며, 수신에 필요한 공인된 공동의 자세가 더 이상 요구되지도 않는다. 이를테면 방은 중심이 덜 잡히며, 따라서 수상기는 덜 편심적이다. 극단적으로 말해서 높은 생활 수준을 자랑하는 매우 현대적인 실내에서는, 구성요소들 또는 칸막이 벽에의 통합, 물건-가구의 전적인 이지러짐이 일어난다. 물건-텔레비전은 더 이상 기념물로 존재하지 않으며, 그렇다 치더라도 심지어는 의례(儀禮)의 대상이기를 그친다(동시에, 방이 독립적인 공간들로 분할되고, 광원들이 사라지는 등 여러 가지 결과가 초래된다).

그 밖의 의미있는 양상들: 어둠 속에서 영화관의 매혹된 시각이 재현되거나, 일광이 그저 가려지거나, 또는 평상적인 주변의 채광, 사람들이 자유롭게 돌아다니거나, 아무도 움직이지 않는 행동 방식. 이 모든 지표들의 등급은 사회적 등급의 각 층위에 대한 일관성 있는 구조의 윤곽을 뚜렷이 나타내기 위해 사용 용량 및 사용 선택도의 등급——이는 가장 중요하다——과 서로 관련될 수 있다. 그렇다 치더라도 아무튼 우리에게는 이것이 본질적인 점이며, 조사 과정과 경험적 상관 관계들은 아무리 섬세하더라도 결국 여러 계층으로 이루어진 사회의 모습만을 우리들에게 밝혀준다. 기능과 의미에 중심을 둔 합리적 실천에 대해 물건에 중심을 둔 의례적 실천을 내세우는 이론적 구별이 결코 표시되지 않는 상태에서, 우리의 조사는 신성한 과시에서 선택적 사용까지, 가정 의례에서 자율적 문화 활동까지, 어느 범주에 속하건, 다른 것에 작용하는 식으로 '차이를 나타내는' 다양한 사물들 전체를 묘사할 것이다. 길항하는 사회적 전략의 근거를 이루는 그 이론적 단절은 문화에 관한 이론에 의해서만 설명될 수 있다. 경험 위주의 작업은 사회 계층의 논리(계층에 따른 구별/편입/전이——부단한 상승)만을 나타나게 하고, 또한 그럴 수밖에 없으며, 이론적 분석은 계급 논리(구별/배제)를 솟아오르게 한다.

어떤 이들에게는 텔레비전이 물건이며, 또 어떤 이들에게는 텔레비전이 문화 행사이다——본질적으로 사회적 특권에 새겨지는 계급의 문화적 특권은 이 근본적 대립에 근거를 두고 있다.

문화상 서로 적대하는 이 두 계급 가운데 어느 것도 순수한 상태로 존재하지 않는다는 것은 분명하다. 그러나 계급의 문화적 전략은 순수한 상태로 존재한다.[42] (경험 위주의 탐구에 부쳐야 할) 사회의 현실은 계급 제도상의 배합, 각 사회 범주에 대응하는 각각의 신분을 드러나게 한다. 하지만 (문화 체계의 이론적 분석에 맡겨져야 할) 사회의 논리는 상반되는 두 항목을, 변화의 두 '축'이 아니라 서로 배제하는 두 대립항을, 그리고 형식적인 대립의 뚜렷이 구별되는 두 항목뿐만 아니라 사회적 차별의 두 변별적/배타적 항목을 뚜렷이 부각시킨다.

민주적 현장부재증명: 소비의 '세계'

이러한 계급의 문화적 논리는 말할 것도 없이 결코 분명하지 않다. 반대로, 소비가 민주주의의 사회적 기능으로 주어지며, 바로 이 점에서 소비는 계급 제도로 작용할 수 있다. 소비는 사람이 지닌 욕구의 작용으로——물건·재산·용역, 이 모든 것은 개별적·사회적 인간의 보편적 동기들에 '부응한다'——, 따라서 보편적인 경험 작용으로 주어진다. 이러한 바탕에서, 소비의 기능은 여러 계층으로 구분된 사회의 사회적 불평등을 바로잡는 것이라고(이것이 소비 관념론자들의 주동기이다) 주장할 수도 있을 것이다. 그렇다면, 권력과 사회적 출신의 위계 질서에 대하여 여가·고속도로·냉장고의 민주주의가 있을 것이다.

부르조아 사회에서 찾아볼 수 있는 계급의 문화적 논리는 언제나

---

42) 부르조아지와 프롤레타리아트가 실제의 사회에서 서로 마주보지도 순수한 상태로 존재하지도 않았던 것과 마찬가지로. 계급의 논리와 전략이 그 적대하는 모형에 따라 규정되고 구체적으로 작용하는 것을 방해하지 않는 것.

보편적인 것들의 민주적 현장부재증명에 의거해왔다. 종교가 보편적인 것이었다. 자유와 평등이라는 인본주의의 이상들이 보편적인 것이었다. 오늘날, 보편적인 것은 구체적인 것의 절대적 명증성을 띤다. 다시 말해서 사람의 욕구, 그리고 욕구에 부응하는 물질적·문화적 재화(財貨)이다. 말하자면 소비의 보편성이다.

소비의 이러한 모호성——즉 소비가 이른바 다층적 사회에서 민주화의 요인으로 작용하는 것 같으나, 이는 계급 제도로서 더 잘 기능하기 위해서라는 사실——에 대한 가장 생생한 예증은 『셀렉시옹 뒤 리더즈 다이제스트』지(誌)가 유럽의 소비자들에 관해 최초로 행한 조사에서 발견된다.[43]

221,750,000명의 소비자(공동시장과 영국)——생활 방식·소비 습관·여론·태도, 일곱 나라의 주민들에 의해 소유된 재화에 관한 직접 비교할 수 있는 숫자 자료의 요점을 제시하는 그 방대한 도표에서, A. 피아티에는 몇 가지 전망을 끌어낸다.
　"보충 조사에 힘입어 A집단(고급 간부들)의 반응을 체계적으로 분리해서 다른 집단들 전체의 반응과 대조하는 것이 가능했다.
　공동시장과 영국의 경우에는 틀림없이 A집단의 문화에 대해, 또는 더 비유가 풍부한 표현을 사용컨대 '화이트 칼라'(사무직 계급)의 문화에 대해 말할 수 있을 것 같다. 그들은 국경선을 넘어 동질적인 집단을 대표할 수 있는 것으로 보이는바, 바로 이것이 『셀렉시옹』의 조사에서 나온 가장 흥미로운 결과들 가운데 하나이다. 그러므로 이 가설 아래에서라면 일곱 나라의 주민들이 공동의 소비형을 내보일 것이며, 소비의 전개 과정에서 A집단은 나머지 주민들이 소득의 증가에 따라 목표로 삼는 일종의 기준 도식을 구성할 수 있을 것이다."

A집단(고급 간부들, 자유업 종사자들, 공업과 상업 분야의 대기업체 우두머리들)과 나머지 집단이 서로 분리되는 전반적인 지표들: 사치 비품(식기 세척기·녹음기·사진기 등), 호사스런 음식, 주거의 안락

---

43) 『셀렉시옹 뒤 리더즈 다이제스트』에 발표된 「유럽 소비의 구조와 전망」 (앙드레 피아티에), 파리, 1967.

시설과 자동차, 여성용 화장품, 기본적인 가정 비품(텔레비전·냉장고·세탁기 등), 가사 물품들의 유지에 필요한 제품, 일상적인 식사, 남성용 화장품, 그리고 지적 호기심(외국 여행, 외국어 말하기)!

　따라서 여기에서는 이미 고의로 단순화되고 명백한 소비 지표들에 귀착된 사회의 현실을 인위적인 사회 계층의 도식(A와 그 나머지) 속에 형식화하는 것이 중요하다. 정치적인 것, 사회 문제, 경제 현상(생산과 거래의 구조들), 문화적인 것──이 모든 측면들이 사라져버린다. 단지 개별적인 것/집단을 이루는 것의 층위에서 계산할 수 있는 것, 사회적 본질의 절대적 표지(標識)로 간주되는 소비재에 대한 통계상의 결산만이 남는다.[44] 그리하여 가치들이나 권력이 아니라 물건들, 한 벌의 사치스런 가정 용구들을 지닌 일류층이 드러나는바, 그것들에는 여러 이데올로기들을 넘어 유럽의 '관념'이 물질적으로 새겨진다. 그런 식으로 규정된 그 유럽의 이상으로 말미암아, 소비 대중의 어렴풋한 갈망을 조직적으로 방향지우고 승인하는 것이 곧장 가능해질 것이다. 유럽인이라는 것은 텔레비전·냉장고·세탁기의 삼위일체에서 스포츠카·입체 음향 기기·전원 주택의 숭고한 삼위일체로 넘어가는 데 있을 것이다.

　그런데 이 A집단, 유럽 관념의 기준 도식 뒤에는 실로 유럽의 현실이 있다. 그것은 산업적이고 기술주의적인 서유럽 부르조아지들이 세계적 경쟁에서 내보이는 다소간 불가피한 연대이다. 그러나 이러한 공동의 전략, 이 정치적 '인터내셔널'이 여기에서는 생활 수준의 '인터내셔널'로 뒤덮인다. 매우 현실적인 이 연대는 소비 대중의 명백한(그 지표들, 곧 소비재가 더 '구체적인' 만큼 더욱 명백한) 연대로 정체를 감춘다. 기업 합동의 유럽이 기통(氣筒) 수, 거실, 아이스크림의 유럽이라는 가면을 쓰고 있는 것이다.

A와 비-A

　사실상, 그 국제적 계층 형성의 도식은 '유럽'이라는 상징 아래 무

---

44) 채핀이 말한 거실의 등급(앞부분 참조)보다 훨씬 더 의심스러운 절차.

엇보다도 관련국들 각각에 고유한 정치적 국가 통합 작업을 목표로 삼는다——그것도 소비를 통해서뿐만 아니라 계층 형성을 이용해서 말이다. 사실 복잡한 모형으로 도식화할 수 있었을 터이지만, 여기에서 통계상의 계략은 단순하고 인상적인 이항 모형으로, A집단과 다른 이들의 집단, 곧 '비-A' 집단으로 도식화하는 것이다. 그리하여 적대하는 계급들의 대결이라는 낡은 허수아비가 통계상의 이분법 안으로 내몰린다. 언제나 둘이지만, 더 이상 알력은 없다——두 항목이 '사회 역학'의 두 축으로 바뀐다. 이러한 전술적 분할의 효과(그리고 목적)는 극단적인 것과 따라서 사회의 차원에서 극단적인 것으로부터 생겨날지도 모르는 모든 모순을 무력하게 만드는 것이다. 이 분할에는 층위-모형(기준 도식)과 그 밖의 모든 이가 있을 따름이기 때문이다. 그 밖의 모든 이는 통계학에 의해 휘저어 섞인 나머지, 정신적으로 이미 특권 계급의 호사 쪽으로 문화 변용을 겪는 주민, 엄청난 잠재적 중산층인 것으로만 보일 뿐이다. 기본 봉급 생활자가 통계적으로 중산층과 뒤섞여, 자신이 '중류의' 생활 수준을 인정받고 있으며 상류 계급의 생활 수준이 자신에게 약속되어 있다고 생각하기 때문에, 기업체 우두머리와 기본 봉급 생활자 사이의 근본적인 불균형은 더 크다. 등급의 아래에서 위까지 어느 누구도 막무가내로 멀리 떨어져나가지는 않는다. 극단적인 것이 많을수록, 긴장이 높아진다. A들과 비-A들 사이의 형식적인 경계는 A들이 누리는 낙원 안으로의 일반화된, 다소간 장기간에 걸친 재통합의 환상을 더 잘 유도하기 위한 것이다. 왜냐하면 '유럽'은 말할 것도 없이 오로지 민주적일 수밖에 없을 것이기 때문이다.

명확히 대립하면서도 잠재적으로 동질적인 두 집단. 극단적으로 단순화된 이 계층 형성은 통계학적 토대를 갖춘 사회학의 대관식이다——사회적 모순의 모든 논리가 사라져버린다. 두 항목뿐인 그 도식은 마술적 통합 도식이다. 동일한 등급의 변별적 기호들에 의거한 자의적인 분할 덕분으로 민주주의의 국제적인 본보기, 곧 유럽의 관념——사실상 이것은 그저 모든 사회 범주들을 물건들의 이로운 성좌 아래로 은밀히 몰아넣는 잠재적 동질화의 관념이다——을 보존하면서도 품위의 국제적인 표본(A들)을 암시하는 것이 가능해진다.

이중의 속임수:

——소비의 역학, 곧 모든 이가 똑같이 최고의 생활 수준을 누릴 역설적인 꼭대기까지 올라가는 만족과 품위의 상승 나선에 대한 망상. 사실, 이 잘못된 역학은 실제의 여러 권력들을 구별한다는 점에서, 변함없는 사회 체제의 관성으로 온통 점철되어 있다.

——소비의 '민주주의'라는 환상. 물건들을 결산서에 의거하여, 아주 동떨어진 사회 범주들을 단호하게 집결시킬 수 있다. 그리하여 실제적인 차별은 선택하는 습관(선택권·취향 등)의 층위, 그리고 특히 소비에 대한 동일한 가치관에의 다소간 강한 동의의 층위에서 행해진다. 이 마지막 사항은 논평을 요한다.[45]

조사에 의하면 몇몇 부문들, 예컨대 비품, 호화 음식, 지적 호기심(!)에서는 A와 비-A 사이의 뚜렷한 차이가 나타난다. 다른 부문들에서는, 조사의 장본인들이 A와 비-A의 생활 방식상의 미약한 차이를 특히 지적하며 말한다. 나날의 식사, 기본 비품, 화장품의 경우도 그런 식이다. 차이는 독일·영국·네덜란드와 같은 가장 부유한 나라들에서 가장 미약하다. 심지어 영국에서는, 남성용 화장품의 경우에 비-A들의 평균 소비량이 A들의 그것보다 더 많다! 따라서 소비된 재화라는 기준은 결정적인 것이 아니다. 근본적인 불평등은 다른 곳에 있다. 설사 불평등이 조사에서 벗어나 더 미묘하게 행해진다 할지라도,[46] 불평등이 나타내려 하지 않는 것, 불평등이 있음으로 해서 감추어지는 것을 찾아내야 하는 것은 숫자·통계, 그리고 조사 자체를 넘어서인바, 그 이유는 소비가 자체의 엉큼한 사회적 정책 연합으로 진정한 정치적 전략을 감추며, 따라서 소비가 그 정치적 전략의 본질적인 요소들 가운데 하나이기 때문이다.

---

45) 사회의 운명에 대한 표지로서의 실천에 관해서는 앞부분을 참조하자.
46) 따라서 다른 이들보다 한 달 또는 하루 먼저 그러한 모형을 획득하는 행위는 근본적인 특권을 구성할 수 있다.

노예의 도덕

물질적·문화적 재화의 소유를 둘러싸고 체계화되는 것은 계급 전략의 새로운 개념 바로 그것이다. 사람들은 '책임 없는'(결정의 권한이 없는) 계급을 소비에 더 잘 충당하고, 그렇게 해서 지도 계층을 위해 권력에 대한 독점권을 보호하기 위해서만 소비 가치관과 소비 기준을 보편화하는 체한다. 통계학자들이 A와 비-A 사이에 그리는 명확한 경계는 기본적으로 분명히 사회적 장벽이지만, 상류의 생활 수준을 지금 누리는 이들과 나중에 누릴 이들을 갈라놓지는 않는다. 그 경계는 덤으로 특권 소비자인 이들과 소비하도록, 그리고 소비를 사회적 유배(流配)의 징후인 듯이 당당하게 감수하도록 운명지워진 이들을 구별짓는바, 전자에게는 소비의 위세가 이를테면 기본적(정치적·문화적) 특권의 용익권인 반면에, 후자에게는 소비 또는 물건들과 재화의 풍부함 자체가 사회적 기회의 한계를 표시하며, 문화, 사회적 책임, 그리고 개인적 성취에의 요구가 욕구로 화하고는, 그들을 만족시키는 물건들 안에서 해소된다. 눈에 띄는 기제들의 층위에서는 읽어내기 어려운 이 관점에서, 소비와 소비 가치관이 새로운 차별의 기준 자체로 규정된다. 다시 말해서 그 가치관에의 동의가 노예용(用)의 새로운 도덕으로 작용한다.

소비에 의한 사회 복지가, 예전에는 우두머리와 고위층 인사들의 속성이었던 낭비나 비실용적인 지출이 오늘날에는 하층 계급과 중산 계급에 양도되지 않았는가를 자문할 필요가 있다——오래 전부터 그 선별의 기준이 생산, 책임, 경제적·정치적 결정이라는 기준들에 양보해왔기에 말이다.

몇몇 계급들——종속된 농노 계급 또는 지참금 이외의 기혼녀 채산으로 채워지게끔 예정된 규방을 이어받은 계급들——이 물건들을 통해 영원한 구원을 얻게끔 운명적으로 정해졌거나 소비하게끔 사회적으로 운명지워진 것은 아닐까, 따라서 주인의 도덕(책임·권력)과 상반되는 노예의 도덕(향락·부도덕·무책임)을 할당받는 것은 아닐까 하고 자문할 필요가 있다.

이 점에서, 마치 소비가 개인적인 욕구의 충족에 의거하는 까닭에 모든 사람들에게 적절한 보편적인 가치 체계인 듯이, '소비 사회'에 대해 말하는 것은 터무니없는 일이다. 소비는 제도 겸 도덕이며, 이러한 이유로, 도래했거나 앞으로 생겨날 모든 사회에서 권력의 전략을 구성하는 한 요소인데도 말이다.

이러한 대목에서 사회학은 대체로 잘 속고 방조한다. 말하자면 소비 이데올로기를 소비 자체로 착각한다. 물건들과 소비가 (옛날의 도덕적 원칙들이나 종교처럼) 사회적 등급의 위에서건 아래에서건 똑같은 의미를 갖는다고 믿는 체하면서, 생활 수준이라는 보편적 신화를 믿게 하며, 이러한 바탕 위에서 줄곧 사회학화하고, 균형잡히게 하고 여러 층을 이루게 하고 숫자가 허용하는 대로 상관 관계를 맺게 한다.

그런데, 상류 계급이 가정 전기 비품이나 호화 음식과 관련하여 차지하는 우위에서 읽어내야 하는 것, 아니 읽어낼 수 있어야 하는 것은 정확하게 물질적 이익의 등급에서 상류 계급이 이룩한 진전이 아니라 상류 계급의 절대적 특권인바, 이 특권은 정확하게 위세와 풍부의 기호들을 통해서가 아니라 다른 곳에서, 곧 결정, 관리, 정치적·경제적 권력의 실제적인 영역에서 기호와 사람들에 대한 막후 공작을 통해 상류 계급의 우세가 밑받침된다는 점에서 기인한다──그리하여 '다른 이들'을, 곧 하층 계급과 중산 계급을 풍요의 나라에 대한 환상으로 돌려보낸다.

욕구의 이데올로기적 기원*

꿈의 이동촬영에서처럼, 소비의 몽환적 기쁨은 낮의 잔재에 빗댈 수 있을 물건들에 걸린 채로 우리들을 둘러싸며, 그 담론을 조직하는 논리——『꿈의 해석』에서 프로이트에 의해 사용된 논리의 등가물을 조절하는 논리는 발견되지 않는다. 우리들은 순진한 심리학과 해몽의 열쇠에 이른 셈이다. 우리들은 대문자로 시작하는 '소비'의 존재를 믿는다. 또한 욕구에 의해 움직이며 만족의 원천, 곧 실제의 물건들에 마주선 진정한 추체의 존재를 믿는다. 심리학·사회학, 그리고 경제학이 방조하는 통속적인 형이상학, 대상·소비·욕구·갈망——이 모든 개념들을 해체해야 한다. 왜냐하면 일상 생활의 자명성은 꿈이나 꿈이 분명히 표현된 담론의 자명성 이상으로 이론화되지 않기 때문이다. 다른 담론의 무의식적 논리를 다시 찾아내기 위해 분석해야 하는 것은 꿈의 과정과 작용이기 때문이다. 이에 못지 않게 신성한 소비 이데올로기 아래에서 재발견해야 하는 것도 사회의 무의식적 논리의 과정과 작용이기 때문이다.

1. 의미 작용들의 논리로서의 소비

형태·색깔·재료·기능·담론의 우연성을 띠고서, 또는 문화에 관련될 경우라면 심미적 목적성을 띠고서 경험적으로 제시되는 '물건,' 그러한 물건은 하나의 신화이다. 사람들은 그것더러 숨으라고 말해왔다. 그러나 물건은 아무것도 아니다. 물건은 한 점에 모이고

* 『국제 사회학회지』, 1969에 실린 글.

서로 상반되며 그러한 것으로서 물건 위에 얽히는 갖가지 유형의 관계와 의미 작용들에 지나지 않는다. 물건은 이 관계의 다발에 질서를 부여하는 논리와 동시에 그 논리를 숨기는 명백한 담론에 불과하다.

물건들의 논리적 지위

내가 냉장고를 기계로서 사용함에 따라, 냉장고는 물건이 아니라 하나의 냉장고이다. '물건들'의 견지에서 냉장고나 자동차에 대해 말한다는 것은 정확하게 냉장고나 자동차의 '객관적인' 의미에서, 곧 차가움과 이동에 대한 그것들의 객관적 관계 속에서 냉장고나 자동차에 대해 말하는 것이 아니라, 냉장고나 자동차가 기능의 맥락에서 벗어난 듯이 냉장고나 자동차에 대해 말하는 것이다. 다시 말해서:

i) 몰입과 매혹, 열정과 보호의 대상으로서——주체와의 전적이고 배타적인 관계에 의해 한정되며, 그래서 주체는 그 대상을 (극단적으로 말해서) 자기 자신의 신체처럼 둘러싼다. 그렇게 되면 물건은 무용하고 숭고한 것이 되어, 자체의 통상적인 이름을 잃고, 총칭적인 고유 명사라고나 할 만한 '물건'(대문자로 시작하는)이란 용어로 지칭된다. 그리하여 수집가는 작은 조각상이나 꽃병에 대해 예쁘고 자그마한 조각상, 아름다운 꽃병이라고 말하지 않고 "멋진 '물건'"이라고 말한다. 이러한 지위는 사전에서 찾아볼 수 있는 반대 방향의 총칭적인 의미, "냉장고: ~에 소용되는 물건"이란 정의에 보이는 '물건'(소문자로 시작하는)의 의미와 서로 대립한다.

ii) 또는 (고유 명사와 주체의 투사적 등가물이라는 지위를 갖는, 대문자로 시작하는 '물건,' 그리고 보통 명사와 용구의 지위를 갖는, 소문자로 시작하는 물건 사이에서) 자체의 표치에 의해 특수성이 부여되는, 곧 지위·위세·양태의 차별적 함의들을 가득 지닌 대상으로서. 이것은 '소비의 대상'이다. 이것은 냉장고나 꽃병 또는 그 밖의 어떤 것일 수 있다. 정확하게 말해서, 이것은 언어학에서 음소가 절대적 의미를 갖지 않듯이 그런 식으로만 존재한다. 이러한 물건은 주체와의 상징적 관계 속에서도(대문자로 시작하는 '물건') 세계에 대한 조작적 관계 속에서도(물건-용구) 의미를 떠지 않는다. 이러한 물건은 위계를 이루는 의미 작용들의 약호에 따라, 오직 다른 물건들과의 차이를 통해서만 의미를 떤다. 이 점만이, 어긋나면 가장 고약한 혼란을 초래한다는 조건 아래, 소비의 대상을 규정짓는다.

상징적 교환가치에 관해

우리가 보건대 선물에 의해 가장 근사하게 예증되는 상징적 교환에서, 물건은 객체가 아니다. 물건이 교환되는 구체적 관계, 두 사람 사이에서 물건에 의해 굳어지는 양도 계약과 물건은 분리될 수 없기 때문이다. 따라서 객체로서의 자율성을 확보할 수 없다. 정확하게 말해서 사용가치도 경제적 교환가치도 지니고 있지 않다. 증여된 물건은 상징적 교환가치를 갖는다. 이것이 선물의 역설이다. 선물은 동시에 임의적이다(상대적으로). 어떤 물건이건 증여되기만 하면 관계를 충분히 의미할 수 있다. 그렇지만, 물건은 증여되자마자——그리고 증여되기 때문에——선물이지 다른 것은 아니다. 선물은 유일성을 지니며, 교환의 유일한 순간에 의해 명확하게 한정된다. 선물은 임의적이면서도 절대적으로 특이하다.

말하는 주체와 구성 요소 전체가 분리될 수 있는 언어와는 달리, 상징적 교환의 유형적 구성 요소 전체, 곧 증여되는 물건들은 자율화될 수 없으며, 따라서 기호로서 체계화될 수도 없다. 경제적 교환의 영역에 속하지 않기 때문에, 상품과 교환가치에 입각한 체계화에 부쳐져야 할 필요도 없다.

상징적 교환에서 가치로서의 물건을 구성하는 물건을 주기 위해, 물건을 다른 이의 발치에, 다른 이의 시선에 던지기('옵-지케레*ob jicere*') 위해 사람들이 물건에서 분리된다는 점, 사람들이 그것을 마치 자기의 일부분인 듯 포기한다는 점인바, 이때 그 물건은 두 항목의 서로에 대한 현존과 동시에 서로에 대한 부재(그것들 사이의 거리)를 언제나 밑받침하는 기표로 설정된다. 여기에서 상징적 교환의 모든 유형적 구성 요소(시선·물건·꿈·배설물)의 양면성이 유래한다. 선물은 관계 및 거리의 매체인 까닭에, 언제나 사랑이자 공격이다.[1]

1) 따라서 교환 구조(레비-스트로스 참조)는 결코 단순한 상호성의 구조가

상징적 교환에서 가치/기호로

교환이 기호로서 사물화되는 것은 교환이 더 이상 순전히 추이적(推移的)이지 않은 순간, 물건(교환의 유형적 구성 요소 전체)이 물건으로서 직접성을 부여받는 (이론적으로 떼어놓을 수 있는) 순간부터이다. 물건은 스스로 밑받침하는 관계 속에서 묵살되고 바로 그렇게 해서 (선물의 경우처럼) 상징적 가치를 떠는 대신, 다른 것에 작용하지 않는 자율적이고 불투명한 것이 되며, 동시에 관계의 폐지를 분명히 표시하기 시작한다.

물건-기호는 더 이상 두 존재 사이의 빈틈에 대한 그 불안정한 기표 *signifiant*가 아니다. 물건-기호는 사물화된 관계의 성질을 떤다(다른 면에서 상품이 사물화된 노동력의 성격을 떠듯이). 상징이 잠재적 욕망 관계처럼 결여(부재)를 가리켰던 바로 거기에서, 물건-기호는 관계의 부재만을, 그리고 따로 떨어진 개별적 주체들만을 가리킨다.

물건-기호는 더 이상 증여되지도 교환되지도 않는다. 물건-기호는 기호로서의, 다시 말해서 약호화된 차이로서의 개별적 주체들에 의해 전유되고 보유되며 조작된다. 소비의 대상은 바로 물건-기호이며, 물건-기호는 언제나 폐지되고 사물화되며 약호로 '의미되는' 사회 관계에 속한다.

우리가 '상징적인' 물건(선물, 그리고 또한 장색에 의해 만들어져 의례에 쓰이는 전통적인 물건)에서 감지하는 것은 완전한(양면성을 지니며 그렇기 때문에 완전한) 욕망 관계의 구체적인 발현일 뿐만 아니라, 이원적인 관계 또는 통합된 집단 관계 안에서 한 물건의 단일성을 가로질러 나타나는 여러 사회 관계의 투명성이다. 우리가 상품에서 지각하는 것은 사회적 생산 관계의 불투명성과 분업의 현실이다. 물건-기호들, 곧 소비의 대상들이 넘쳐흐르는 현행의 현상에서 우리가 감각으로 포착하는 것은 불투명성, 곧 사회적 가치를 지배하는 약호의 전적인 속박, 교환의 사회적 논리를 지배하는 기호

아니다. 교환되는 것은 단순한 두 항목이 아니라 양면성을 지닌 두 항목이며, 교환은 그러한 두 항목 사이의 말하자면 양면성을 지닌 관계를 밑받침한다.

60

들의 특유한 무게이다.

기호가 된 물건은 더 이상 두 인물 사이의 구체적인 관계에서가 아니라, 다른 기호들에 대한 차별적인 관계에서 의미를 띤다. 얼마쯤은 레비-스트로스에게서의 신화들처럼, 물건-기호들은 서로 교환된다. 소비에 대해, 그리고 소비의 대상에 대해 말할 수 있는 것은 오직 그때, 곧 물건들이 차별적인 기호로서 자율성을 부여받고 그리하여 (상대적으로) 체계화할 수 있게 될 때이다.

의미 작용들의 논리

그래서 기호와 차이의 논리인 소비의 논리를, 보통 명증성(순진한 문헌 전체에 의해 퍼져나가거나 문제의 이름으로 조장되는 혼동)의 위력으로 말미암아 그 논리에 얽혀 있는 여러 가지 다른 논리들과 구별지을 필요가 있다. 네 가지 논리가 논쟁의 대상일 것이다.

  i) 사용가치의 기능적 논리;
  ii) 교환가치의 경제적 논리;
  iii) 상징적 교환의 논리;
  iv) 가치/기호의 논리.

첫번째는 실체적인 작용의 논리이다.
두번째는 등가의 논리이다.
세번째는 양면성의 논리이다.
네번째는 차이의 논리이다.

또한 유용성의 논리, 거래의 논리, 증여의 논리, 신분의 논리. 물건은 이 가운데 어느 하나에 입각하여 정돈됨에 따라 각각 '도구' '상품' '상징' 또는 '기호'의 지위를 취한다.

마지막 것만이 소비라는 특수한 영역을 규정짓는다. 두 가지 보기.

결혼 반지: 부부 관계의 상징인 결혼 반지는 다른 것으로 대체될 수 없는 물건이다. 바꿀 수도(사고의 경우를 제외하고) 여러 개를 낄

수도 없다. 상징적인 물건은 오래 지속하도록 만들어지며 그 지속에 힘입어 관계의 영속성을 증거한다. 순수한 도구성의 층위에서와 마찬가지로, 엄밀하게 상징적인 차원에서도 유행은 효력을 미치지 않는다.

단순한 반지는 다르다. 말하자면 더 이상 관계를 상징하지 않는다. 그것은 특별하지 않은 물건, 개인의 특별수당, 다른 것들에 견주어지는 기호이다. 나는 그것을 여러 개 낄 수도 있고 바꿀 수도 있다. 그것은 부속물들의 놀이와 유행의 별자리 안으로 들어간다. 그것은 소비의 대상이다.

오늘날 미국에서는 결혼 반지 자체가 이 새로운 논리에 침범당하고 있다. 부부들을 부추겨 결혼 반지를 해마다 바꾸게 한다. 공동 관계의 상징이었던 것의 가치 변동이 유행에 결부되는바, 이 경우 유행은 개인적인 관계의 중심 바로 거기에서 강압적인 체제로 설정되며 일신상의 관계를 '개성화된' 관계로 만든다.

주거: 주택·숙소·아파트——공업 생산이나 생활 수준에 연결되는 미묘한 의미론적 차이——그러나 오늘날 프랑스에서는 어느 층위에서건 거처가 '소비'재로 인식되지 않는다. 거처는 여전히 상속 재산에 아주 가까우며, 거처의 상징적 표상은 여전히 육체의 표상과 매우 폭넓게 겹친다. 그런데, 소비의 논리가 성립되기 위해서는 기호의 외재성이 필요하다. 곧 주택이 상속의 대상이기를 그치거나 더 이상 가족의 유기적 공간으로 은폐되지 않아야 한다. 가계와 친자 확인에서 벗어나 유행에 편입되어야 한다.

달리 말하자면, 거처의 실제는 여전히 폭넓게 다음과 같은 두 가지 결정 요소들의 함수이다.

——상징적인 결정 요소들(심한 치장 등),

——경제적이고 궁핍에 관련된 결정 요소들.

하기야 이 두 가지는 서로 연결되어 있다. 이를테면 얼마만큼의 '자유 재량 소득'만이 신분 기호로서의 물건들을 가지고 노는 것—— 상징적인 것과 동시에 실용적인 것이 말라버리는 유행과 놀이의 단계──을 가능하게 해준다. 그런데 거처의 문제에서, 적어도 프랑스에서는 놀이를 위한, 위세 요소들의 유동적 배열을 위한, 변화를 위한 여지가 제한되어 있다. 반대로 미국에서는 알다시피 주거의 변동이 사회의 유동성에, 경력과 지위의 궤도에 결부되어 있다. 주택이 신분의 전반적인 별자리에 연결되어 있고 생활 수준을 표시하는 어떤 다른 물건의 경우와도 똑같은 가속화된 노폐에 종속되어 있는 까닭에, 정말로 소비의 대상이 된다.

게다가 이 보기는 흥미롭다. 경험 위주로 물건을 규정하려는 모든 시도에 무용성의 낙인을 찍기 때문이다. 연필·책·옷감·음식·자동차, 자질구레한 실내 장식품은 물건들인가? 주택은 물건인가? 어떤 이들은 그렇지 않다고 부인한다. 주택의 상징 체계(거처의 부족에 의해 뒷받침되는)는 요지부동한가, 또는 주택 역시 유행이 갖는 차별적(差別的)이고 사물화된 내포적 의미들의 논리에 사로잡힐 수 있는가, 다시 말해서 어떤 경우에 주택은 소비의 대상이 되는가──동일한 정의에 조금이라도 부응한다면, 다른 어떤 것과도 같이──를 아는 것이 결정적으로 중요한 점이다. 생명, 문화적 특색, 관념, 기호로서의 몸짓 전체, 언어 등 모든 것이 거기에 부응해서 소비의 대상이 될 수 있기에 말이다. 규정은 물건들 자체와는 관계가 없으며, 오로지 의미 작용들의 논리에 좌우된다.

다음의 세 가지 사항에서,

──상징으로서 심적인 결정에서,
──용구로서 기능 결정에서,
──제품의 판매 추정에서,

풀려나야만, 따라서 기호로서 해방되어야만, 그리고 유행의 형식 논리에, 다시 말해서 차별화의 논리에 다시 걸려들어야만 진정한 소비의 대상이다.

기호들의 질서와 사회 질서

소비의 대상은 바꾸어질 때, 그리고 그 교환이 사회 법칙에 의해 결정될 때부터서야 존재하는바, 사회 법칙은 변별적 구성 요소 전체를 새것으로 바꾸는 행위, 그리고 개인들을 자신들이 속한 집단의 중재를 가로질러, 그리고 다른 집단들과의 관계에 따라 저 신분의 등급——이데올로기적 규범에의 동의보다는 오히려 그 차별적 기호들의 질서를 받아들이는 행위, 곧 그 규범, 그 가치 체계, 기호들인 그 사회적 요청이 개인에 의해 내면화되는 현상이 사회 통제의 결정적으로 중요한 기본 형식을 구성하므로, 신분의 등급은 바로 사회 질서이다——에 강제적으로 등록시키는 행위의 법칙이다.

이 점에 의거컨대, 물건들의 독자적인 제반 문제가 있는 것이 아니라, 사회의 논리와 사회의 논리에 의해 미끼로 쓰이는 약호들에 관한 이론의 훨씬 더 막대한 필요성이 있다는 것은 명백하다.

보통 명사 · 고유 명사 · 표지

물건을 가로지르는 특수하고 배타적인(이론적으로) 논리들에 따라 물건의 다양한 지위를 요약하기로 하자.

i) 냉장고는 자체의 기능에 의해 명확하게 한정되며, 그런 만큼 다른 것으로 대치될 수 없다. 물건과 물건의 기능 사이에는 불가피한 관계가 있다. 다시 말해서 기호의 자의성이 전혀 없다. 그러나 모든 냉장고들은 그러한 기능에 비추어 다른 냉장고로 대체될 수 있다(그것들의 객관적 의미에서).

ii) 이와는 반대로, 만일 냉장고가 안락 또는 생활 수준의 요소로 간주된다면, 그때에는 안락 또는 생활 수준의 어떤 다른 요소일지라도 그것 대신 들어설 수 있다. 물건은 기호의 지위를 향하며, 각 사회적 지위는 교환될 수 있는 기호들의 성좌 그 자체에 의해 뚜렷이 표시될 것이다. 세계와 주체에 대한 필연적인 관계는 완전히 사라지고, 다른 모든 기호들에 대한 불가피하고 체계적인 관계가 남는다. 이러한 배합적인 추상 작용 *abstraction*[2]에 약호의 구성 요소들

---

2) (역주): 이 책에 나오는 중요한 개념의 하나로서, 일반적인 의미로는 어떤 유형의 대상(구체적이거나 관념적인)이 지닌 속성 또는 동일한 유형이나

이 있다.

iii) 주체에 대한 상징적 관계 안에서(또는 상호적인 교환 속에서), 모든 물건들은 잠재적으로 대체될 수 있다. 어떤 물건이건 어린 계집애에게 인형의 구실을 할 수 있다. 하지만 일단 취득되고 나면, 그 구실을 할 수 있는 것은 취득된 것이지 다른 것이 아니다. 상징적인 유형물 전체가 비교적 자의적이긴 하지만, 주체-객체 관계는 대단히 밀접하다. 상징적 담론은 관용어법이다.

1) 물건의 기능적 용도는 물건의 기술적 구조와 실질적 취급을 거친다. 물건의 보통 명사, 예컨대 냉장고를 스쳐간다.

2) 물건-상징의 용도는 물건-상징의 구체적인 현존과 '고유한' 이름을 거친다. 점유·열정으로 말미암아 물건에 이름(주체의 은유적 이름)이 붙고, 점유와 열정의 낙인이 찍힌다.

3) 물건의 '소비'는 물건의 표지를 거치는바, 그 표지는 고유명사가 아니라 일종의 총칭적인 세례명이다.[3]

2. 교환 및 차별화 구조로서의 소비

대상 및 욕구 개념의 무효성에 관하여

알다시피, 물건들은 단 하나의 동일한 물건의 층위에서 흔히 모순되게 서로 섞이는 논리적 맥락들 안에 들어가서만 의의를 지니

서로 다른 유형의 대상들 사이의 관계를 별개로 고려하는(한 대상이나 여러 대상들로부터 떼어놓는) 정신 활동을 의미한다. 그리하여 추상(추상 작용)은 일반성을 마련해준다. 추상에 의해 추출된 양상은 그것이 현실화되거나 현실화될 수 있을 모든 대상들에 공통적이다(그것들 사이에 존재할지도 모르는 차이들과 관계없이). 사유의 대상으로 간주되는, 추상 작업의 결과는 개념이다. 추상이란 용어는 또한 추상 작업에 의해 생겨난 개념적 실체들이나 그것들에 상응하는 언어 실체들의 지위를 가리킬 수도 있다. 이 책에서는 편의상 ~의 추상(작용)이란 표현에서 ~이 주격일 때는 추상 작용, 목적격일 때는 추상으로 옮겼다.

3) 상품의 논리에서 모든 재화 또는 물건들은 보편적으로 대체될 수 있다. 그것들의 (경제적) 실제는 가격을 거친다. 관계는 주체에도 세계에도 없으며, 단지 시장에만 존재한다.

며, 그 다양한 의미 작용들은 각 논리의 테두리 안에서 지표와 있음직한 대체 양태들에 연결된다. 물건들(다시 한번 그 용어의 가장 넓은 의미에서)이 여러 가지 규칙들, 곧 기능과 경제의 영역에서는 등가의 규칙, 기호들의 영역에서는 차이의 규칙, 상징의 영역에서는 양면성의 규칙에 따라 대체될 수 있을 때부터——그 영역들에서 의식과 무의식의 담론들이, 곧 외연적 의미만을 염두에 둔 담론, 내포적 의미들에 관한 대조적인 담론, 자기 자신에 대한 주체의 담론과 관계에 대한 사회적 담론, 그리고 주체가 물건 때문에 자기 자신과 '타자'에 대해 느끼는 상징적 결여에 관한 그야말로 완전히 잠재적인 담론이 복잡하게 얽힐 때부터[4]——그러한 것으로서의 물건들에 관한 그 어떤 등급 분류, 규정, 범주별 분류의 의미는 무엇일 수 있는가? 그리고 다소간 물건의 범주들에 따라 크기가 변동하는 욕구에 관한 있음직한 모든 이론들은 어떤 근거를 지닐 수 있는가? 경험 위주의 그 모든 형식화들은 의미가 없다. "동물들은 i) 황제에게 속하는 것; ii) 향기를 풍기는 것; iii) 길들여진 것; iv) 젖먹이 돼지; v) 사이렌; vi) 전설적인 것; vii) 떠돌아다니는 개; viii) 지금의 분류에 포함된 것 등으로 구분된다"는 보르헤스의 동물학적 분류가 기억난다. 물건과 욕구의 모든 분류는 이것보다 더 논리적이지도 덜 초현실적이지도 않다.

욕구와 초자연력

대상이라 불리는 개념적 실체를 제압하는 것은 욕구라 불리는 개념적 실체까지도 그런 방법으로 해체하는 것이다. 우리는 또한 주

---

4) 먹거리의 경우에도 사정은 똑같다. 배고픔은 '기능적인 욕구'로서, 상징적이지 않으며 포만을 목적으로 갖는다. 대상–먹거리는 대체될 수 없다. 그렇다 치더라도, 알다시피 먹는다는 것은 입의 충동을 만족시킬 수 있으며 사랑 결핍의 신경증적 대리물일 수도 있다. 이러한 부차적인 기능 속에서는 먹는다는 것, 담배 피운다는 것, 물건들을 수집한다는 것, 강박관념처럼 기억한다는 것 등이 서로 동등할 수 있다. 그러므로 상징적인 계열체는 기능적인 계열체와 근본적으로 다르다. 그러한 것으로서의 배고픔은 의미되지 않고 진정된다. 욕망은 일련의 기표들 전체를 따라서 의미된다. 그런데 욕망이 어떤 사라진 것에 대한 욕망인 이상, 부재를 의미하는 물건들이 새겨지러 오는 부재·결핍인 이상——물건들을 있는 그대로 취한다는 것은 실로 무엇을 뜻하는가? 욕구의 개념은 무엇을 의미하는가?

체라 불리는 개념적 실체를 폭파시킬 수 있었을지도 모른다. 그러나 주체·대상·욕구——순진한 명증성과 초보적인 심리학의 표상들에 따라 삼중으로 범주화된 이 세 개념의 신화적 구조는 여전히 그대로이다.

욕구에 입각하여 말하는 것은 모두 마술적 사유이다. 주체와 대상을 별개의 자율적 실체들로, 거울처럼 서로를 비추는 전혀 다른 신화들로 제시하면서, 둘 사이의 관계를 밑받침해야 한다. 그럴 때 신기한 구름다리일 것은 바로 욕구의 개념이다. 다른 조건이 모두 같다면, 모스의 『증여에 관한 시론』에서의 초차연력도 욕구의 경우와 마찬가지이다. 교환을 교환에 앞서 따로따로 존재하는 떨어진 두 당사자 사이의 행위로 이해해서, 교환의 존재를 이중의 의무, 곧 줄 의무와 되돌려줄 의무에 맞춰 밑받침해야 한다. 그렇다면 대상에 내재하는 마술적인 힘, 곧 수증자(受贈者)에게 끈질기게 작용하여 그로 하여금 그 대상을 포기하도록 부추기는 힘인 하우*hau*를 전제해야 한다(원주민과 모스가 그렇게 하듯이). 교환의 당사자들 사이의 극복할 수 없는 대립은 이처럼 마술적·인위적·동어반복적 보충 개념에 의해 해소되는바, 레비-스트로스는 교환을 단김에 구조로 설정함으로써 그 개념 없이 비판 작업을 해나간다. 그리하여 심리학자·경제학자 등은 주체와 대상을 갖게 되는 관계로, 욕구의 덕택으로만 주체와 대상을 접합시킬 수 있다. 그 개념은 대상에 대한 주체의 관계를 합당성, 곧 대상에 대한 주체의 기능적 반응과 거꾸로 주체에 대한 대상의 그것에 입각해서 나타낼 따름이다. 이를테면 욕구들의 최적성, 균형, 기능적 조절, 적응 등의 심리-경제적 이데올로기 전체를 창시하는 기능주의적 유명론이다.

요컨대 이것은 사실상 대상에 의해 주체를, 그리고 거꾸로 주체에 의해 대상을 규정하는 작업이다. 다시 말해서 욕구의 개념에 힘입어 확고하게 되는 거대한 동어반복이다. 형이상학 자체도 별수 없었으며, 서양의 사유에서 형이상학과 경제학(그리고 전통적 심리학)은 주체를 상정하고 세계에 대한 주체의 관계를 동어반복적으로 해결하는 방식의 측면에서 정신적으로, 그리고 이데올로기적으로 아주 굳게 결속되어 있다. 초차연력·생명력·본능·욕구·선택·

선호·유용성·동기——이것들은 언제나 똑같은 마술적 계사(繫辭), A＝A에서의 기호 ＝이다. 게다가 형이상학과 경제학은 주체의 자율성과 대상의 거울상(像)적 자율성을 무한한 동어반복적 공론(空論)에 걸쳐놓음으로써, 처음부터 유죄 선고를 받았기 때문에, 둘 다 똑같은 곤경에, 똑같은 논리적 난점에, 똑같은 모순과 기능 장애에 봉착한다.

권력의 동어반복

아무튼 동어반복은 알다시피 욕구의 신화 전체의 기초를 이루는 궁극 목적론과 마찬가지로 결코 해가 없지 않다. 동어반복은 언제나 권력 체계의 합리화하는 이데올로기이다. 수면을 촉진하는 아편의 효력, "이렇기 때문에 이렇다"는 것, "현 분류의 일부분을 이루는"으로 규정된 보르헤스에게서의 동물 범주, "이러한 주체는 자신의 선택과 선호에 따라 이런저런 물건을 구입한다"라는 마술적 언표, 이 감탄할 만한 공허함의 은유들은 모두 요컨대 동일성이라는 논리적 원칙 아래 권력 체계의 동어반복이라는 원칙을, 사회 질서의 재생산이라는 궁극 목적을, 그리고 정확히 말해서 욕구의 경우에는 생산 질서라는 궁극 목적을 사실상 뒷받침한다. 그리하여 경제학은 숫자로 표시된 수요의 층위에서 작용하므로 실로 욕구의 개념 없이 예측을 행할 수 있을 터임에도, 이와는 반대로 어쩔 수 없이 그 개념이 이데올로기적 받침대로서 필요하다.

생산의 정당성이 의거해 있는, 다시 말해서 사람들은 생산되어 시장에 나온 것을 경험에 따라, 그리고 마치 기적적으로 우연히 필요로 한다(따라서, 그들이 그것을 필요로 하기 위해서는 그들의 마음속에 잠재적인 청원이 있었음에 틀림없다)는 부당 전제, 이러한 억지 합리화가 생산 질서의 내적인 궁극 목적을 아주 노골적으로 숨긴다는 것은 분명하다. 모든 체제는 그 자체로 목적이 되기 위해 자체의 실제적 궁극 목적에 관한 물음을 떨쳐버려야 한다. 욕구와 만족의 날조된 정당성을 가로질러 억눌리는 것은 생산성의 사회적·정치적 궁극 목적에 관한 물음 그 자체이다.

욕구에 관한 담론이 물건들과 세계에 대한 관계의 주체들에 의한 자연발생적인 해석 형식이므로, 그러한 합리화는 억지가 아니라고 반박할 수 있을지도 모른다. 그러나 정확히 말해서, 현대 사회 분석가는 그 담론을 다시 계속함으로써, 순진한 인류학자와 똑같은 오해를 저지른다. 이를테면 교환과 의미 작용의 과정들을 순화시킨다. 그러므로 그에게 포착되지 않는 것은 바로 사회의 논리 전체이다. 모든 마술적 사유가 경험 위주의 취급과 자체의 고유한 진행 방식에 관한 이론적 몰이해에서 일정한 효력을 끌어낸다는 것은 사실이다. 이런 식으로 욕구에 관한 사변은 초차연력에 관한 미개인들의 오랜 사변과 맞닿는다. 경제적 '합리성'의 거울에 비치는 것은 다름아닌 신화적 사유이다.

범학문적 신인본주의 또는 사회심리경제학

그러므로 다시 가르쳐야 하는 것은 사회의 논리 그 자체이다. 이 점에서, 경제학이 인문과학과 유지하는 간통 관계보다 더 교훈적인 것은 없다. 덕망 있는 사상가들은 한 세대 전부터 그 야릇한 학문들을 화해시키려고(그것들이 즐겨 내세우는 말, 곧 '인간'의 이름으로) 애쓰고 있으며, 다른 학문들의 존재 자체가 각 학문에 대해 갖는 정말로 승인할 수 없는 것, 추잡한 것과 그것들에서 벗어나는 앎에 대한 강박관념을 줄이려고 애쓰고 있다. 특히 경제학은 무의식의 심리학적 논리 또는 사회 구조들의 똑같이 무의식적인 논리가 자체의 계산 안으로 난입하는 현상을 미룰 수 있을 따름이다. 한편으로는 양면성의 논리와 다른 한편으로는 차이의 논리가 그 자체로 신성한 등가의 논리와 양립할 수 없는 것이다. 따라서 그 논리들이 '경제학'에 미치는 독특하게 파괴적인 영향을 피하기 위해, 경제학은 심리학과 사회학의 무력하고 무해한 형태들, 다시 말해서 전통적인 학문으로서의 심리학 및 사회학과 화해할 것이다. 이를테면 전체가 범학문성의 경건한 분위기에 지배될 것이다. 그리하여 특별한 사회적 또는 심적 차원은 결코 도입되지 않을 것이다. 단지 '비합리적' 개인 심리 현상(동기 조사, 심층심리학), 사회심리학상의 개인 상호적인 것(위세와 지위에 대한 개인 욕구) 또는 전반적인 사회 문화 현상에 관한, 요컨대 맥락에 관한 개인 실리(實利)의 기준들

('합리적인' 경제적 변수들)이 늘어날 것이다.

예컨대, 몇몇 조사(송바르 드 로베)에 의하면, 상궤를 벗어난, 곧 너무 미약하거나 너무 막대한 쇠고기 소비는 하류의 범주들에서 나타난다. 중류에 속하는 한, 경제적 합리성이 유지되며 아무런 문제가 없다. 그 이쪽이나 저쪽에서는 위세에의 욕구, 과시적인 과잉 또는 과소 소비 등 심리 현상이 야기된다. 따라서 사회 문제와 심리 현상은 '경제적 병리 현상'으로 규정된다! 카토나 Katona[5]는 자유 재량 소득과 그것의 문화적 귀결을 발견하고는 황홀해한다. 그는 구매력을 넘어 "고객의 동기·동향·기대를 반영하는 구매 성향"을 탐구한다!('대량 소비 사회')──이러한 것들이 심리경제학의 열렬한 계시이다.

또는 개인은 혼자가 아니며 다른 이들과 관련하여 결정된다고 사람들은 지적한다(달리 어찌할 수 없게 될 때)──그리고는 미시사회학적 뜯어맞추기 bricolage를 위해 로빈슨 크루소풍의 목가적·공상적 이야기를 그만둔다. 미국의 사회학은 온통 거기에 쏠려왔다. 머튼 Merton[6] 그 사람은 언제나 준거 집단에 관한 자신의 이론 때문에, 경험적으로 주어진 집단들, 그리고 사회 역학의 윤활제로서의 갈망에 대한 경험 위주의 관념에 의거하여 작업한다.

일반적으로 심리주의는 어지러움 없는 사회학에 대한 또 하나의 지나치게 순한 해석이라고나 해야 할 문화주의와 함께 나아간다. 욕구는 각 사회의 역사와 그 사회 구성원들 각자의 문화에 의해 결정되는 함수이다! 이것은 자유주의적 분석의 절정인바, 자유주의적 분석은 더 멀리 나아갈 수 없을 것이다. 사람이 욕구와 욕구를 만

---

5) (역주): 미국의 경제학자(부다페스트 1901~서베를린 1981). 자신의 저서 『경제 행동의 심리학적 분석』(1951), 『강력한 소비자』(1960), 『심리학적 경제학』(1975)을 통해, 그는 경제 생활의 정신적 토대와 소비자의 심리를 탐구한다.

6) (역주): 로버트 킹 머튼은 1910년에 필라델피아에서 태어난 미국의 사회학자로서, 컬럼비아 대학에서 래저스펠드 Lazarsfeld와 함께 사회학 연구의 응용에 관한 실제적인 문제들을 연구한다. 그 방법론의 토대는 『사회 이론과 사회 구조』(1949)에 규정되어 있다. 그에 의하면 사람들은 접근할 수 있는 정보와 사회 구조에 의해 유도된 동기들에 따라 행동을 선택한다. 머튼은 또한 사회학에서 수학 언어와 통계학적 공리화가 공인되는 데 이바지했다.

족시키려는 자연스러운 성향을 타고났다는 공리는 결코 다시 문제되지 않는다. 단지 역사적·문화적 차원(매우 흔히 다른 곳에서 사전에 규정된) 속으로 다시 빠져들 뿐이며, 논리적 관련성, 삼투, 상호작용, 밀접한 얽힘, 상호 침투로 말미암아, 사실상 제2의 천성으로 간주되는 사회사 또는 문화의 맥락 속에 다시 놓인다! 사람들은 구조로서 주어지지만 변별적 특징들의 경험적 합산, 그것도 결국에는 방대한 동어반복일 뿐인 거창한 '기본 인격,' 거창한 문화 유형들에 귀착한다. 왜냐하면 그 똑같은 독특한 특징들의 동시 녹음으로 이루어지는 '모형'이 나중에는 그 특징들을 설명하는 데 이용될 것이기 때문이다.

동어반복은 도처에서 작용하고 있다. '소비형들'에 관한 이론에서도 그렇다. 소비 수준을 결정하는 데에는 사회의 상황이 취향만큼 중요할 수 있다(프랑스에서 설탕은 부모들에 의한 교육 수단으로의 활용과 떨어질 수 없다)는 것이다. "따라서 그러한 규범에 상응하는 제품들의 힘을 빌어 사회의 초상을 그리는 것은 제품들의 사회학적 의미 작용을 알 때 가능할 것이다." 또는 더 나아가 래저스펠드에게서의(그리고 다른 이에게서의) 역할 개념의 경우도 그렇다. 살림 잘하는 주부는 스스로 빨래하고 재봉틀로 바느질하는 이로, 커피를 마시지 않는 이로 여겨진다는 것이다. 규범에 대한 주체의 관계에서 역할이 행하는 기능은 대상에 대한 주체의 관계에서 욕구가 행하는 기능과 똑같다. 똑같은 동어반복 겸 잡귀 쫓는 푸닥거리.

그리하여 자동차 구입이 여러 가지 동기들, 곧 개인 생애상의 동기, 기술상의 동기, 실용상의 동기, 심리상징적 동기(과잉 보상·공격성), 사회학적 동기(집단의 규범, 위세·관례 추종·독창성에 대한 욕망)로 분해되기에 이른다. 가장 고약한 점은 어느 것이나 똑같이 '참된 것'이라는 사실이다. 거짓된 것을 찾아내기는 어려울 것이다. 흔히 그 동기들은 안전에의 욕구/위험에의 욕구, 일치에의 욕구/구별에의 욕구 등과 같이 명확하게 서로 모순된다. 그런 만큼 어느 것이 결정적인 것인가? 어떻게 그 동기들의 구조를 결정하거나 그 동기들의 등급을 정할 것인가? 최후의 노력을 통해, 우리의 사상가들은 자신들의 동어반복을 "변증법적으로 진전시키려고" 애쓴다.

이를테면 (어느 집단, 어느 동기에 관련되건, 개인과 집단 사이의) 끊임없는 상호 작용에 대해 말한다. '변증법적' 변수들을 일반적으로 그다지 좋아하지 않는 경제학자들은 계산할 수 있는 유용성 쪽으로 재빨리 돌아선다.

그런데 실제로 이러한 혼란은 돌이킬 수 없는 것이다. 그 서로 다른 층위들(욕구, 사회적 갈망, 역할, 소비형, 준거 집단 등)에서 얻어진 결과들은 흥미없는 것은 아니지만 부분적이고 위험하다. 사회심리경제학은 일종의 사팔눈 달린 칠두사이다. 그렇지만 어떤 것을 지키고 옹호하기는 한다. 사회심리경제학은 철저한 분석의 위험을 예방하는바, 그러한 분석의 대상은 의식의 층위에서 개별화된 집단이나 주체가 아니라, 실로 분석의 근원으로 삼아야 하는 사회의 논리 자체일 것이다.

그 논리는 차별화의 논리라는 것이 우리의 주장이다. 그러나 다시 한번 말하건대, 거기에서 중요한 것은 위세·지위·품위라는 동기들, 곧 현대 사회학에 의해 폭넓게 주제화된, 그러나 여전히 전통적인 심리학 논거들의 준사회학적 확장일 뿐인 층위가 아니다. 개인들(또는 개체화된 집단들)이 의식적으로 또는 잠재 의식적으로 사회적 지위와 위세를 추구한다는 것은 엄연한 사실이며, 이러한 층위가 분석에서 고려되어야 한다. 그렇다치더라도 기본적인 층위는 사회의 차이 산출에 질서를 부여하는 무의식적 구조들의 층위이다.

기호 교환의 논리: 차이의 생성

각 집단이나 개인은 자신의 생존을 확보하기 전일지라도 교환과 관계의 체계 속에서 스스로를 의미로 산출해야 하는 극히 중대하고 절박한 요구에 사로잡힌 재화 생산의 긴급한 요구와 동시에, 의미 작용을 낳거나 의미를 산출해야 할, 말하자면 한 쪽과 다른 한 쪽이 스스로에 대해 존재하기 전에 한쪽-대(對)-다른 한 쪽이 존재하도록 해야 할 절박한 요구가 있다.

그러므로 교환의 논리는 근본적인 문제이다. 개인은 이를테면 아무런 것도(또한 우리가 처음에 말하곤 한 물건도) 아니며, 어떤 언어(낱말·여자, 또는 재화의)는 그 점에서 우선 사회적 형식인바, 이 사회적 형식에 비추어볼 때 개인들은 존재하지 않는다. 왜냐하면 언어는 교환 구조이기 때문이다. 그 구조는 병존하는 다음의 두 가지 측면에서 차별화의 논리에 종속한다.

 i) 그 구조는 교환의 인물항들을 개체로 결정되지 않은, 그러나 별개이며 교환의 규칙에 의해 연결되는 짝으로 구분한다.
 ii) 그 구조는 교환의 유형적 요소 전체를 그러니까 의미있는 별개의 요소들로 구분한다.

 이것은 언어 전달에 대해서도 사실이다. 또한 재화와 생산물에 대해서도 사실이다. 소비는 교환이다. 소비자는 결코 혼자가 아니며, 또한 화자(話者)도 아니다. 소비에 대한 분석에서 전적인 변혁이 일어나야 할 곳은 바로 이 대목이다. 말하고 싶은 개인적 욕구가 있을 터이기 때문에 언어가 있는 것은 아니며(이것은 개인 안에서 그 욕구를 확인하고 그런 다음에 욕구를 있음직한 교환에 조목조목 결부시키는 해결 불가능한 이중의 문제를 제기한다), 반대로 절대적·자율적 '체계'로서가 아니라 의미 자체와 동시에 존재하며 발언의 개인적인 의도가 연접되기에 이르는 교환 구조로서의 언어가 실로 무엇보다 먼저 존재하듯이——소비하고 싶은 객관적 욕구, 대상을 향한 주체의 최종적인 의도가 있을 터이기 때문에 '소비'가 있는 것도 아니다. 반대로 교환 체계 안에 차이의 유형적 요소 전체의 사회적 생산, 신분에 부합하는 가치들과 의미 작용들에 관한 약호의 사회적 생산이 있다——뒤이어 재화와 개인적 욕구의 기능성이 그 근본적인 구조적 기제들에 덧붙여지며 그 기제들을 합리화하고 동시에 억누른다.
 의미는 결코 관계——이것은 정확히 사실의 검증에 앞서 자율적이고 의식을 지닌 것으로 정해진 주체와 합리적인 목적들에 맞춰 생산된 대상 사이의 경제적 관계, 곧 선택과 타산에 입각하여 합리화된 관계이다——에 원천을 두고 있지 않다. 의미의 원천은 타산에 입각해서가 아니라 약호에 입각하여 체계화될 수 있는 차이에, 그러한 것으로서의 주체가 아니라 사회적 관계가 의거해 있는 사회적 구조에 있다.

베블런과 신분상의 품위

여기에서 우리는 베블런의 견해를 따를 것인바, 그는 계급보다는 오히려 개인에 입각해서, 그리고 교환 구조보다는 오히려 위세의 상호 작용에 입각해서 차별화의 논리를 제기하기는 하지만, 그 논리를 따랐으며 그 논리를 '초월했다'고 주장해온 이들에 대해 차별화를 근본적인 논리, 완전한 사회 분석의 원리——맥락상의 추가된 변수, 일정한 상황 변수가 아니라 관계에 관련된 구조 변수——로 삼는 엄청난 우월감을 내보인다. 베블런의 모든 저작은 왜 사회적 분류의 산출(계급 차별과 신분상의 경쟁)이 다른 모든 의식적·합리적·이데올로기적·도덕적 논리들에 질서를 부여하고 그 논리들을 종속시키는 기본적인 법칙인가를 뚜렷이 드러낸다.

사회 전체는 구별을 짓는 유형적 요소의 생산에 의거하여 조절된다. "취득의 목적은 관습상 축적된 재화의 소비라고 주장된다. 〔……〕 그러나 그 주장은 축적이 일어나도록 하는 유인(誘因)을 재화의 소비가 제공한다고 말할 수 있다는 본래의 의미에서 어떤 점에서는 멀리 떨어져 있을 뿐이다. 〔……〕 부의 소유는 명예를 수여한다. 부의 소유는 남의 시샘을 받을 만한 품위이다"(『유한 계급론』).

여 가

"보란 듯한 과시적인 노동 기피는 높은 명성의 상투적인 지표가 된다." 생산하는 노동은 품위를 떨어뜨린다. 이러한 전통은 결코 사라지지 않았다. 사회적 차별화의 복잡성으로 인하여 강화되기만 한다. 급기야는 절대적인 명령의 자명한 힘을 취하게 된다——심지어는 나태에 대한 공공연한 도덕적 비난, 그리고 중산층에서 매우 강하게 나타나며 오늘날 지도층 자체에 의해 이데올로기로서로 되찾아진, 노동에 대한 반동적 가치 부여 뒤에서조차 말이다. 예컨대 사장은 하루에 15시간 일할 의무가 있는바, 이는 그의 같잖은 예속의 지표이다. 사실상, 이 반동 체제는 거꾸로 심층의 표상에 자리잡고 있는 고귀한 여가/가치의 힘을 입증한다.

그러므로 여가는 한가한 시간의 향유 및 직무상의 휴식이라는 통상적인 의미에서의 여가에 대한 욕구의 함수가 아니다. 여가는 활동으로 뒤덮일 수 있다. 활동이 경제적 필요를 내포하지 않기만 한다면 말이다. 여가의 정의는 바로 비생산적인 시간의 소비인 것이다. 그런데 이 점과 수동성은 아무런 관계가 없다. 다시 말해서 여가는 활동, 의무적인 사회 보장 급여이다. 거기에서 시간은 한가한 것이 아니라 희생되고 소모된다. 여가를 회피할 수는 없다. 아무도 여가를 필요로 하지 않지만, 모든 이는 생산적인 노동에 대해 자신의 얽매이지 않은 상태를 입증하도록 독촉받는다. 일이 없는 시간의 소비는 여전히 '포틀래치'이다. 거기에서 한가한 시간은 교환과 의미 작용의 외형적 요소이다. 바타이유의 저주받은 몫처럼, 한가한 시간은 교환 자체에서나 파괴에서 가치를 지니게 되며, 여가는 그 '상징적' 활동의 현장이다.[7]

　　현행의 여가는 일종의 경험적 확증을 보여준다. 일거리가 없는 사람은 마침내 실현된 창조적 한가로움의 상태에서 스스로에게 몸을 내맡긴 채 박을 못, 분해할 발동기를 절망적으로 찾는다. 경쟁권 바깥에는 아무런 자율적 욕구도, 어떤 자발적인 동기도 없다. 하지만 그렇다고 해서 그가 아무것도 하지 않기를 단념하는 것은 아니다. 오히려 그 반대이다. 그는 한가한 시간으로 무얼 할 것인가를 알지 못하지만, 아무런 것도(유용한 어떤 것도) 하지 않을 '필요'가 있다. 왜냐하면 아무런 것도 하지 않는 것이 품위라는 사회적 가치를 지니기 때문이다.

　　오늘날에도 여전히, 평범한 개인이 휴가와 한가한 시간을 가로질러 당연한 권리로서 요구하는 것은 자아 '실현'의 자유가 아니라(무엇으로서? 어떤 숨은 본질이 솟아오를 것인가?), 무엇보다도 자기 시간의 무용성을, 사치 자본으로서의, 부로서의 초과 시간을 실증하는 것이다. 여가의 시간은 일반적인 소비의 시간처럼, 가치를 생산하는 강렬하고 뚜렷한 사회적 시간이 된다. 곧 경제적 생존의 차원이 아니라 사회 복지의 차원이 된다.[8]

---

　7) 유사한 유형의 조작을 분석하기 위해, 나는 '미술품 경매'(뒷부분, p. 118)를 살펴볼 것이다.

베블런은 변별적 가치의 법칙을 매우 멀리 밀고 나간다. 그는 이렇게 말한다: "구별을 짓는 낭비라는 규준은 의무의 의의, 아름다움의 의의, 유용성의 의의, 의례적 또는 종교적 강제의 의의, 그리고 심지어는 진실의 객관적 의의에 직접적으로나 간접적으로 영향을 미친다."

변별적 가치의 법칙과 그 역설

가치에 관한 이 법칙은 풍요에건 빈곤에건 효력을 미칠 수 있다. 보란 듯한 사치나 과시적인 내핍 생활은 동일한 기본 규칙에 순응한다. 욕구에 관한 경험적 이론의 층위에서는 해결될 수 없는 명백한 모순으로 보이는 모든 것이 구별을 짓는 유형적 요소에 관한 일반적인 이론에서는 이 법칙에 따라 정리된다.

이와 마찬가지로, 교회는 전통적으로 풍치 좋은 구역에 자리잡고 더 화려하지만, 계급의 요청으로 말미암아 일종의 금욕적 종교심이 강요될 수 있다. 예컨대 신교도들에게는 신전의 초라함이 신의 영광(그리고 동시에 계급의 변별적 기호)을 느끼게 하는 반면에, 카톨릭교의 장려함은 하층 계급의 진상이 된다. 궁핍이 멋있어 보이는 이 가치의 역설을 보여주는 보기들은 수없이 많다. 아무것도 먹지 않기 위해 매우 비싼 값이 치러진다. 현대적인 실내에 미묘한 빈 공간이 교묘하게 처리된다. 궁핍을 견디는 것은 사치이다. 이것은 소비의 궤변성인바, 이러한 궤변성에 비추어볼 때 가치에 대한 부인 역시 그 가치의 등록시에 생겨나는 위계상의 미묘한 음영이다.[9]

---

8) '한가한' 시간은 노동의 '자유' 그리고 동일한 체제의 테두리 안에서 소비할 '자유'와 비교할 만하다. 시간이 기능/기호가 되어 교환가치를 띠기 위해서는, 시간이 해방되어야 한다——반면에 속박된 시간인 노동 시간은 경제적 교환가치만을 갖는다(첫 부분 참조: 상징적인 시간의——마찬가지로 물건의——정의가 덧붙여질 수 있다. 경제적으로 속박되거나 기능/기호로서 '한가한' 것이 아니라 연결된, 다시 말해서 구체적인 교환 행위와 분리될 수 없는 것은 바로 상징적인 시간——리듬——이다).

9) '만능' 가구(또는 R. 바르트의 저서에서 찾아볼 수 있는 '만능' 의복) 참조. 모든 기능들의 축도인 만능 가구는 그럼에도 불구하고 다시 다른 것들에 대립할 수 있게 되며, 따라서 계열체를 이루는 또 하나의 항목이 된다. 만능 가구의 가치는 보편적인 것이 아니라, 상대적인 구별에 관련된다. 이처럼(이데올로기·도덕 등의 영역에서 찾아볼 수 있는) 모든 '보편

어떤 것도, 물건도 관념도 행위도 자체의 사용가치를 통해, 자체의 '객관적' 의미를 통해, 자체의 공식적 담론을 통해 실제로 사용될 뿐만 아니라 언제나 사실상 기호로서 교환된다는, 다시 말해서 교환 행위 자체와 스스로 설정하는 다른 것에 대한 차별적 관계를 통해 전혀 다른 가치를 띤다는 사실에서, 가치에 관한 그 구조적 논리를 벗어날 수 없다. 이 차별적 기능은 언제나 사실에 의해 확인된 명백한 기능을 필요 이상으로 결정하고, 이따금 전적으로 그것에 상반되고, 그것을 현장부재증명으로 다시 붙들며, 심지어는 그것을 현장부재증명으로 제시하기에 이른다. 그래서 그 차별적 기능은 아름다운 것 또는 추한 것, 도덕적인 것 또는 부도덕한 것, 좋은 것 또는 나쁜 것, 옛것 또는 새것 등 대립하거나 모순되는 항목들을 가로질러 무차별하게 실현된다고 설명할 수밖에 없다. 차이의 논리는 여러 가지 명확한 구별을 가로지른다. 차이의 논리는 무의식과 꿈의 작용에서 찾아볼 수 있는 일차적인 과정들의 등가물이다. 다시 말해서 동일성과 비모순의 원리를 아랑곳하지 않는다.[10]

유 행

이 오묘한 논리는 유행의 논리에 가깝다. 유행은 가장 불가해한 것이다. 그 기호 쇄신의 속박, 언뜻 보아 임의적인 그 끊임없는 의미 산출, 그 의미 충동 그리고 그 주기의 논리적 불가사의는 실제로 사회학적인 것의 본질이다. 유행의 논리적 과정은 '문화' 전체의 차원으로서, 기호·가치·관계의 사회적 생산으로 퍼져나가게 돼 있다.

최근의 보기를 들어보자. 긴 치마도 미니스커트도 절대적 가치를 갖지 않는다——서로에 대한 차별적 관계만이 의미의 기준으로 작용한다. 미니스커트는 성의 해방과 아무런 관계도 없으며, 오직 긴 치마와의 대조에 의해서만 (유행) 가치를 갖는다. 그 유행 가치는 뒤집힐 수 있다. 미니스커트에서 맥시스커트로의 변천은 반대의 경

적' 가치들은 다시 시차적 가치로서 생산되게 된다. 필시 단번에 차별적 가치로서 생산될 것이다.

10) 이 기능에 비하면 다른 기능들은 부차적인 과정에 속한다. 다른 기능들도 말할 나위없이 사회학의 일부를 이루지만, 이 기능만이(정신분석학에서의 일차적 과정처럼) 진정한 사회과학의 고유한 대상을 구성한다.

우와 똑같은 변별적·선택적 유행 가치를 지닐 것이며, 똑같은 '아름다움'의 효과를 일으킬 것이다.

그러나 말할 나위없이 그 '아름다움'(또는 '멋' '아취' '운치' 아니면 심지어 품위란 용어들에 의한 다른 모든 해석)은 구별을 짓는 유형적 요소 전체가 생산되고 재생산되는 기본적인 과정의 지수 함수, 합리화이다. 아름다움('그 자체로서의')은 유행의 주기 안에서만 효력이 있을 따름이다.[11] 아름다움에는 증거가 없다. 참으로 아름다운, 결정적으로 아름다운 옷은 유행을 끝장낼 것이다. 그러므로 유행은 그러한 옷을 부인하고 억누르고 없애버릴 수밖에 없다──자체의 경로 하나하나에 아름다움의 현장부채증명을 간직하면서도 말이다.

이처럼 유행은 아름다움에 대한 근본적인 부인을 근거로 해서, 아름다운 것과 추한 것의 논리적 등가에 근거해서 아름다운 것을 끊임없이 만들어낸다. 유행은 가장 탈중심적이고 가장 기능이 불량하며 가장 망측한 특색을 마치 유별나게 독특한 것으로 강요할 수 있다. 유행이 합리성의 논리보다 더 심오한 논리에 따라 비합리적인 것을 강요하고 정당화하면서 승리를 구가하는 것은 바로 그 점에서이다.

3. 생산력 체계로서의 욕구 및 소비 체계

알다시피 '욕구에 관한 이론'은 의미가 없다. 이데올로기적 욕구 개념에 관한 이론만이 있을 수 있을 뿐이다. 마찬가지로, '욕구의 기원'에 관한 성찰 역시 예컨대 의지의 역사만큼 거의 근거가 없다. 근본적으로 지양(止揚)하고 다시 서술할 수 있어야 하는 가짜 문제들이 있다. 이것이 존재와 외양, 영혼과 육체의 잘못된 변증법이었으며, 또한 욕구의 경우에 일어나는 주체와 대상의 잘못된 변증법이다. 순이론은 거울을 통한 끊임없는 상호 작용이라는 그 '변증법

---

11) 귀족 또는 부르조아 계급에의 소속을 결정하는 독창성, 특수한 가치, 객관적인 장점과 마찬가지로. 그러한 계급에의 소속은 '공증된' 가치들을 제외하고 기호들에 의해 확정된다(고블로, 『장벽과 층위』).

적'놀이에 의해 명확해진다. 따라서 하나의 분석에서 두 항목 가운데 어떤 것이 다른 하나를 야기하는가를 결정할 수 없을 때, 그리고 두 항목을 서로 반사되거나 상호적으로 초래되는 것으로 만들수밖에 없는 처지에 몰릴 때, 그러한 사태는 문제의 표현을 바꾸어야 한다는 확실한 징후이다.

그러므로 경제학이, 그리고 경제학 뒤에서 정치 질서가 욕구 개념과 더불어 어떻게 작용하는가를 살펴보아야 한다.

일차적 욕구의 신화

그 개념의 정당성은 '일차적 욕구'의 최소한도일, 생사에 관계되는 인류학적 최소한도——먹기·마시기·잠자기, 육체 관계를 갖기, 거주하기 등 자기가 원하는 것을 스스로 알 터이므로, 개인이 스스로 얽매이는 지대——의 존재를 근거로 삼는다. 이 층위에서, 개인은 자신이 품고 있는 욕구를 만족시킬 수단을 박탈당할 수 있을 뿐, 욕구 자체에서 떨어져나갈 수는 없을 것이다.

이 생체인류학적 공리는 곧장 일차적 욕구와 이차적 욕구의 풀리지 않는 이분법에 이른다. 말하자면 '인간'은 생존의 문턱을 넘어서서는 자신이 원하는 것을 알지 못하는바, 경제학자가 보기에 인간이 정확히 '사회적이게,' 곧 양도될 수 있고 조작될 수 있으며 속아넘어갈 수 있게 되는 것은 바로 거기에서이다. 저쪽에서는 인간이 사회적인 것과 문화적인 것의 희생물이며, 이쪽에서는 양도될 수 없는 자율적 본질이다. 사람들은 어떻게 이 구분이 사회문화적인 것을 이차적인 욕구 속으로 몰아감으로써, 욕구-생존의 기능적 현장부재증명 뒤에서 개인적 본질의 층위, 자연에 의거한 인간-본질을 되찾도록 허용하는가를 알고 있다. 어떤 때는(유심론적 설명) 일차적인 욕구와 이차적인 욕구를 분리하여 전자는 동물성에, 후자는 비물질적인 것에 회부하고(이 점에 관해서는 뤼이에Ruyer,[12] 『정신의

---

12) (역주): 1902년에 태어난 프랑스의 철학자 레이몽 뤼이에인 것 같다. 『구조 철학 개설』(1930), 『의식과 육체』(1936), 『가치들의 세계』(1947), 『인간 기계론과 정보의 기원』(1954), 『소비 사회 예찬』(1969) 등의 저서가 있다.

영양 섭취』를 보라), 또 어떤 때는(합리주의적 설명) 전자를 유일하게 객관적으로 근거 있는(따라서 합리적인) 것으로, 후자를 주관적으로 변화하는(따라서 비합리적인) 것으로 설정하기 때문에, 한편으로는 변덕스러운 이데올로기. 그렇지만 어느 경우이건 사회 문제가 단지 흐려놓기만 하는 본질 또는 합리성에 의해 우선적으로 인간이 정의되므로 일관성 있는 이데올로기이다.

사실, '생사에 관계되는 인류학적 최소한도'는 존재하지 않는다. 어느 사회에서건 그 최소한도는 초과량, 이를테면 신의 몫, 제물의 몫, 사치 비용, 경제적 이윤의 절박한 기본적 필요에 의해 나머지 같은 것으로 결정되기 때문이다. 생존의 수준을 부정적으로 결정짓는 것은 바로 그 사치용 공제이지 그 반대(관념론적 허구)가 아니다. 어디에나, 사회적 부의 정의 안으로 들어가는 이익·이윤·제물의 엄숙한 행렬, 기능적 경제 활동과 최소한도의 생계를 내건 '무익한' 지출의 행렬이 있다.

한 사회의 지출은 재원의 객관적 크기가 어떠하건 구조적 과잉 및 똑같이 구조적인 결손에 따라 윤곽이 드러나기 때문에, '궁핍한 사회'도 '풍요로운 사회'도 있었던 적이 없다. 막대한 잉여가 가장 고약한 빈곤과 공존할 수 있는 것이다. 어느 경우이건, 얼마만큼의 잉여는 얼마만큼의 빈곤과 공존한다. 그리고 어쨌든, 전체를 지배하는 것은 그 잉여량의 생산이다. 생존의 문턱은 결코 낮은 데에서가 아니라 높은 데에서 결정된다. 경우에 따라서는, 생존에 대한 사회적 요청이 있다 할지라도 생존이 전혀 문제되지 않을 것이다. 이를테면 갓난애들이(또는 노예가 생산력의 새로운 맥락에서 수익이 많게 되기 전에는 전쟁 포로들이) 싼 값으로 정리될 것이다. 유럽 사람들과의 접촉으로 부유해진 뉴기니섬의 시안족은 여전히 '생사에 관계되는 최소한도' 이하로 살아가면서도 축제 때는 모든 것을 낭비한다. 추상적인, '자연스러운' 궁핍의 단계를 따로 떼어내고, "사람들이 살기 위해 필요로 하는 것"을 절대적으로 결정짓는 것은 불가능하다. 어떤 이에게는 포커판에서 모든 것을 잃고 자기 가족이 굶어죽게 내버려두는 것이 즐거울지도 모른다. 알다시피 가장 비합리적인 방식으로 낭비하는 이는 다름아닌 가장 불리하게 된 자들이다. 알

80

다시피 놀음의 번창은 저개발과 정비례한다. 심지어는 저개발, 가난한 계층의 과잉과 수도사·군인·하인, 비용이 많이 드는 무익한 부문의 전방위적 확장 사이의 밀접한 상관 관계도 있다.

반대로, 생존이 잉여 생산으로 인하여 요구될 때 그야말로 생사에 관계되는 최소한도 이하로 떨어질 수 있듯이, 부득이한 소비의 문턱 역시 언제나 잉여가치의 생산에 따라, 엄밀하게 필요한 것 이상으로 확립될 수 있다. 이것은 아무도 임의로 생뿌리와 시원한 샘물로 살아갈 수 없는 우리 사회의 경우이다. 여기에서 '생사에 관계되는 최소한도' 개념의 보완물인 '자유 재량 소득' 개념의 부조리가 생겨난다. 자유 재량 소득은 "개인이 자기 마음대로 자유롭게 지출할 수 있는 소득의 부분"이다! 어떤 점에서 나는 나의 식품(이것 자체가 매우 복잡하다!)을 구입함으로써보다는 의복이나 자동차를 구입함으로써 더 자유로울 것인가? 어떤 점에서 나는 임의로 선택하지 않을 수 있는가? 그리고 자동차나 의복이 주거에 대한 실현할 수 없는 욕망의 무의식적 대체물일 때, 자동차나 의복의 구입은 '자유 재량'에 속하는가? 생사에 관계되는 최소한도는 오늘날 표준 포창, 곧 강요된 소비의 최소한도이다. 이쪽에 머물러 있으면, 당신은 반사회적인 존재이다——그러면 지위의 소실, 사회적으로 무가치함은 굶주림보다 덜 심각한가?

사실, '자유 재량 소득'은 기업가와 시장 분석가들의 뜻대로 합리화된 개념이다. 그 개념은 그들이 '이차적인 욕구들'을 "본질적인 것과 관계없다"는 이유로 조작하는 것을 정당화한다. 본질적인 것과 비본질적인 것 사이의 이 분계선은 매우 뚜렷한 이중의 기능을 갖는다.

i) 개별적인 인간의 본질——이데올로기적 가치 체계의 관건——이라는 영역을 밑받침하고 보존하기.

ii) '생존'에 대한 참된 생산제일주의적 정의를 인류학적 공리 뒤에 숨기기. 축적 국면에서는, 노동력의 재생산에 엄밀히 필요한 것이——성장 국면에서는, 성장률과 잉여가치율의 유지에 필요한 것이——'본질적인 것'이다.

이 결론은 욕구를——그것이 어떤 것이건——결코 자연주의적/관념론적 주장에 따라 본유의 선천적인 힘, 자연히 일어나는 본능적 욕망, 인류학의 잠재성으로 규정하는 경향을 넘어, 욕구를 체제의 내적 논리에 의해 개인들 속으로 유도된 기능으로, 더 정확히 말해서 풍요한 사회에 의해 '해방된' 소비력으로가 아니라 실제 체제 자체의 작용에 의해, 체제의 재생산 및 생존 과정에 의해 요구된 생산력으로 정의하는 데까지 일반화될 수 있다. 달리 말해서, 오직 체제가 필요로 하기 때문에만 욕구가 있다.

사적인 각 소비자에 의해 투자된 자본-욕구는 오늘날 자본주의 사업가에 의해 투자된 자본만큼, 임금노동자에 의해 투자된 기본-노동력만큼 생산 질서에 필수적인 것이다.

그러므로 욕구에 대한 속박, 소비에 대한 속박이 있다. 이 속박이 언젠가는 법칙으로 뒷받침되리라고 상상할 수 있다(2년마다 자동차를 바꿀 의무).[13]

물론, 그 조직적인 속박은 선택과 '자유'의 별 아래 놓여 있으며, 그래서 쾌락 원칙이 현실 원칙에 대립하듯이 노동 과정에 전적으로 대립하는 것 같다. 자본의 체계는 자유 위에, 노동력의 단호한 해방 위에 세워진다(노동의 구체적인 자율성 위에는 아닌바, 그러한 자율성은 노동력 해방으로 인하여 폐기된다). 마찬가지로, 소비는 오직 한 체제의 추상 작용을 통해서만 행해지는바, 그 체제는 소비의 '자유' 위에 세워진다. 이용자는 선택권을 "가져야 하며," 매우 정확하게 노동자가 결국 자본주의 체제 속에서 임의로 자신의 노동력을 팔 수 있게 되듯이, 그 선택권을 통해 결국 생산력으로서 생산량 계산에 '임의로' 가담할 수 있게 되어야 한다.

그리고 그 체제의 기본 개념은 엄밀히 말해서 생산 개념이 아니

---

13) 소비가 생산력이라는 것은 대단히 진실이어서, 의미있는 유추에 의해 소비 역시 이윤의 영향 아래 놓인다: "빚을 지는 자는 부유해진다" "구입하시오, 그러면 부자가 될 것이오." 소비는 지출로서가 아니라 투자와 수익성으로서 찬양된다.

라 생산성 개념이듯이(노동과 생산은 의례·종교·주체 등에 관련된 모든 내포적 의미들을 벗어나서 역사적 합리화 과정에 접어든다), 따라서 소비가 아니라 소비성에 대해 말해야 할 것이다. 설사 그 과정이 조금도 생산 과정만큼 합리화되지 않는다 할지라도, 사람들은 결국 구체적·우발적·주관적 향유에서 '욕구들'의 추상에 바탕을 둔 막대한 성장 계산으로 옮아가는바, 이번에는 체제가 자체의 논리적인 일관성을, 심지어는 자체의 생산성의 부산물로 산출하여, 욕구들에 부과한다.[14]

구체적인 노동이 차츰차츰 노동력으로 추상되어 생산 수단(기계·산업 에너지 등)과 동질적인 것으로 바뀌며 그리하여 생산 수단과 손을 맞잡고서 증대하는 생산성을 향한 동질적인 요인들을 증가시킬 수 있는 것과 마찬가지로, 욕망은 욕구로 추상되고 세분되어 만족의 수단(생산물·심상·물건-기호 등)과 동질적인 것이 되며 그리하여 소비성을 증가시킬 수 있다. 똑같은 합리화 과정(세분화와 무제한의 추상). 하지만 거기에서는 욕구-향유의 모든 쾌락주의적 위세로 말미암아 욕구-생산력의 객관적 현실이 가려지는 만큼, 욕구 개념이 주요한 이데올로기 구실을 한다. 욕구와 노동[15]은 이처럼 생산력에 대한 똑같은 착취[16]의 두 가지 양상이다. 포만한 소비자는

14) 그러므로 도처에서 행해지듯이 소비와 생산을 대조함으로써 인과 관계 또는 영향에 입각하여 어느 하나를 다른 하나에 종속시키는 것은 공연한 일이다. 왜냐하면 사실은 두 이질적인 부문——생산성, 다시 말해서 결코 노동, 구체적인 생산이 아니라 생산 법칙, 생산 양식, 생산 관계를 포함하는 추상적이고 일반화된 교환가치 체계, 다시 말해서 하나의 논리, 그리고 하나의 부문, 곧 여전히 전적으로 구체적이고 우발적이며 개인적인 동기와 충족의 부문으로 이해되는 소비 부문——이 비교되기 때문이다. 따라서 소비와 생산을 대조하는 것은 글자 그대로 무지의 소치이다.

반대로 소비를 생산, 기호 생산으로 이해한다면, 소비 또한 (기호들의) 교환가치의 일반화에 의거한 체계화의 노정에 있다고 이해한다면, 그때에는 두 영역이 동질적이다——하지만 동시에 두 영역은 인과 관계상의 우선권에 입각하여 비교될 수 있는 것이 아니라, 구조의 양태에 비추어 동등하다. 구조는 생산 양식의 구조이다.

15) cf. 욕구와 해야 할 일.

16) 이 용어의 두 가지 의미, 곧 기술상의 의미와 사회적 의미에서. ('exploitation'에는 이용 또는 개발이라는 의미와 착취라는 의미가 있다: 역자)

유급 생산자의 마술 걸린 화신인 것으로 보인다.

그래서 "소비는 전적으로 생산의 함수이다"——또 다른 오해——라고 말해서는 안 된다. 생산성의 구조적인 양태인 것은 다름아닌 소비성이다. 이 점에 의거컨대, "생사에 관계되는" 욕구에서 '문화적' 욕구, 곧 '일차적' 욕구에서 '이차적' 욕구로의 이행에도 불구하고, 어떤 것도 달라지지 않았다. 노예가 굶지 않을 유일한 확실성은 체제가 돌아가는 데 노예가 필요하다는 점에 있다. 현대의 시민이 자신의 '문화적' 욕구가 만족됨을 볼 유일한 기회는 체제가 그 욕구를 필요로 하며 개인이 더 이상 먹는 것만으로 만족하지 않는다는 데 있다. 달리 말해서, 이전의 방식, 곧 잔혹한 착취의 방식으로 생산 질서의 잔존을 확고하게 할 수단이 있었다면, 욕구는 결코 없었을 것이다.[17] 가능한 한 사람들은 욕구를 억제한다. 필요할 경우에, 사람들은 억압 수단으로서 욕구를 불러일으킨다.[18]

제어된 탈승화

자본주의 체제는 계속해서 먼저 여자들과 어린이들을 가능한 한 일하게 만들어왔다. 자본주의 체제가 인도적이고 민주적인 대원칙들을 '발견하는' 것은 오로지 절대적으로 강제되어서이다. 학교 교육도 조금씩 허용되며, 보통 선거처럼 사회 통제와 효과적인 통합의 수단으로(또는 산업 사회로의 문화 변용을 위한 수단으로) 부과될 때에만 일반화된다. 산업화 국면에서는 노동력이 가장 싼 값으로

---

17) 가설이다. 이를테면 개인적이고 위계적인 관계에 바탕을 둔 권력만으로는 더 이상 지탱될 수 없는 사회 질서(특권과 지배의 구조)가 살아 남기 위해 노동을 필요로 했을 때에만 노동 자체가 생산력으로 나타났다는 가설이다. 노동을 통한 착취는 사회 질서로서는 부득이한 수단이다. 여성에게는 노동에의 접근이 사회 전복의 위험으로 간주되어 여전히 거부되고 있다.

18) 그렇지만 이러한 욕구의 출현은 설령 형식적이고 제어된 것이라 할지라도 결코 사회 질서에 대해 위험이 없지 않다——어떤 생산력이건 그것의 해방이 그렇듯이, 노동력의 출현이 그랬고 여전히 그러하듯이 말이다. 착취의 차원에서 욕구의 출현은 또한 가장 격렬한 사회적 모순들, 계급 투쟁의 기원이다. 어떤 사회적 모순들이 그 새로운 노동력, 곧 '욕구들'의 출현과 착취를 우리들에게 미리 결정해놓는가를 누가 일러줄 수 있는가?

사정없이 강탈된다. 잉여가치를 뽑아내기 위한 욕구들의 활성화가 필요없다. 그 다음에 자체의 모순들(생산 과잉, 이윤율의 편향적 하락)에 맞부딪힌 자본은 우선 대량 파괴, 결손, 그리고 파산에 의거하여 축적에 박차를 가함으로써, 그리하여 생산 관계와 권력 구조를 다시 문제삼게 할지도 모를 부의 재분재를 회피함으로써, 그 모순들을 극복하려고 시도해왔다. 결국 자본이 노동력으로서의 노예뿐만 아니라 소비자로서의 개인을 생기게 하는 것은 오직 단절의 문턱이 일단 도달된 뒤이다. 자본은 그러한 것으로서의 개인을 생산한다. 그렇게 하면서, 다만 새로운 유형의 노예, 곧 소비력으로서의 개인을 생겨나게 할 따름이다.[19]

거기에 청치적 측면에 의거한 소비 분석의 출발점이 있다. 그래서 소비를 본능적 욕망과 향유의 과정, 소화에 관한 기능적 개념들의 은유적인 확장──모든 것이 입의 충동이라는 일차적 도식에 따라 순화된다──으로 보는 이데올로기적 관점을 넘어서야 한다──소비를 구조의 면에서 교환과 기호의 체계로뿐만 아니라 천략의 면에서 권력 기체로 규정하기 위해서는 그 강력한 상상적 전(前)개념을 넘어서야 한다. 그런데 소비가 욕구의 질적인 변화에 의해서도 욕구의 대대적인 확대에 의해서도 명확해지지 않는다는 것은 분명하다. 그 모든 것은 어떤 독점적인 생산성 구조, 전체주의(자본주의 또는 사회주의) 경제가 개인들의 층위에서 드러내는 특징적인 결과일 따름인바, 그러한 생산성 구조, 전체주의적 경제에서는 여가·안락·생활 수준 등이, 요컨대 생산력으로서의 사적 개인의 완성이, 곧 사적 개인에게 억지로 강요하는 속박이 꼼짝없이 나타나게 된다. 전체주의 경제는 예전에(오늘날까지도 여전히) 생산력이 그랬듯이 추상과 '소외'라는 근본 원리에 따라 그 사적 기능들을 생겨나게 한다. 그 체제에서는 욕구·소비자·여자·젊은이·육체 등의 '해방'이 언제나 동시에 욕구·소비자·육체……등의 동원이다. 그것은 폭발적인 해방이 아니라, 제어된 해방이자 경쟁적인 착취를 목적으로 하는 동원이다.

심층의 힘까지도, 무의식적 충동까지도 이 점에서 '욕망의 전략'

---

19) 저개발국 원조에 대한 다른 근거는 없다.

에 동원될 수 있다. 여기가 제어된(마르쿠제에 의하면, 억압적인) 탈승화 개념의 경계이다. 극단적으로 말해서, 그 초보적인 정신분석에 재등기된 소비자는 '자아'의 기능들이 갖는 방어 체계에 의해 억눌린 충동(불확실한 생산력)의 매듭이다. 통합·가담·소비의 요인으로서의 '이드' 및 '초자아'의 '해방'을 위해——개인이 생산 계획에 의해 전적으로 통제되는 쾌락 원칙 속에 결국 잠길, 소비의 완전한 부도덕성을 위해——그 기능들을 '탈승화시켜야' 하며, 따라서 '자아'의 기능들, 의식이 있는 개인의 심적 기능들을 해체해야 한다.

요약컨대, 인간은 우선 자신의 욕구를 가지고, 그리고 '인간'으로서 완성되도록 '자연'에 의해 운명지워진 상태로 세상에 존재하는 것은 아니다. 이 명제는 유심론적 궁극 목적론의 명제로서, 우리들의 사회에서는 기능-개인, 곧 생산제일주의 사회의 기능 신화를 명확히 드러낸다. 개인적 가치들의 체계 전체, 자발성, 자유, 창조력 등에 대한 숭배 전체가 생산제일주의의 선택권에 짓눌려 있다. 생체 기능조차도 직접적으로 체제의 '함수'이다. 어디에서도 인간은 자신의 고유한 욕구를 마주 대할 수 없다.

분석의 항목들을 뒤엎고 개인에의 기본적인 참조 *référence*[20]를 타도해야 한다. 왜냐하면 그러한 참조 자체가 사회의 논리——개인을 구성하는 사회 구조로부터 개인이 자신에 대해 갖는 경험적 지각까지——의 산물이기 때문이다. 알다시피, 그렇다면 인간은 어디에서건 자기 자신의 욕구를 마주 대할 수 없다. 개인이 생산의 궁극 목적들에 따라 소비력으로서 생식하는 '이차적' 욕구에서뿐만 아니라, 실로 '생존' 욕구에서도 말이다. 인간은 욕구에 휩싸여 인간으로서, 생존자(살아 남은 새 생산자)로서 번식한다. 인간이 먹고 마시고 거주하고 생식하는 것은 체제가 인간의 번식을 위한 번식을 필요로 하기 때문이다. 체제는 인간들을 필요로 한다. 체제가 노예들과 더불어 기능할 수 있다면, '자유로운' 노동자들은 존재하지 않을

---

20) (역주): 언어 기호들로 하여금 언어 외적인 실체(실제 세계나 상상 세계에 속하는 물체 또는 개인)를 가리키게끔 허용하는 속성으로, 지시 기능 *fonction référentielle*과 지시 대상 *référent*의 동의어가 되기도 한다. 참조, 지시 기능, 지시 대상 대신 지향, 지향적 기능, 지향 대상으로 옮기는 이들도 있다.

것이다. 체제가 무성(無性)의 기계 노예들과 더불어 기능할 수 있다면,[21] 성적인 생식은 더 이상 존재하지 않을 것이다. 만일 체제가 체제 속의 사람들을 부양하지 않고도 기능할 수 있다면, 사람들을 위한 빵조차 존재하지 않을 것이다. 우리들 모두가 저 체제의 테두리 안에서 살아 남은 자인 것은 바로 이 점에서이다. 더군다나, 생존 본능 자체도 기본적인 것은 아니다. 생존 본능은 허용 사항이거나 사회의 요청이다——체제가 요구할 때, 사람들은 그 '본능'을 철회하고 죽기를(분명히 숭고한 대의명분을 위해) 서슴지 않게 된다.

우리는 "개인이 사회의 산물이라"고 말하려는 것이 전혀 아니다. 왜냐하면 이 진부한 문화주의적 명제는 오로지 그 통상적인 뜻으로 볼 때 실로 더 근본적인 진실, 곧 생산제일주의적(자본주의적, 하지만 그뿐만이 아니다) 성장 체제는 사람들의 가장 깊은 결의, 자유, '욕구,' 무의식 자체를 통해 사람들을 생산력으로서 생산하고 재생산할 수 있을 뿐이라는 사실을 숨기기만 하기 때문이다. 체제는 개인들을 체제의 구성 요소로서 생산하고 재생산할 수 있을 뿐이다. 거기에 예외는 있을 수 없다.

일반화된 교환/기호와 '가치들'의 황혼

여기에서 오늘날 모든 것은 "회수될 수 있다"[22]는 사실이 유래한다. 우선 욕구, 진정한 가치 등이 있고 뒤이어 그것들이 양도되고 날조되고 회수되리라는 것을 인정한다 해도——이것은 너무 단순하며, 이 박애주의적인 마니교는 어떤 것도 설명해주지 않는다. 모든 것이 회수될 수 있다면, 그 이유는 독점자본주의 사회에서[23] 모든

---

21) 자동기계 장치, 또는 더 나아가 자동조업 장치는 완전한 생산제일주의의 궁극적이고 이상적인 환상이다. 그렇지만 그렇게 되면 인간 기계론의 합리성은 스스로를 삼켜버린다. 왜냐하면 사회 질서와 사회 지배가 존재하기 위해서는 사람들이 필요하기 때문이다. 그런데 최종 심급에서 그 합리성은 그럼에도 불구하고 그야말로 모든 생산성의 목적, 곧 정치적 목적이다.

22) '본래의' 가치들, 본원적인 순수성을 전제하며 자본주의 체제를 불길한 도착의 심급으로 지정하는 이 용어 자체는 여전히 훈계하는 경향이 있는 시각을 보여준다.

23) 또는 더 단순하게, 일반화된 교환 체계에서.

것이, 말하자면 재화·앎·기술·문화·사람들, 그들의 관계와 갈망 등 모든 것이 단숨에 체제의 구성 요소로, 통합되는 변수로 직접 재생산되기 때문이다.

경제의 생산 부문에서 오래 전부터 인정되어온 사실, 곧 어느 곳에서도 사용가치는 더 이상 나타나지 않지만 교환가치의 결정적인 논리는 도처에서 나타난다는 것, 다시 말해서 예술적·지적·과학적 생산까지도, 혁신과 위반까지도 포함하여 모든 것이 거기에서 즉각 기호로서, 그리고 교환가치(기호의 관계 가치)로서 산출된다는 것이 오늘날 '소비'권과 문화 제도 일반의 진실로 인정되어야 한다.

이러한 추상과 이 완전한 편향적 체계화에 근거를 둔 구조적 소비 분석이 가능한 것은 '욕구,' 소비 행동, 문화 행동이 그처럼 회수될 뿐만 아니라 생산력으로서 체계적으로 유도되고 산출되는 데 따라서이다. 그러한 소비 분석은 기호들의 생산 및 일반화된 교환의 사회적 논리에 대한 분석을 토대로 할 때 가능하다.

물신숭배와 이데올로기: 기호학적 환원*

　상품에 대한 물신숭배, 돈에 대한 물신숭배──마르크스의 저작에
서, 자본주의 사회의 실제로 체감되는 이데올로기를, 다시 말해서
일반화된 교환가치 체계가 개인들에 의해 은폐되는 경로인 신성
화·매혹·심리적 예속의 양태를, 또는 더 나아가 노동과 교환이라
는 구체적인 사회적 가치들이 부정되고 추상되고 자본의 체계에 의
해 '소외되어' 초월적인 이데올로기적 가치로, 똑같은 기능을 통해
물신숭배와 종교의 기만('인민의 아편')을 뒤이어 소외된 모든 행위
들을 조정하는 도덕적 심급으로 자처하는 과정 전체를 묘사하는
것──, 이 물신숭배는 오늘날 분석의 크림파이가 되었다. 마르크스
가 여전히(비록 매우 모호한 방식으로지만) 물신숭배를 형식(상품·화
폐)에, 따라서 과학적 분석의 층위에 결부시켰던 바로 거기에서, 보
다시피 오늘날은 물신숭배가 간단하고 경험적인 영역에 이용되고
있다. 이를테면 물건들에 대한 물신숭배, 자동차에 대한 물신숭배,
성에 대한 물신숭배, 휴가에 대한 물신숭배 등을 들 수 있겠는데,
거기에서 물신숭배는 소비의 환경에 대한 폭발적으로 널리 퍼진 우
상숭배적 시각에만 이어지며, 비장한 비판의 허울 아래 이데올로기
확대 재생산에 민첩하게 힘을 기울이는 통속적인 사유의 개념-물신
에 지나지 않는다.
　물신숭배라는 용어는 위험한 것인바, 그 이유는 물신숭배가 분석
의 회로를 짧게 하기 때문일 뿐만 아니라, 18세기 이래 본국 출신
의 식민지 주민, 민족학자, 선교사들이 대대적으로 떠들어댄 나머지
기독교적이고 인본주의적인 서양 이데올로기 그 자체의 매개물이

---

*『신정신분석학 평론』, II, 1970 가을호에 실린 글.

되었기 때문이다. 스스로 추상적이고 유심론적이기를 바라는 종교에 의해 '원시적인' 종교 예식에 가해진 비난 속에 기독교적 내포가 그대로 현존한다: "물신이라 불리는 몇몇 세속적이고 물질적인 대상들에 대한 숭배〔……〕 이러한 이유로 나는 그것을 물신숭배라 부르겠다."[1] 그때부터, 거창한 물신숭배의 은유는 그 도덕적이고 합리주의적인 함의를 결코 떨쳐버리지 못한 채, 반투족의 그것이건 물건들과 기호들에 함몰된 현대 대도시 토민(土民)들의 그것이건 '주술적 사유'에 대한 분석의 주동기이기를 그치지 않았다.

물신숭배의 은유는 원시적 표상들을 이어받은 총합 지각 현상을 통해 힘, 탁월한 주술적인 힘, 초자연력(이것의 마지막 구현체는 간혹 리비도일 것이다), 존재들에게로, 물건들에게로, 심적 영역들로 이전된 힘, 사방으로 흩어지고 보편적이지만 전략적 지점들에서는 결정(結晶)처럼 굳어지며 개인이나 집단이 자기 이익에 맞게 그 흐름을 조절하고 그 방향을 바꾸는 힘에 입각하여 신화·의식·관습을 분석하는 데 있다. 그 힘은 개인이나 집단의 모든 관행들, 심지어는 음식물 섭취 관행의 주요한 목적일 것이다. 그리하여 정령신앙의 시각이 펼쳐진다. 힘의 추상적 실체, 힘의 위험한 초월성, 그리고 그때 이로운 것이 되는 그 힘의 포획 사이에서 모든 일이 일어난다. 토착민들이 세계나 집단에 대한 자신들의 경험을 합리화해온 것은 이 항목들로써이다. 인류학자들이 토착민들에 대한 자신들의 경험을 합리화하고, 그리하여 그 새로운 사회들로 말미암아 자신들의 문명을 짓누르게 된 결정적인 의문을 몰아내온 것도 똑같은 항목들을 통해서이다.[2]

여기에서 우리의 관심을 끄는 것은 그 물신숭배의 은유로 말미암아 (자유주의 또는 마르크스주의의) 비판적 분석이 합리주의 인류학의 함정에 똑같이 빠지는 데 따라 그 은유가 우리들의 산업 사회로 연장되는 사태이다. '잘못된 의식,' 교환가치에 대한 숭배에 운명

---

1) 드 브로스(1760), 『물신들에 대한 숭배에 관하여』.
2) 당연히 합리주의자들인 그들은 원주민들이 더 유연한 객관적 관행들과 화해시킬 줄 알았던 표상 체계를 논리와 신화학의 관점에서 흔히 싫증나도록 다루기도 했다.

지워진(또는 더 나아가 오늘날 기발한 용구와 물건에 대한 '맹목적인 숭배' 속에서, 리비도에 관련된 가치이건 위세에 관련된 가치이건 물건 속에 구체화된 '인위적인' 가치들에 대한 숭배에 바쳐진) 의식의 관념— 이것은 소외되지 않은 의식, 또는 물건의 '참된' 객관적 지위, 곧 물건의 교환가치라는 관념적인 환영(幻影)을 어느 곳엔가 전제한다—이 아니라면, '상품에 대한 물신숭배'의 개념은 무엇을 뜻하는가?

그러한 관념이 나타나는 도처에서, 그 물신숭배의 은유는 의식이 있는 주체 또는 인간의 본질, 곧 기독교-서양의 가치 체계 전체를 밑받침하는 합리성의 형이상학을 내포한다. 스스로 그 동일한 인류학에 의지하는 것 같은 바로 거기에서, 마르크스의 이론은 객관적인 역사 분석을 행함으로써 어떤 점에서는 스스로 해체시키는 그 동일한 가치 체계에 이데올로기상의 동의를 표한다. '물신숭배'의 모든 문제들을 '잘못된 의식'의 상부 구조 기제들에 회부하는 것은 진정한 이데올로기 작용 과정을 분석할 모든 기회를 스스로 없애는 것이다. 구조들과 이데올로기 생산 양식을 그것들의 고유한 논리에 맞춰 분석하기를 거부하는 것은 계급 투쟁에 입각한 '변증법적' 담론 뒤에서 사실상 이데올로기의, 따라서 자본주의 체제 자체의 확대 재생산에 힘을 기울일 수밖에 없다는 것이다.

그리하여 실제 생활의 일반화된 '물신화' 문제는 우리들을 이데올로기 생산의 문제에, 그리고 오늘날 구조적으로 모두 자본의 체제에 연루된(그도 그럴 것이 어떤 것들은 하부 구조적으로—물질 생산—다른 어떤 것들은 상부 구조적으로—이데올로기 생산—가 아니다) 생산력들에 관한 더 폭넓은 이론을 향한, 하부 구조와 상부 구조에 관한 이론-물신의 폭발에 귀착시킨다.

어떻게 해서건, '물신숭배'라는 용어에는 피할 수 없는 사정이 결부되어, 스스로 의미하는 바(주술적 사유에 관한 메타-언어)를 지칭하기는커녕, 그 용어를 사용하는 이들에 대항하여 슬그머니 방향을 바꾸고 그들 사이에서 이루어지는 주술적 사유의 상용(常用)을 가리키게 된다. 필시 정신분석학만이 물신숭배를 아마 모든 욕망의 밑바닥에 깔려 있을 도착적인 구조에 결부시킴으로써, 이 악순환에서 빠져나왔을 터이다. 그 용어는 양성의 차이에 대한 거부라는 (대상-물신과 그것의 취급에 관한 임상적 현실에 의거하여 분명하게 진술된) 정신분석학의 구조적 정의로 말미암아 그처럼 윤곽이 명확하게 그려지는 관계로, 더 이상 주술적 사유의 받침대가 아니다. 그 용어는 성적 도착 이론을 위한 분석적 개념이 된다. 이 엄격한 어의의 등가물(유사물이 아니다), 이데올로기 생산의 진전 과정이라는 층위에서 정신분석학상 도착적인 구조의 진전 과정인 것과 등가를 이루는 것——다시 말해서 '상품에 대한 물신숭배'라는 유명한 문구를 부정확한('물신숭배'는 추술적 사유를, '상품'은 자본에 대한 구조 분석을 가리키는 까닭에) 어구가 아닌 것으로 만들, 설사 '인민의 아편'에 대한 마르크주의적 고쳐쓰기를 통해서일지라도 '황금 송아지 숭배'라는 물신숭배적 은유를 배격하는, 이를테면 구조에 입각하여 물신화 과정을 복권하기 위해 모든 마법이나 초월적 정령신앙 또는 (결국 마찬가지이지만) 잘못된 의식의 합리주의 그 자체를 떨쳐버리는 명확한 맥락——을 찾아내는 것이 불가능하다면, 그때에는 그 용어와 그것의 사용(그리고 비슷한 모든 관념들)을 폐기하는 것이 더 낫다. 레비-스트로스의 분석 이후로 '토템'은 타파되고, 토템 체계의 분석, 그리고 그 체계의 동적인 통합만이 의미를 간직한다. 사회 분석에 부과해야 하는 것은 바로 이론과 임상에 다 같이 작용하는 이 동일한 근본적 단절이다. 물신숭배에서 문제되기 시작하는 것은 이데올로기에 관한 이론 그 자체이다.

따라서 물건들이 힘과 초자연력——주체는 이것들에 실려 투사되고 소외된다——을 본래부터 지닌 그 사물화된 심적 영역이 아니라면, 물신숭배가 소외된 본질에 관한 형이상학과는 다른 것을 가리킨다면, 물신숭배의 실제적인 과정은 무엇인가?

한 번만으로는 관례가 될 수 없다. 그러므로 여기에서는 어원이 말을 할지도 모른다. 오늘날 투사와 포획, 소외와 재전유의 표상들을 가로질러 힘에, 대상의 초자연적 속성에, 따라서 주체의 똑같은 마술적 잠재성에 결부되는 '물신'이라는 용어, 이 용어는 본래 정반대의 것, 곧 제작물, 인공적인 구조, 가공된 겉치레물과 기호들을 의미하므로 기이한 의미론적 뒤틀림을 겪어온 것이다. 17세기에 프랑스에 등장한 그 용어는 '인공적인'이라는 뜻을 지니며 라틴어 '팍티키우스*facticius*'에서 파생한 포르투갈어 '페이티소*feitiço*'에서 유래한다. 최초의 의미는 '~인 체하다' '기호들로 모방하다'("독실한 신자인 체하다" 등——이러한 의미는 '마헨*machen*' 및 '메이크*make*'와 비슷한 '마켄*maken*'에서 유래한 '화장*maquillage*'에서 재발견된다)이다. '페이티소'와 똑같은 어근('파키오*facio*' '팍티키우스')에서, 에스파냐어로 '화장하다, 장식하다, 미화하다'의 뜻을 갖는 '아페이타르*afeitar*,' '허식・몸치장・화장품'을 뜻하는 '아페이테*afeite*,' '가장된'이란 뜻의 프랑스어 '팽*feint*' 그리고 '인공적인, 가장된, 가짜'라는 뜻의 '에치조*hechizo*'가 파생되어 나온 '체하다'라는 뜻의 에스파냐어 '에차르*hechar*'가 유래한다.

'파인크티제*fainctise*,' 속임수, 인위적인 기입, 요컨대 대상-물신이 갖는 지위의 기원을 이루는, 그리고 또한 대상-물신이 행사하는 매혹에 어떻게든 관계되는, 기호들의 문화적 변질의 양상이 도처에서 나타난다. 이 양상은 반대의 표상에 의해 점점 더 억눌리는바(이 둘은 형용사 '페이티소'가 '인공적인'의 뜻을 지니며 실사로서 '마술에 걸린 대상, 마술'을 의미하는 포르투갈어에서 여전히 공존한다), 그 반대의 표상으로 말미암아 기호에 대한 조작이 힘에 대한 조작으로, 기표들의 규칙적인 작용이 기의들의 마술적인 전이 구조로 대체된다.

'부적' 또한 정령신앙적인 방식으로 힘의 집적소로서 경험되고 표상된다. 사람들이 잊고 있겠지만, 부적은 무엇보다 먼저 기호들이 표시된 물건이다——물건에 새겨져 그 물건을 부적으로 만드는 것은 손이나 얼굴의 표정들, 강신술의 문자들, 또는 어떤 천체의 형상이다. 그리하여 소비에 관한 '물신숭배' 이론, 전략가들과 사용자들의 이론에서, 어디에서나 물건들은 힘(행복・건강・안전・위세 등)을 나눠주는 것으로 주어지고 받아들여진다. 도처에 퍼진 그 주술적 실체는 그 자체가 우선 기호들, 기호들의 일반화된 약호, 차이들의 전적으로 자의적인 약호('파익티케*faictice*' '물신')라는 사실을, 그리고 그 기호들이 행사하는 매혹은 결코 그것들의 사용가치나 그것들의 선천적인 효력에서가 아니라, 바로 그 사실에서 나온다는 것을 잊게 만든다.

그러므로 물신숭배가 있다 해도, 그것은 기의 *signifié*에 대한 물신숭배, 대상-물신이 주체를 위해 구현할 (이른바 이데올로기적인) 실체와 가치들에 대한 물신숭배가 아니다――그것은 이러한 재해석 (이것이야말로 참으로 이데올로기적이다) 뒤에 숨어 있는 기표에 대한 물신숭배, 곧 대상에서 '인위적이고' 변별적이며 약호화되고 체계화된 것에 주체가 사로잡히는 사태이다. 물신숭배에서 말을 하는 것은 실체에의 열정(대상들의 그것이건 주체의 그것이건)이 아니라, 대상들과 주체들을 조절하고 스스로에게 종속시키면서 그것들을 전부 추상적인 조작에 결정적으로 운명지우는 약호에의 열정이다. 그것은 이데올로기가 전개되는 과정의 기본적인 분절(分節)이다. 소외된 의식이 상부 구조들에 투사되는 사태를 통해서가 아니라, 모든 위상들에서 일어나는 구조적 약호의 일반화 자체를 통해서 말이다.

그때 '상품에 대한 물신숭배'는 더 이상 자기 노동의 산물에서, 간접적인 충전(充塡) *investissement*(노동과 감정적 현상)의 모든 마력적 효과에서 떨어져나간 개인에게 자꾸만 다시 찾아들 것으로 기대되는 힘을 고(古)마르크스주의적인 연출법에 따라 이런저런 대상에서 구하려는 열성으로서가 아니라, 실로 형식(상품의 논리 또는 교환가치의 체계)에 대한 (반대 감정이 양립하는) 매혹으로서, 가장 유리하게건 가장 불리하게건 추상 체계의 속박적인 논리에의 뿌리내리기로서 해석되는 것이 분명해진다. 욕망, 도착적인 욕망 같은 어떤 것이, 약호에의 욕망이, 이를테면 실제의 노동 과정에서 생겨나는 모든 모순들을 기호들의 체계성이 부정하고 가로막으며 몰아낸다는 바로 그 점에서 기호들의 체계성을 노리는――서물(庶物) 음란증 환자의 대상-물신에서 표지를 중심으로, 양성의 차이를 가로막고 부정하며 쫓아내는 표지의 추상 작용을 중심으로 도착적인 구조가 조직되는 것과 꼭 마찬가지로 말이다――욕망이 드러난다.

이 점에서, 물신숭배는 이런저런 물건에 대한, 이런저런 가치에 대한 신성화가 아니라(만일 그렇다면, 가치들의 자유화와 물건들의 풍부함으로 말미암아 가치와 물건들의 신성함이 '정상적으로는' 상실되는 경향이 있음에 틀림없을 우리들의 시대에 물신숭배가 사라지는 것을 보리라고 기대할 수 있을 것이다) 그러한 것으로서의 체계에 대한 신성

94

화이며, 체계로서의 상품에 대한 신성화이다. 그러므로 물신숭배는 교환가치의 일반화와 같은 시대의 일이며, 그 일반화와 함께 퍼진다. 체계가 더 조직화되면 될수록, 물신숭배의 매혹은 더 커지며, 그 매혹이 엄격한 경제적 교환가치에서 점점 더 멀어지는 언제나 새로운 영역들(성적 욕망, 여가 등)을 침범한다면, 이는 향유에의 집념, 쾌락과 한가한 시간에 대한 실질적인 욕망 때문이 아니라, 그 부문들의 점진적인(그리고 심지어는 매우 노골적인) 체계화, 다시 말해서 그 부문들이 교환가치의 이번에는 실질적으로 완전한 체계의 테두리 안에서[3] 대체될 수 있는 가치-기호들로 환원되는 사태 탓이다.

그래서 상품의 물신화는 구체적인 노동의 실체가 없어지고[4] 다른 유형의 작용에, 의미 작용, 곧 약호화된 추상 작용에 종속된 생산물의 물신화——차이와 가치-기호들의 생산——, 간접적인 욕망 전체로 둘러싸이고 종잡을 수 없고 실제의 노동 과정에 뒤얽히지 않으며 정확하게 실제의 노동 과정을 부정하는 것에 의거하여 전이되는 약호의, 체계의 활발하고 집단적인 생산 및 재생산 과정이다. 이처럼 물건에 대한 현행의 물신숭배는 실체와 역사가 없어지고 차이의 표지 목록으로 환원되며 차이들의 체계 그 자체로 요약되는 물건-기호에 결부된다.

매혹·숭배·욕망 이입과 마지막으로 (도착적인) 향유는 체계에 관련된 것이지 실체에(또는 초차연력에) 관련된 것은 아니라는 것, 이 점은 못지않게 유명한 '돈에 대한 물신숭배'에서 나타난다. 돈(황금)에서 매혹하는 요소는 그것의 물질성도, 어떤 (노동의) 힘 또는 어떤 잠재적 능력과의 교묘하게 얻어진 등가성도 아니라, 체계성이며, 결정적인 추상에 힘입은 모든 가치들의 전적인 대체성이라는, 그 물질 속에 숨겨진 잠재적 성질이다. 돈에서 '경배되는' 것은 추상, 기호의 전적인 인공성이며, '물신화되는' 것은 '황금 송아지' 또

---

3) 이 체계의 테두리 안에서 사용가치는 잃어버린 본원의 가치로서가 아니라 정확히 교환가치에서 유래한 기능으로서, 파악할 수 없게 된다. 이제부터 정치경제학의 테두리 안에서 마치 사용가치와 더불어 (이데올로기적으로) 체계를 이루는 듯이 사용가치(욕구와 만족)를 유도하는 것은 바로 교환가치이다.
4) 이런 이유 때문에, 상품으로서의 노동력 자체가 '물신화'된다.

는 보물이 아니라 체계의 닫힌 완전성이다. 이것은 황금의 더러운 물질성에 집착하는 구두쇠의 병리학과 우리가 여기에서 이데올로기 과정으로 정의하려고 시도하는 그대로의 물신숭배 사이의 차이 그 자체를 생겨나게 한다. 다른 데에서[5] 우리는 왜 수집에서 중요한 것은 물건들의 성질이나 가치가 아니라, 정확하게 주체에서의 거세의 현실과 동시에 그 모든 것을 부정하기에 안성맞춤인 어떤 것, 그리고 한 품목에서 다른 것으로의 끊임없는 이행이 주체로 하여금 욕망(물론 도착적인)의 성취에 대한 장애물이 없는 상태에서 건드릴 수 없는 닫힌 세계를 짓도록 도와주는 수집 주기의 체계성인가를 살펴본 적이 있다.

오늘날 우리가 이데올로기 작용 과정이라고 부르는 것이 상품에 대한 이 '물신숭배' 논리로 말미암아 뚜렷하게 예증되고 더 정확하게 표시될 수 있는 영역이 있다. 육체와 아름다움의 영역이 그것이다. 우리가 말하는 것은 절대적 가치로서의 육체나 아름다움에 대해서가 아니라(게다가, 절대적 가치란 무엇인가?), 육체의 해방에 대한 현행의 강박관념에 대해서, 도처에서 일상성의 잡담거리가 되는 아름다움에 대한 집념에 대해서이다.

이러한 아름다움-물신은 정신상의 효과(유심론적 설명), 동작이나 얼굴의 자연적인 맵시, 곧 참모습의 투명성(관념론적인 설명), 또는 명백한 추함에 의해서도 표현될 수 있다고 하는 육체의 '정교함'(낭만주의적 설명)을 더 이상 하나도 지니고 있지 않다. 아름다움-물신은 '반자연' 자체로서, 아름다움의 모형들에 관련된 일반적인 상동증(常同症)에, 완벽주의적 미망에, 그리고 제어된 자기 도취에 묶여 있다. 아름다움-물신은 얼굴과 육체에 관한 절대적인 '계율'이다. 육체와 얼굴의 과시에서 드러나는 교환가치/기호의 일반화이다. 마침내 멀어지고 규율에, 기호들의 전적인 유동에 종속된 육체이다. 화장에 의해 마침내 가려진 육체의 야만성이며, 유행 주기에 할당된 충동이다. 그 도덕적 완벽성 뒤에서, 외면적으로 돋보이게 하는 활동을 이용하면서(전통적인 윤리에서처럼, 내면 속으로의 승화 활동은

5) 『물건들의 체계』, 갈리마르, '시론' 총서, 1968에서.

버려두고), 충동에 대비하여 취하는 담보이다. 그렇지만 알다시피 그 아름다움은 매혹적이므로, 그것도 정확히 그 아름다움이 모형에 사로잡혀 있는 까닭에, 상징적 가치 없이 닫혀 있고 체계적이며 일시적인 것 속에서 마치 의식에 의해서인 듯이 조절되는 까닭에 매혹적이므로, 욕망 없이 돌아가는 것은 아니다. 매혹하는 것은 아름다움으로서의 기호·표지(화장, 균형 또는 계산된 불균형 등)이며, 욕망의 대상인 것은 인공적인 구조이다. 그런데, 기호들은 육체를 긴 시간이 걸리는 특별한 멋부리기 작업에 따라 육체의 실제적 활동(무의식의 활동 또는 구체적이고 사회적인 활동) 과정이 더 이상 하나도 비쳐보이지 않는 완벽한 물건으로 만들기 위해 존재한다. 그래서 그 물신화된 아름다움의 매력을 생기게 하는 것은 그 오랜 추상 작업, 또는 추상의 체계성 속에서 부정되고 검열당하는 것이다.

문신, 늘린 입술, 중국 여자들의 전족——눈꺼풀 화장품, 기초 화장품, 털 제거, 마스카라——또는 더 나아가 팔찌·목걸이·보석·복장 부속품은 모두 문화적 질서를 육체에 다시 쓰는 데 유익하며, 아름다움의 효력이 발생한 것은 바로 그런 것들에 의해서이다. 관능적인 것은 이처럼 자체만으로 충분한 종결과 논리적 완전성을 노리는 기호들(몸짓기호·동작·표장〔標章〕·문신)의 동질적인 체계에 성욕을 자극하는 것이 다시 편입되는 사태이다. 생식의 범주(외적인 궁극 목적을 문제삼을 경우)도 상징의 범주(주체의 구분을 문제삼을 때)도 이러한 일관성은 없다. 그 범주들은 기능적이거나 상징적인 것이므로, 추상적이고 완전무결하고 표지들로 덮이며 그리하여 건드릴 수 없고 그 용어의 깊은 의미에서 화장되며('파익트 *faict*'와 '파인크트 *fainct*') 자기 욕망의 외적인 결정 인자들과 내적인 현실에서 떨어져나가지만 그렇다고 해서 우상으로, 도착적인 욕망에 쓰이는 완벽한 남근으로 제시되는 육체를 기호들로 꾸미지는 않는다. 다른 이들의 육체도 자기 자신의 육체도.[6]

---

6) 그런데 거기에서조차도 육체가 사회화와 동시에 성취의 이데올로기적 모형으로 바뀌는 것은 육체가 비뚤어진 구조에 의해 남근 숭배의 우상으로 치밀하게 재구성됨으로써이다. 변태적인 욕망과 이데올로기 과정이 연결되는 것은 '일부러 꾸민' 동일한 육체에 의거해서이다. 우리는 조금 나중에 이 점을 재론할 생각이다.

레비-스트로스는 카두베오족과 마오리족[7]에게서 볼 수 있는 육체의 그 관능적 매력에 대해, "도착적인 정묘함을 갖춘 아라베스크 무늬들로 완전히 덮인" 그 육체들에 대해, "감미롭게 선정적인 어떤 것"에 대해 이미 말한 바 있다. 그리고 멋부리기만이 참으로 마력(강한 의미로)을 갖는다는 것, 또 멋부리기가 참으로 언제나 표지(목걸이·보석·향기)에, 또는 심층적으로는 똑같은 것이지만 육체를 부분적인 물체들(발·머리카락·젖가슴·엉덩이 등)로 오려내기에 언제나 결부된다는 것을 아는 데에는 보들레르를 생각하는 것으로 충분하다. 어느 때이건 멋부리기는 거세로 인하여 분할되며 언제나 위험한 욕망의 원천인 성욕원(源)으로서의 육체를 몽타지로, 환상적인 조각들의 인공적인 구조로, 그 많은 또는 한 벌의 복장 부속품들이나 육체의 부분들(하지만 육체 전체 또한 물신화된 나체 상태에서는 부분적인 물체로 작용할 수 있다)로, 언제나 이어붙이기와 오려내기 체계에, 약호에 사로잡히고 그리하여 한정되는 대상-물신들로, 신뢰감을 주는 숭배의 있음직한 대상들로 대체하는 것이다. 멋부리기는 거세의 거창한 재분할선을 구성 요소/기호들 사이의 분계선으로 대체하는 것이다. 달리 말하자면 환원될 수 없는 양면성을, 상징적인 '간격'을 의미하는 차이로, 기호들 사이의 명확한 구분으로 대체하는 것이다.

프로이트에 의하면 어린이와 동물, 또는 더 나아가 "자기만으로 충분하고, 정확히 말해서 자신만을 사랑하며, 이러한 이유 때문에, 이를테면 미학적인 이유들뿐만 아니라 〔……〕 흥미있는 심리적 별자리 탓으로 남자들에게 가장 큰 매력을 발휘하는" 그 여자들로부터 풍겨나오는 매혹에 이러한 도착적인 매혹을 접근시키는 것은 흥미있을 것이다. 더구나 그는 이렇게 말한다: "어린이의 매력은 대부분 어린이가 자기만으로 충분하다는 사실에, 그에 대한 접근 불가능성에 놓여 있다. 마찬가지로, 우리들을 개의치 않는 것 같은, 고양이와 맹수를 비롯한 몇몇 동물들의 매력도[8] 〔……〕." 어린이·동

---

7) (역주): 뉴질랜드의 원주민으로 폴리네시아인의 한 종족. 특이한 문신으로 유명하다.
8) 「자기 도취증을 소개하기 위해」, 『성생활』, P. U. F., p. 94.

물, 또는 여자 어린이의 경우에서 다형(多形)의 도착에(그리고 그것에 수반되는 일종의 '자유' 또는 리비도의 자율성에) 연결된 유혹을 현대중매체의 성애적 체계——거기에서는 고정주의적이고 강제되며 모형들에 의해 둘러싸이는 물신숭배적 도착이 이용된다——에 관련된 유혹으로부터 구별지어야 할 것이다. 그렇지만 여기에서건 저기에서건, 유혹을 통해 탐구되고 그리하여 확인되는 것은 거세의 이쪽 또는 저쪽으로서, 조화로운 '자연적인' 무분할(어린이·동물)이나 기호들에 의한 소환과 완전한 종결 중에서 언제나 어느 것 하나의 형상을 띤다. 우리들을 매혹하는 것은 언제나 수학 공식, 편집병 체계, 암석 사막, 쓸데없는 물건, 또는 더 나아가 거울에 의해 둘로 나누어지고 중복되며 도착적인 자기 만족에 운명지워진 매끈하고 구멍 없는 육체 등 자체의 논리나 자체의 내적 완전성으로 말미암아 우리들을 근본적으로 배제하는 것이다. 스트립 쇼에 출연하는 여자가 욕망을 가장 강하게 불러일으키는 것은 스스로를 애무함으로써, 곧 자기 색정의 책동에 의해서이다.[9]

이 대목에서 우리에게 중요한 것은 무엇보다도 전체의 이데올로기 과정을 드러내는 것인바, 현체제에서 아름다움은 기호들의 성좌와 기호들에 관한 작업으로서, 그 과정을 통해 거세(도착적인 정신 구조)의 부정과 동시에 사회의 실제와 노동의 분화로 인해 세분된 육체(이데올로기적인 사회 구조)의 부정으로 작용한다. 마찬가지로, 현대에 이루어진 육체와 육체의 현혹적 매력의 재발견도 독점자본주의 및 정신분석학상의 새로운 사실들과 그저 동시대의 일인 것은 아니다.

i) 개인에게 더 이상 영혼이나 정신이 아니라, 욕망의 모든 부정성(否定性)이 제거되는, 그리고 아름다움과 행복의 지수로서 기능할 따름인, 실로 개인의 것인 육체를 토대로, 정당성으로, 표징으로 부여함으로써 그러한 위험을 예방하고 개인(의식의 분할되지 않은 주체)을 복원하는 일이 중요한 것은 바로 정신분석학이 육체(그러나

---

9) 이데올로기 담론 또한 언제나 기호들의 중복이며 극단적으로는 동어반복이다. 이데올로기 담론이 분쟁을 피하고 영향력을 행사하는 것은 바로 이러한 거울상(像)성, 이 '담론 자체 속의 신기루'를 통해서이다.

똑같은 육체는 아니다)를 가로질러 주체의 기본적인 분할을 밝혀냈기 때문이다. 이 점에서, 육체에 관한 현행의 신화는 엄격한 분석적 정의에 비추어볼 때 물신숭배에 가까운 '환상적인 합리화' 과정으로 규정된다. 그러므로, 이른바 정신분석학상의 새로운 사실들의 뒤를 이어 그 사실들과 서로 굳게 결속된 이 '육체의 발견'은 역설적으로 바로 '무의식'과 그 활동을 청산하기 위한 것, '가치관'과 '질서'의 관건인 '유일무이한 동질적 주체'에 힘을 돌려주기 위한 것이다.

ⅱ) 동시에, '풍요'와 인간 기계론의 '혁명'으로 말미암아 해방된 새로운 '인권'의 영향을 받아 '육체'와 '아름다움'과 '성적 욕망'이 새로운 일반 개념으로 강요되는 이유는 독점자본주의가 육체를 노동력으로서 착취하는 데 그치지 않고 노동·교환·놀이에서 육체의 표현성 자체를 떼어내서 세분하며 자체의 통제 아래 그 모든 것을 개인적인 욕구로서, 따라서 생산력(소비력)으로서 되찾기에 이르기 때문이며——모든 층위에서 투자를 생산력으로서 동원하는 그러한 활동으로 말미암아, 여전히 정치적인 매우 심한 모순들이, 그러나 실제 생활의 모든 부문들의 그 전체주의적 사회화를 참작하리라고 여겨지는 정치적인 것의 근본적인 재정의에 따라, 장기적으로 야기되기 때문이다——바로 지금 막 이야기한 것 때문이다. 교환가치의 무한한 확장과 가치/기호들에 대한 무제한의 경쟁적 투기로 말미암은 집단적이고 주관적인 가치들의 몰수·조작·제어된 재순환은 '육체'라 불리는 영광스러운 심급의 신성화를 불가피하게 하는바, 각 개인에게 육체는 이데올로기상의 성역, 자기 자신의 '소외'가 자리 잡는 성역이 될 것이다. 신성한 권리를 가진 자본으로서 온통 실증적이게 된 이 '육체'를 중심으로 사적 '소유'의 '주체'가 오래지 않아 복원될 것이다.

이처럼 이데올로기는 기호들의 조직에 결부된 작업과 욕망의 동일한 과정(의미 작용 및 물신화의 진전 과정)에 따라 언제나 두 측면에 작용하면서 나아간다. 우리는 기호학적인 것과 이데올로기적인 것의 이 밀접한 얽힘을 약간 더 자세히 재론할 생각이다.

광고에 등장하는 것과 같은 나체, 곧 '관능의 단계적 확대,' 대중 매체에 의한 육체와 성의 재발견을 보기로 들어보자. 그러한 나체는 스스로 진보주의적이고 합리적이기를 바란다. 이를테면 의복과 금기와 유행을 넘어 '육체의 참모습,' 육체의 '꾸밈없는' 이치를 되찾으리라고 자부한다. 나체는 사실상 너무나도 합리주의적이어서, 육체를 비껴가며, 육체의 성적·상징적 진실은 정확하게 나체의 순진한 명증성이 아니라 벌거벗기기에 있는바(바타이유 참조), 이는 벌거벗기기가 죽이기의 상징적 등가물, 따라서 언제나 양면적인 욕망, 곧 사랑과 동시에 죽음의 참된 노정(路程)이라는 점에서이다. 현대의 기능적인 나체는 성에 의해 구분되고 다시 분할된 육체가 아니라, 성으로 말미암아 문화적 가치로서, 성취의 본보기로서, 표징으로서, 도덕(마찬가지이지만, 놀이의 부도덕)으로서 온통 실증성이 부여된 육체를 드러내는 까닭에, 이러한 양면성도 따라서 깊은 상징적 기능도 전혀 내포하지 않는다. 이때 유성(有性)의 육체는 단 하나의 실증적인 측면에서만, 곧

——욕구(욕망이 아니다),

——만족(육체에는 결여·부정성·죽음·거세가 더 이상 새겨지지 않는다),

——육체와 성에 대한 권리(육체와 성의 전복성, 사회적 부정성이 형식상의 '민주적인' 요구, 곧 '육체에 대한 권리'[10]에 휩싸여 고정된다)의 측면에서만 기능할 뿐이다.

양면성과 상징적 기능이 일단 청산되면, 나체는 다시 기호가 되어 다른 기호들 사이에 끼이며, 의복과의 변별적 대립 관계를 맺는다. 나체는 '해방의' 막연한 의도를 넌지시 비춤에도 불구하고, 더 이상 의복과 근본적으로 대립하지는 않는다. 말하자면 유행의 체계적인 과정 안에서 의복의 다른 모든 변이형들과 공존하는 하나의

---

10) 『성의 혁명』의 헛된 기대 전체가 거기에 있다. 성과 육체에 대한 현행의 연출이 갖는 이데올로기적인 기능은 주체의 분할·전복을 가리는 것이기 때문에, 성과 육체의 이름으로 사회가 쪼개지거나 분할되거나 전복될 수는 없을 것이다. 거기에서도 모든 것은 그대로 유지된다. 성과 육체에 대한 현행의 연출은 저 신화적인 벌거숭이가 성과 거세에 의해 분할된 주체에 대해 수행하는 환원 기능을 역사상의 계급 갈등에 의해 분할된 사회의 거시적인 층위에서 그대로 수행한다. 따라서 성의 혁명은 산업혁명 또는 풍요의 (그리고 그처럼 많은 다른 것들의) 혁명에 소속하는 계열 회사이다. 모든 속임수와 변하지 않는 질서의 이데올로기적인 변모.

변이형에 지나지 않는다. 게다가 오늘날 도처에서 보다시피 나체는 '교대로' 작용한다. '물신숭배'의 대상인 것은 바로 그러한 나체, 기호들의 차별적 작용에 사로잡힌 나체이다(에로스와 죽음의 그것이 아니다). 그러므로 나체가 이데올로기적으로 기능하기 위한 절대적인 조건은 상징적인 것의 상실과 기호학적인 것으로의 이행이다.

매우 엄밀하게 보자면, 방금 말한 대로 "상징적 기능이 일단 청산되면, 기호학적인 것으로의 이행이 일어나는" 것도 아니다. 사실, 상징적 기능의 환원을 목적으로 하는 것은 바로 기호학적 조직화 자체, 기호들을 하나의 체계 속에 짜넣는 작업이다. 상징적인 것의 이러한 기호학적 환원이 바로 이데올로기 과정을 구성한다.

다른 보기들로도 이 기호학적 환원, 이데올로기 과정을 일러주는 기본적인 움직임 전체가 예증될 수 있다.

태양: 휴가 기간의 '태양'은 아즈텍족, 이집트인들 등의 정신을 지배했던 태양의 집단적인 상징 기능을 전혀 지니고 있지 않다.[11] 그 태양은 원시 종교들이나 더 나아가 농부의 노동에서 찾아볼 수 있었던 자연력의 저 양면성──삶과 죽음, 호의와 재앙──을 더 이상 지니고 있지 않다. 휴가 기간의 '태양'은 전적으로 긍정적인 기호, 기쁨과 행복감의 절대적인 원천이며, 그러한 것으로서 의미상 분명히 무-태양(비·추위, 나쁜 날씨)에 대립한다. 그 태양은 모든 양면성을 잃어버림과 동시에, 다른 점에서 보자면 결코 악의가 없지 않은──여기에서 '태양'을 위해서만(부정적이게 된 다른 항목을 거슬러) 기능하므로──변별적 대립에 편입된다. 거기에서부터, 대립 체계에 편입된 이데올로기 겸 문화적 가치로서 기능하는 순간부터, '태양' 또한 '성'처럼 사회 제도에 일조권(이는 태양의 이데올로기적인 작용을 승인하게 된다)으로 기입되며, 풍속에는 개인과 집단에 관계된 '물신숭배적' 강박관념으로 새겨진다.

남성/여성: '선천적으로' 성별이 할당된 존재는 하나도 없다. 성에 관련된 양면성(적극성/소극성)은 각 주체의 마음속에 있으며, 성적 구조 *sexuation*는 각 주체의 육체에 차이로서 새겨지는 것이지, 이러이러한 성기에 관련된 절대적인 항목으로서 새겨지는 것은 아니다.

---

11) 알랭 로랑 Alain Laurent, 『코뮈니카시옹』, No. 10 참조.

문제는 "그걸 지니고 있느냐 아니냐"가 아니다. 아무튼 이 양면성, 이 대단한 성적 유의성(誘意性) *valence*은 환원되어야 하는바, 그 이유는 그것이 그러한 것으로서 생식 조직과 사회 질서를 벗어나기 때문이다. 거기에서도 이데올로기 작용 전체는 그 환원할 수 없는 실체를, 생물학적 기관들의 현장부재증명(차이로서의 성을 성기의 차이로 환원하는 일)에 의해 떠받쳐지며 무엇보다도 고귀한 문화적 모형들——이것들의 기능은 한편에 대한 다른 한편의 절대적 특권이 초래되게끔 양성을 갈라놓는 것이다——을 지표로 하여 변동하는 남성/여성의 거창한 변별적 구조——완전하고 별개이며 서로 대립하는 양성——로 기호학에 의거하여 환원하는 데, 그러한 구조의 여러 계정에 배당하는 데 있을 것이다. 각자가 이 제어된 구조화에 따라 자신의 '성적 지위'와 뒤섞이기에 이른다면, 그것은 사회 질서의 이데올로기적·정치적 기반들 가운데 하나인 성적 차별을 위해 자신의 성을, 곧 성욕을 자극하는 자기 육체의 차별화를 더 잘 포기하기 위해서이다.[12]

무의식: 대중매체에 의해 거론되고 기호학에 편입되고 실사화되고 박물관에서처럼 진열되고 개별화되고 개성화된 현행의 무의식. 오늘날은 각자에게 무의식이 "있다." 이를테면 '나의' '너의' '그의' '무의식,' 여기에서 우선 구조와 작용의 면에서 의식의 주체를 다시 문제삼는 무의식이 소유사로 말미암아 단순히 의식에 대립하는 항목으로 환원됨에 따라, 소유사는 기호학적 환원제 겸 이데올로기적 효과기(效果器)이다——그리하여 전체가 '개인'의 별 아래 놓인다(소

---

12) 이 거창한 구조상의 대립이 사회 질서에 대해서는 단번에 기호논리학, 계급 제도, 기능의 차원에서 생겨나는 차이라는 사실, 다시 말해서 양성이 있게 마련이라면 그것은 어느 하나가 다른 하나에 종속하기 위해서라는 사실은 '성의 해방'이 갖는 모호성을 명백하게 드러낸다. 그 '해방'은 양성 소질 *bisexualité* 이라는 구조적/이데올로기적 모형의 테두리 안에서 각자가 '자기' 성에 배정된 자로서 갖는 성적 욕구의 해방이기 때문에, 이 점에서 성적 실행의 강화는 전적으로 그 구조를, 그리고 그 구조가 떠받치는 이데올로기적인 차별을 강화시킬 수 있을 뿐이다. 우리들의 '자유주의적인' '혼성(混性)' 사회에서는 산업 시대 이래 남성 표본과 여성 표본 사이의 간격이 끊임없이 벌어지고 굳어져왔다. 자유주의자와 독실한 사람들이 이 문제에 관해 느끼는 우수에도 불구하고, 그 간격은 오늘날 일반화된 형태를 띠고 있다.

유사가 이것의 증거이다). 다시 말해서 기본적으로 의식의 주체에 힘을 보탠다. 따라서 도처에서 제1면으로 떠들썩하게 보도되는 '재발견된' '무의식'이 본래의 취지와는 정확하게 반대되는 방향으로 나아간다. 말하자면 구조와 작용이었으나, 기능/기호, 곧 작용력 겸 통일된 자율적인 주체에 의한, 의식과 사적 소유의 영원한 주체에 의한 전유의 대상으로 바뀐다. 이제부터, 각자에게는 자신의 무의식, 발굴해야 할 자기 자신의 상징적 광맥, 자신의 자본이 있는 셈이다! 그리하여 이윽고, '무의식'에 대한 '권리,' '호모 시베르네티쿠스 *homo cyberneticus*'의 '하베아스 코르푸스 *habeas corpus*,'[13] 다시 말해서 부르조아지의 자주권이 이송되는——하지만 그 이유는 분명하다——사태. 이것은 환원되지 않는 것의 영역으로 사회 통제가 전이되는 사태이다. '무의식'의 '혁명'은 의식의 주체에 기반을 둔 새로운 인본주의의 구현물이 되며, 물신화된 '무의식'에 관한 개인주의적인 이데올로기를 가로질러 '성'과 '태양'처럼 기호들에 의해 즐거움과 성취된 만족의 계산으로 환원되는바, 사회 질서를 위해 무의식의 동요와 위험한 작용을 끌어내고 스스로 통제하는 것은 바로 각 주체이다. '무의식'의 '신화'는 '무의식'의 문제들에 대한 이데올로기적인 해결책이 된다.[13]

사람들이 인정하다시피, 무의식을 의식에 대립하는 단순한 항목으로 낮추는 기호학적 환원은 사실 의식에 대한 위계상의 종속을, 의식을 위한 무의식 환원의 공리화를, 따라서 자본주의적 질서와 가치관으로의 이데올로기적 환원을 내포한다.

이데올로기 과정에 관한 이 분석의 단초에서 결론을 맺을 수는 없다. 거기에서 드러나는 표상들을 요약하자면 다음과 같다.

---

13) (역주): 호모 시베르네티쿠스는 지배(제어)하는 인간이란 뜻이며, 하베아스 코르푸스는 "그대가 육체를 지니기를!"의 뜻이다. 이것은 인간의 기본 속성을 지배(제어)로 파악하고, 그런 인간의 구호, 지배와 육체 사이의 밀접한 상관 관계를 표현한 것 같다.

14) 게다가 논리적으로 이 해방은 어떤 생산력일지라도 그것의 해방이 그렇듯이 도덕적 지상명령의 효력을 띤다. 각자에게 "자기 자신의 '무의식'을 자각하라"는 명령이 부과된다(설령 위생이 명분이라 할지라도!).

i) 정신 구조와 사회 구조의 측면에 대한 이데올로기 조작의 상동(相同) 및 동시성. 거기에는 원인도 결과도, 상부 구조도 하부 구조도, 어느 한 영역의, 어느 한 심급의 분석상의 특권도 없다——잘 못되면 인과 관계의 뒤틀림과 유추에의 절망적인 호소를 무릅쓴다는 조건 아래 말이다.

ii) 이데올로기의 작용 과정은 언제나 실제의 노동 과정(주체의 구분에서 무의식이 밟아나가는 상징적인 노동 과정, 생산 관계의 폭발에서 생산력이 밟아나가는 노동 과정)을 환원하는 데 그 목적이 있다. 그 과정은 언제나 기호들에 의한 추상 과정, 곧 실제의 노동 과정을 변별적 대립 관계들의 체계로 대체하는 과정이다(첫째: 의미 작용의 과정). 그러나 그러한 대립 관계들은 중성적이지 않다. 이를테면 어느 한 항목의 특권에 맞춰 위계가 정해진다(둘째: 차별화의 과정). 의미 작용이 언제나 차별을 수반하는 것은 아니지만(언어의 층위에서 나타나는 음소들의 대립 관계), 차별에는 언제나 의미 작용이, 양면성과 상징적인 것을 환원하는 기능/기호가 전제된다.

iii) 오려내기, 기호들로 표시하기에는 언제나 기호학들에 의한 합산과 기호 체계들의 형식적인 자율성이 겹친다. 기호들의 논리는 내적인 차별화와 전반적인 동질화를 통해 작용한다. 추상적이고 형식적이며 동질적인 요소 전체, 곧 기호들에 대한 작업만이 이데올로기의 유효성을 생기게 하는 그 종결, 그 완전성, 그 논리적인 환상을 가능하게 만든다. 이데올로기에 매혹의 힘('물신숭배')을 부여하는 것은, 그리고 아무리 사소한 상품에도 온전히 현존하는 교환 가치의 체계가 행사하는 도착적인 유혹에서와 마찬가지로 성애(性愛)의 체계 속에서도 재발견되는 것은 모든 모순과 분할을 꿰매는 추상적인 일관성이다.

iv) 이러한 추상적인 합산으로 인하여 기호들은 이데올로기적으로 기능할 수 있게, 다시 말해서 실제의 여러 가지 차별 및 권력의 질서를 밑받침하고 영속시킬 수 있게 된다.

몸짓 기호와 서명
—— 현대 미술의 기호술 *sémiurge*

그림은 표면이 색칠된 만큼, 서명된 물건이다. 창작자의 수결(手決)은 그림에 훨씬 더 대단한 특이성을 부여하는 듯하다. 이러한 서명은 무엇을 알리는가? 그리는 행위, 그리는 주체. 그러나 서명은 이 주체를 물건의 핵심에 연결시키는바, 그리는 행위 자체가 기호에 의해 지정된다. 서명은 작품을 물건의 세계로, 감지할 수 없을 만큼 슬그머니, 하지만 근본적으로 편입시킨다. 그래서 화포(畫布)는 이러한 서명인이 찍혀서만——더 이상 작품으로서가 아니라 물건으로서——유일한 것이 된다. 그때 화포는 눈에 보이는 기호로 말미암아 특별한 차별적 가치를 얻고, 그리하여 모형이 된다. 어쨌든 작품을 보게 하는 것이 아니라 기호 체계 안에서 확인하고 평가하게 하며, 작품을 모형으로서 구별지우면서도 한편으로는 벌써 하나의 계열에, 곧 화가가 그린 작품들의 계열에 통합시키는 것은 의미 가치가 아니라——그림의 고유한 의미는 여기에서 문제되지 않는다——기호의 애매성이 낳는 차이 가치이다.

따라서 그려진 작품은 서명에 의해 문화적 물품이 된다. 이를테면 읽혀질 뿐만 아니라, 자체의 차별적 가치를 통해 지각된다——똑같은 '심미적' 감흥이 흔히 비판적 독해와 특징 표시적 *signalétique* 지각을 뒤섞는다.[1]

하나의 사실이, 곧 19세기까지는 원작의 복제가 고유한 가치를 지닌 정당한 관행이라는 사실이 우리의 관심을 끌지도 모른다. 오늘날, 복제는 비합법적인 행위이고, 복제품은 "진짜가 아니다." 다시

---

1) 다음 페이지의 주 2)를 볼 것.

말해서 대문자로 시작하는 예술에 더 이상 속하지 않는다. 마찬가지로, 가짜의 개념이 바뀌었다.——아니 오히려 현대성과 함께 솟아났다. 예전에는 일반적으로 화가들이 협력자 또는 조수를 기용했다. 예컨대 어떤 이는 나무가 전문이었고, 또 어떤 이는 동물만을 전문으로 그렸다. 그리는 행위도, 따라서 서명도 진본성이라는 바로 그 신화적 요구——환각에 대한 관계와 따라서 미술품의 의미 자체, 그리고 동시에 그리는 행위가 변화한 이래, 현대 미술이 운명적으로 받아들여야 하는 도덕적 요청——이것에 의해 현대 미술은 현대적이게 된다——을 내포하지 않았다.

오늘날 가짜·복제·위조가 받아들여질 수 없는 것은 손으로 행하는 '사진 복사'를 사진술이 실격시켰기 때문이라고 말하지 않았으면 한다. 이러한 종류의 설명은 착각을 일으키게 한다. 변화한 것은 다른 것이다. 말하자면 작품 자체에 관련된 의미 작용의 조건들이다.[2]

질서(모두 대문자로 시작하는 신·자연, 또는 더 단순히 담론의 질서)의 반영인 세계, 사물들이 표상이고, 의미를 부여받으며, 사물들을 묘사하는 언어에 대해 투명한 세계에서는, 미술 '창작'의 의도가 단지 묘사하는 일일 따름이다. 사물들의 겉모습이 시민권을 지니며[3] 사물들의 겉모습 자체가 질서의, 분석하는 데 몰두하는 것이 아니라 확인하는 데 전념하는 질서의 표징이다. 작품이 스스로 주어진 텍스트의 영속적인 주석이고자 하며, 작품을 본뜨는 복제품들이 질서의 갖가지 반영——어쨌든 원화(原畵)는 초월적이다——으로 정당화된다. 달리 말해서, 진본성의 문제가 제기되지 않으며, 미술 작품이 자체의 사본에 의해 위협당하지 않는다. 다양한 복제품들이 현대적 의미에서의 계열——'독창적인' 작품이 그러한 계열의 모형일 것이다——을 이루지 않는다. 정도의 차이는 있지만, 각 복제품이 똑같은 궁극성 속에서 동등하며, 그 궁극성의 근거는 각 복제품을 벗어난다. 잘라 말하자면, 가치의 진정한 원천을 확정짓기가 불가능하

---

2) 이것은 회화에만 특유한 것이 아니다. 그 모호한 이해가 모든 문화재의 소비를 확정짓는다.
3) 미셸 푸코가 보여주듯이(『말과 사물』).

다. 가짜는 존재하지 않는다. 그리는 행위에서 감격적으로 솟아나는 순수한 물건으로서의 작품을 구성하기 위해 서명이 거기에 있는 것도 아니다. 미술가가 서명한다 할지라도(가끔은 합자[合字][4]로), 미술가는 그리는 행위를 증언하지 않는다. 미술가는 증여자에 지나지 않는다.

오늘날은 가치들의 국면이 전혀 다르다. 초월성이 폐기된 관계로, 작품이 '원물'로 바뀐다. 작품의 의미가 겉모양의 복원에서 겉모양을 지어내는 행위로 넘어간다. 뛰어난 객관적 아름다움에서 미술가가 내보이는 몸짓의 특이성으로 가치가 옮겨간다.

그런데 그 새로운 행위는 시간성을 띠게 된다. 그 행위는 창작의 다른 순간들이, 그러한 돌이킬 수 없는 순간들이 이어질 수밖에 없는, 돌이킬 수 없는 창작의 순간이다. 여기에서 현대성이 시작된다. 현대의 작품은 세계의 일반적인 그림, '면적으로서의' 그림을 구성하는 다양한 단편들의 통사 체계가 아니라, 순간들의 연속이다. 서로 인접함으로써 모형을 그 유사성(세계와 세계의 질서)에 입각하여 복원하기 위해 작품들이 서로에게 덧붙여지는 것은 아니다. 작품들은 잇달아 등장해서, 서로 사이의 차이와 시간상의 불연속에 의해 전혀 다른 모형을, 곧 창작하는 주체 자신의 다름과 되풀이되는 부재를 가리킬 수 있을 뿐이다. 우리들은 더 이상 공간 속에서가 아니라 시간 속에서, 더 이상 유사성 속에서가 아니라 차이 속에서, 더 이상 질서 속에서가 아니라 계열 속에서 살아간다. 이 마지막 사항은 근본적인 것이다. 그리는 행위로 합법성이 옮아간 까닭에, 그리는 행위는 오로지 줄기차게 스스로를 나타낼 수 있을 따름이다. 다시 말해서 그 사실 자체로 말미암아 계열을 구성한다. 게다가, 그 계열의 마지막 항은 재현해야 할 세계가 아니라, 언제나 부재하는 주체이므로, 그 주체를 그러한 것으로 눈에 띄게 하고 동시에 작품을 그 주체의 물건으로 분명히 표명하는 것은 꼭 필요한 일이 된다. 이것이 서명의 기능이다. 서명이 현행의 특권을 획득하는 것은 바로 이러한 필요에서이다.

그렇지 않으면, 현대 미술에서의 진본성이라는 악착스럽고 신화

---

4) (역주): 이름의 첫 문자들을 합하여 만든 글자.

적인 요구——각 그림이 유례없는 순간의 발로로서, 흔히 날짜와 시간에 의해, 그리고 서명에 의해 인정된다——, 그리고 현행의 어떤 작품이건 모두가 물건의 어미 변화로서 설정된다는 사실——각 그림은, 확정되어 있지 않으며 세계와의 관계 속에서가 아니라 무엇보다도 동일한 미술가의 다른 그림들과의 관계 속에서 해독될 수 있는, 따라서 의미의 측면에서 연속과 되풀이에 예속된 계열의 불연속적인 항목이다——을 어떻게 설명할 것인가? 어떤 역설적인 법칙이 진본성의 움직임 자체를 계열상의 속박에 순응시키는가? 거기에서도, 미술가를 자신의 '수법'과 제작의 규칙적 반복에 얽매는 사실상의 결정 요소들, 예컨대 거래의 조건들을 찾아낼 수 있다. 다시 한번 말하건대, 이는 너무나 분명할 것이다.

사실상, 계열을 이루는 요소들 가운데 한 요소의 비친본성이 파국적이게 되는 것은 계열이 현대의 작품을 구성하는 차원의 것으로 바뀌었기 때문이다. 각 항목은 자체의 특수한 차이로 말미암아 그러한 계열의 작용에, 모형(여기에서는 주체 자신)을 향한 전반적인 의미 수렴에 필요불가결한 것이다. 한 항목만 빠져도, 질서의 파열이 일어난다. 필시 술라쥬[5]의 가짜 그림 하나가 술라쥬의 다른 그림 하나만큼의 가치를 지닐 터이지만,[6] 그 가짜 그림은 술라쥬의 모든 그림에 혐의를 퍼뜨린다. 의심스럽게 되는 것은 바로 확인의 약호이며, 따라서 작품의 의미 보전이다. 과연, 오늘날은 자기 것들을 재결(裁決)하기 위한 신이 더 이상 존재하지 않는다. 작품의 기초는 신(세계의 객관적인 질서)에 있는 것이 아니라 계열 자체에 있다. 그렇다면 본질적인 일은 기호의 친본성을 보존하는 것이다.

---

5) (역주): 프랑스의 화가·조각가. 1919년에 태어난 피에르 술라쥬 Pierre Soulages는 1946년부터 모델에의 참조를 완전히 벗어나 리듬과 공간에 특권을 부여하는 탐구에 몰입하며, 자발성과 구성의 변증법에 작업의 기초를 둔다. 그의 작품은 붓질(50년대) 또는 긁기(1959~60년경)의 역동성, 더 조밀하고 덜 동적인 주요 구성 요소(60년대), 몸짓 구성의 오만한 선명성(60년대말, 70년대), 1979년부터 시작된 검은 단색화들의 적대적인 정면성으로 특징지워진다.

6) 요컨대, 술라쥬는 스스로 적절하게 베끼는바, 포트리에 Pautrier는 그 어떤 화포가 그에게 속하는지를 언제나 알 수 있는 것은 아니라는 점을 인정한다.

그리하여 그 통제된 호칭, 곧 서명이 띠는 신화적 가치가 연유한다. 우리들의 작품에 대해 참된 '범례'가 되는 것은 바로 서명이다. 우화, 세계의 형상들, 신이 부재하는 가운데, 작품이 의미하는 것을 말해주는 것은 바로 서명, 곧 작품 속에서 구체화되는 미술가의 몸짓이다. 게다가 그림의 다른 기호들에서와 마찬가지로 말이다. 왜냐하면 서명이 그 해독될 수 있는 의미 기능을 완수할 수 있는 것은 서명이 기호로서 자체의 암시적인 특이성에 잠겨, 그림의 질서인 기호들의 배합 순서와 기본적으로 동질의 것이기 때문이기 때문이다. 몇몇 현대 작품들에서, 서명은 화포의 맥락에 기호인 듯이 섞이고, 운율적인 요소가 되며, 그리하여 사람들은 그림이 서명으로 완성되고 폐기된다는 것, 단지 서명일 뿐이라는 것을 당연하게 생각할지도 모른다. 하지만 이 생각은 극단적인 경우의 것인데, 왜냐하면 서명——기호들 사이의 기호——이 그림에도 불구하고 언제나 범례의 가치를 간직하기 때문이다. 그림의 각 기호가 작업중인 주체를 되새겨 이야기한다 해도, 서명만이 우리들에게 그 주체를 명료하게 가리키며, 그 의미의 작은 조각을, 그 준거를, 따라서 현대 회화에서 세계의 해독할 수 없는 참모습이 더 이상 넘겨주지 않는 그 안전을 우리들에게 건네준다. 서명에는 사회적 합의, 그리고 말할 나위없이 사회적 합의를 넘어 수요와 공급의 미묘한 배합 전체가 작용한다. 그러나 알다시피 그 신화는 상업상의 대대적인 편성이 낳는 순수하고 단순한 결과가 아니다. 그러한 편성 속에서 기호와 이름——그림의 다른 기호들과 다르면서도 동질적인 기호, 회화의 다른 이름들과 다르지만 똑같은 놀이에 가담하는 이름——이 결합함으로써, 그 굴절된 기호 속에서 주관적 계열들(진본성)과 객관적 계열들(약호, 사회적 합의, 상업적 가치)이 모호하게 결합함에 의거하여, 소비 체계는 작용할 수 있다.

그렇기 때문에, 진짜이고 동시에 받아들여진, 동기 없고 동시에 체계에 편입된 그 기호에 대한 아무리 사소한 침해라도 문화 제도 자체에 대한 깊은 훼손으로 느껴진다——그렇기 때문에 오늘날은 위조와 복제가 신성 모독처럼 보인다.

게다가, 오늘날은 위조와 복제(위조품은 서명에 작용하고, 진본으로 주어지며, 복제품은 내용에 작용하고 진본으로 인정받는다) 사이에 더이상 차이가 없다. 그림이 몸짓에 의거하여 가치로서 확립된다는 것을 인정한다면, 복제가 흉내내는 것은 더 이상 내용이 아니라 그림 창작의 돌이킬 수 없는 몸짓이므로, 모든 복제는 명백히 위조이다.

오늘날은 미술가만이 스스로를 복제할 수 있다. 어떤 점에서는, 그렇게 할 수밖에 없다. 논리적으로 말하자면 창작물의 계열적인 성격을 떠맡을 수밖에 없다. 극단적인 경우, 미술가는 문자 그대로 재생될 것이다: "「공개장 I」과 「공개장 II」에서 로션버그Rauschen-berg[7]는 채색을 제외하면 문자 그대로 똑같은 화포를 두 번 그렸다. 〔……〕 요행을 따라 똑똑 떨어지는 물감 자국들이 수반된 아주 재빨리 행해지는 붓질처럼 보이는 것이 사실은 로션버그가 마음대로 되풀이할 수 있는 매우 신중한 몸짓이다"(오토 한, 『현대』, 1964년 3월).

거기에 현대 미술의 참모습 같은 것이 있다. 현대 미술은 더 이상 세계에 대한 축자적(逐字的) 해석이 아니라, 채색·붓놀림, 방울져 떨어지는 물감 자국 등 창작상의 몸짓기호에 대한 축차적 해석이다. 동시에, 공간 속에서 세계의 표상이나 중복이었던 것이 시간 속에서는 몸짓의 되풀이나 끝없는 중복으로 바뀐다. 하기야 로션버그의 수행, 몸짓의 그러한 동어반복은 단지 논리적 발전의 역설적인 한계만을 표시한다. 로션버그의 경우에는 일종의 (사실주의적인) 멋부림 또는 자기 자신의 화포를 정확하게 다시 그려내려는 (편집증적인) 강박관념이 있지만, 사실상 그러한 축자적 해석은 되풀이가 일어나는 데 전혀 필요하지 않다. 아무튼, 로션버그는 자신의 두 그림이 그럼에도 불구하고 별개의 두 순간을 나타내고, 따라서 거래시에 각기 고유한 가격을 유지하므로 서로 다르다는 것을 분명히

---

7) (역주): 1925년에 태어난 미국의 화가. 그의 회화는 먼저 단색화(회색, 그 다음에는 검은색)였으나, 1952～53년경에 다양한 재료와 대상의 통합 쪽으로 방향을 바꾸어 '결합 회화,' 일종의 회화-돋을새김으로 나아간다. 이것의 공공연한 의도는 회화와 상용의 물건들을 결합시킴으로써 미술과 일상 생활을 가까워지게 하는 것이다. 1961년부터는 공학·정치·스포츠 등의 실제에서 심상을 끌어오는 현실의 재도입이 눈에 띄며, 그 뒤에는 다양한 재료들을 이용한 조립-구성이 이어진다.

알고 있다. 그러므로 그러한 이중화(二重化)에는 복제라 할 만한 것이 전혀 없다. 거기에서는 주관성이 차체의 기계적인 뒤풀이를 통해 기승을 부린다. 그러므로 자아는 그러한 세심성을 다른 누구에게도 떠넘길 수 없다.

정확하게 파악해야 할 것은 몸짓에의 이 엄격하고 단호한 일치가 우리들의 작품 도처에 작용하는 연속과 차별화의 구조적인 속박을 같은 화포의 한 기호에서 다른 기호로, 한 화포에서 다른 화포로 실어간다는 점이다. 개인의 주제와 기법들이 명시될 때조차 말이다. 이 점에서, 로션버그의 '이중으로 된 그림'(그리고 '계열을 이루는' 다른 화가들의 비슷한 방식)은 완전히 다른 범주에 속하는 계열성을 내용의 층위에서 사진술적인 엄격한 일치로 여겨 몰아내는 관계로, 오히려 기만적일 것이다.

그러나 그때 모든 것은 다음의 물음으로 귀착한다. 우리들이 몸담고 있는 세계의 현시성(물건들의 일상적 현실, 사회의 현실과 갈등)을 현대 미술이 묘사해낼 가능성은 어느 정도인가? 현대 미술이 행할 수 있는 비판의 가치는 어떤 것일 수 있는가? 미술가들은 순수하게 몸짓에 관련된 가치(진본성 가치)의 이데올로기와 현실 재파악에의 비판적 요구라는 그 다른 이데올로기 사이에서 흔히 분열되어 있다. 더 나아가 미술 비평에도 똑같은 진퇴양난이 제기되는바, 미술 비평은 창작의 몸짓기호에 관한 혼잡스런 풀이와 객관적인 의미에 관한 분석을 화해시키기가 아주 힘들다.

방금 이야기된 것에 비추어, 세계를 재파악해볼까 하는, 현대 미술에서(최근에는 대중미술[8]과 새로운 형상화에서도) 언제나 새로운 그 어설픈 의지는 순진한 것으로 보인다. 이를테면 그 체계적인 차원──이에 따라 우선 그리는 몸짓이 미술가의 의식적인 의도 이쪽에서나 저쪽에서 또는 그러한 의도에도 불구하고 현대성 속에 편성된다──을 무시하는 것 같다. 현행의 미술에서 의미되는 것, 따라서 말하자면 길들여지는 것은 더 이상 실체와 넓이로서의 세계가 아니라, 주체가 자기 자신을 표시하는 가운데 드러나는 주체의 시간성

---

8) (역주): 50년대말에 주로 영미 쪽에서 나타난 미술 경향으로, 도시의 일상 생활 이미지들의 활용으로 특징지워진다.

인(개인의 전기 속에서 찾아볼 수 있는 사회적 개체의 시간성이 아니다) 어떤 시간성이라는 점이 그러한 어설픈 의지에서는 무시되는 것 같다. 몸짓에 몸짓이 이어지면서 야기되는 주체의 중단 및 재구성, 이 것의 사회-문화적으로 약호화된 지표가 서명이다. 현대 미술은 '행 위로서,' 그리고 행위에 행위가 이어지는 방식으로 행해진다는 엄밀 한 의미에서 '현시적(現時的)'이다. 현대 미술은 세계에 대해 동시대 적인 것이 아니다. 현대 미술 그 자체와 현대 미술의 고유한 동향 에 대해서만 동시대적이다.[9] 연속이라는 형식상의 제약에 따라 감 속되고 변동과 차이에 작용하면서 말이다(거꾸로 작품 독해는 대체로 그 변동과 그 차이의 해독에 있다).

사람들이 미술에 부여하고 싶어할지도 모르는 모든 기능(특히 '비 판적 사실주의'와 어떤 형태의 것이건 '사회 참여'의 기능)은 그 근본적 인 구조와 따라서 그 의미 한계에 맞서게 마련이다. 그렇지 않으면, 미술가는 경건한 이데올로기(게다가 미술의 분야에서는 언제나 지배적 인 이데올로기인)에 매이지 않을 수 없다. 이를테면 미술가로 하여금 자신의 작품을 세계에 맞서 절대적이고 세계를 증거할 책임이 있는 특이점으로 실감하게 하는 철학 의식의 영원한 환각에 말이다(왜냐 하면 모든 철학 의식은 불가피하게 도덕 의식과 겹치기 때문이다).

그런데, 현대 미술이 그래도 여전히 현시적이긴 하지만, 그 현시 성은 직접적이지도 비판적이지도 않다. 현대 미술이 우리들의 현실 을 완전하게 묘사한다 해도, 이는 현대 미술이 지닌 모호성 자체를 전제로 해서만 가능하다.

그 모호성을 재구성하자. 기계 장치들도 가정의 물건들도 통제의 몸짓기호만을 필요로 하는 조작적 추상의 기술 문명(그 몸짓의 추상 은 관계와 행동의 양태 전체를 나타낸다) 속에서, 현대 미술이 어떤 형태를 떠건 현대 미술의 기능은 우선 몸짓의 순간, 주체의 개입 전체를 보전하는 것이다. 미술이 그리는 행위의 순수한 몸짓기호와 자체의 허울뿐인 자유를 통해 몰아내는 것은 기술적 아비튀스

---

9) 그러므로, 이번에는 '창작'의 층위에서가 아니라 전유(專有)의 층위에서, 물건들의 수집에는 물건 수집을 구성하는 주기라는 시간성 이외에 다른 시간성이 없다. 물건 수집은 '현실의' 시간 바깥에 있다.

habitus[10]에 의해 흐트러진 우리들의 몫이다. 이처럼 미술은 주체의 몸짓에 결핍의 징후로서, 부정적으로 편입된다. 그러나 가장 통상적인 이데올로기('예술'은 '자발성,' 분출, '기계화된 세계에 대한 생생한 항의'이다)가 양식(糧食)을 얻는 그러한 편입은 비판적이지 않다. 말하자면 세계를 향해 도발로서 제기되지만, 결함 때문에 향수어린 가치관이 깃들이며, 보상을 행한다. 그리고 특히 그 계열성——이것을 거슬러 미술은 외부 세계에 편입된다——으로 말미암아 그 주관성에, 그 행위 자체에 다시 걸려든다. 그러한 편입에도 불구하고, 스스로 과시하는(더군다나 진심으로——자아는 그러한 순간성의 존재를 믿는다) 숭고한 순간성에도 불구하고, 행위로서의 주관성은 기능 위주의 세계와 마찬가지로 조직상의 형식적 제약에 굴복할 수밖에 없다. 그런데 바로 이것이 우리의 눈에는 현대 미술의 참모습으로 보인다. 현대 미술이 우리 시대의 증거가 된다면, 그것은 직접적인 암시에 의해서도 아니고 체계화된 세계를 부정하는 순수한 몸짓을 통해서도 아니다——그것은 현대 미술의 공허한 몸짓, 부재를 표시하는 순수한 몸짓의 반대이면서 상동인 체계성[11]에 의해 그 충만한 세계의 체계성을 보여줌으로써 이루어진다.

그 계열의 차원과 그 부재의 가치는 현대 미술에서 의미 작용의 절대적인 조건이다. 현대 미술이 단 하나의 가능한 미술이라는 것은 현대 미술이 그것들을 떠맡느냐, 그것들을 내거느냐 아니면 교묘하게 회피하느냐에 있다. 긍정적이지도 상반되거나 비판적이지도 않는(이는 똑같은 착각의 두 양상이다), 하지만 대응하고 결탁하는, 따라서 모호한 미술. 대부분의 미술가들(그리고 대부분의 '소비자들')은

---

10) (역주): 원래 외관·외모·외부로 나타나는 상(相)을 뜻하는 라틴어 낱말로서, 의학에서는 주체의 건강 또는 병세를 일러줄 수 있는 신체와 얼굴의 겉모습을 뜻하고, 철학에서는 일정한 유형의 행동을 지속하는 존재의 항구적인 기질을 의미하며, 사회학에서는 범위가 어떠하건 어느 사회 집단에 특유하며 선천적인 것으로 보일 정도에까지 이를 수 있는 후천적인 행동의 의미로 쓰인다.

11) (역주): 여기에서는 'la systématique'가 분류학 또는 계통학이라는 생물학상의 의미로 쓰인 것이 아니라, 체계로서 세워지거나 어떤 체계에 종속하는 사실들, 여건들, 방법들 전체를 뜻하는 고상한 어법으로 쓰인 것 같다. 정확하게 들어맞지는 않지만, 어떤 체계 그 자체 또는 전체를 염두에 두고 '체계성'이라는 역어를 선택했다.

이러한 조건을 회피한다. 심지어는 그 체계적인 차원의 인정조차도 역시 그 조건을 모면하기 위한 술책일 가능성이 있다. 이는 앤디 워홀Andy Warhol,[12] 로션버그 등이 내보인 축자적 되풀이의 기교주의에서 엿보이는바, 거기로부터 그들은 계열성의 화가로 자칭하며, 그리하여 그 기본적인 구조를 다시 유행 효과에 이르게 한다.

대중미술은 순수한 소비 속에 침몰하기 전에, 회화의 현시적 실제에서 찾아볼 수 있는 그 모순들과 회화가 자체의 대상을 고찰하는 데 따르는 난점들을 더 잘 나타나게 하는 장점을 지니고 있을 것이다. 워홀의 저서에서 이런 구절이 읽힌다: "화포는 절대적으로 일상적인 물건인바, 저 의자 또는 저 벽보와 같은 자격을 갖는다." 그 민주적인 착상에 갈채를 보내자. 하지만 그 착상이 매우 순진하거나 대단히 악의적이라는 점을 인정하자. 미술이 일상적인 것을 의미하려 한다 해도, 미술은 일상적인 것이 아니다. 미술을 일상적인 것이라고 하는 것은 사물과 의미를 혼동하는 것이다. 미술의 이 흡수 의지에는 미국의 실용주의(유익한 것의 그 폭력주의, 통합에의 그 공갈)와 헌신에의 절대적 신앙에서 울려오는 메아리 같은 것이 있다. 워홀은 다음과 같이 덧붙인다: "현실은 매개물을 필요로 하지 않는다. 단지 현실을 환경으로부터 떼어내 화포 위에 옮기기만 하면 된다." 문제 전체가 여기에 있다. 왜냐하면 그 의자(또는 돼지고기의 어떤 조각, 자동차의 흙받이, 성적 매력이 있는 젊은 여자의 얼굴)의 일상성은 바로 의자의 맥락이며 특히 비슷하거나 약간 다르거나 하는 모든 의자들의 계열적 맥락이다. 일상성, 그것은 되풀이 속에서의 차이이다. 화포 위로 의자를 떼어놓음으로써, 나는 의자의 모든 일상성을 없애며, 동시에 화포로부터 일상적인 물건의 모든 특성을 제거한다(그리하여 이론가들의 환각 속에서 그림은 절대적으로

---

12) (역주): 1930년에 태어난 미국의 미술가. 뉴욕에 자리를 잡고 유명한 광고 도안가로 출발한 그는 일상의 환경을 소재로 한 판화, 특히 신문의 연재 만화에 다가선다. 그뒤 자신의 작업에서 몇 가지 표현주의적 양상을 제거한 그는 실크스크린 인쇄술의 활용으로 강화된 체계적이고 계열적인 성격의 이미지들을 채택하고, 미국과 세계의 신화에서 영감을 얻어 연재물들을 다양화한다. 대중미술의 스타인 그는 또한 영화 작품에도 손을 댄다.

의자와 비슷하다).

궁지는 다음과 같은 것이다. 미술은 일상적인 것 속에 흡수될 수
도(그림＝의자), 그러한 것으로서의 일상적인 것을 붙잡을 수도(화포
위의 고립된 의자＝실재의 의자) 없다. 내재성과 초월성이 다 같이 불
가능하다. 내재성과 초월성은 똑같은 꿈의 두 양상이다. 사실상, 현
대 미술의 담론은 다른 범주에 속한다. 이를테면 물건들의 일상성,
다시 말해서 물건들의 잠재하는 체계성과 똑같은 방식으로 의미하
게 되어 있다. 미술을 절대적인 되풀이와는 정확하게 다른 것일 수
있게 해주는 배합상의 비본질적인 변동의 놀이에 따라, 되풀이되는
몸짓을 통해 끊임없이 스스로를 확인함으로써 미술이 '현실적으로'
보여주는 것은 그 계열적이고 차별적인 조직, 그리고 유행과 행동
모형들의 재귀에 의해 운율적으로 나뉘어진 그 조직의 시간성이다.
"나는 기계이고 싶다"라고 앤디 워홀은 말한다.

미술로 말하자면 기계적인 것으로 자처하는 것보다 더 고약한 가
식도, 주관성으로 말하자면 계열적인 자동 현상보다 더 대단한 멋
부림도 없기 때문에, 이 간략한 문구는 말할 것도 없이 역설적이다.
그렇지만 논리적인 요구와 현대 미술의 한계 조건을 보여준다. 주
관성을 부정하는 기술 세계에 홀린, 그 세계의 실증성에 홀린, 그러
나 역설적으로 회절(回折)을 가로질러 스스로 되풀이됨으로써만 실
증성을 떠맡을 수 있는 주관성의 한계 조건을 말이다.

객관적인 체계성에 잠긴 세계와 주관적인 체계성에 잠긴 미술은
서로 의미들을 교환한다. 이것이 바로 세계와 미술의 상동(相同) 상
황이다.[13] 미술이 소환당하는 것은 아주 명백하게 바로 그때이다. 동
시에 미술은 자체의 통합의 '운명'을 표시하는 구조의 친화력을 바
탕으로 해서만 세계를 의미할 수 있다.

심층의 실행 속에서 계열을 이루는 미술 자체[14]와 체계화된 세계
사이의 이 구조적 상동 관계를 인정함으로써만, 스스로 부정성·비

---

13) 이 구조적인 상동 관계는 더 나아가 미술을 계열로 지정할 뿐만 아니라,
실로 세계 그 자체를 '기계적인' 것으로 지정한다. 세계는 기계적으로 상
기될 수밖에 없을 때부터만 정말로 기계적이게 된다.

14) 이 경우에 세계에의 참조는 부차적이다——수집의 실행이 수집된 물건들
의 주제보다 우세하듯이 말이다.

판·혁신, 그리고 영속적인 초월이기를 바라며 즉각적으로 또는 거의 즉각적으로 동화되고 받아들여지고 통합되고 소비되는 현대 미술의 그러한 모순——사람들이 도처에서, 그리고 미술가들 자신이 이것을 유감스럽게 생각하면서도 운명으로 여긴다——을 파악하는 것이 실제로 가능하다. 명백한 것을 인정하지 않으면 안 된다. 미술은 어떤 것에도 더 이상 이의를 제기하지 않는다. 일찍이 그렇게 했다 해도 말이다. 반항은 방에 갇히고, 저주는 "소모된다." 그러므로 모든 향수(鄕愁)를 버리고, 모든 저주를 포기하며, 미술품은 형식상의 제약에 따라 체계화되고 연속적인 차이들의 작용에 따라 구성되는 관계로 진본성의 움직임 자체 속에 미술품을 그 어떤 다른 물건 또는 물건들의 집합으로 굴절시키는 전반적인 체계에 즉각 통합될 수 있는 것으로 제공된다는 것을 결국 시인하는 것이 최선이다.

이 점에서, 현대의 작품들은 실로 일상적인 물건이 되었다. 문화적인 함의들이 아무리 가득하다 해도, 환경에 문제를 제기하지는 않는다. 대중적인 그림이건 추상화이건 점묘화이건 현대의 그림은 어떤 것에도 반대하지 않는다. 공간 속에서(현대의 내부에서) 이루어지는 물건들의 연사(連辭)적인 분포의 놀이 속으로 들어가며, 이와 꼭 마찬가지로——그리고 한정된 주관성의 재산 목록에서 유래하기 때문에——한 기호에서 다른 기호로, 한 순간에서 다른 순간으로 두 사슬이 서로 교차한다. 이를테면 의미 작용의 불가피한 차원인 것이 또한 통합과 소비의 '운명적인' 차원이다.

비판적인(이데올로기적인) 폭력주의와 사실상의 구조적 통합 사이의 중도에서, 현대 미술은 이 현대 세계에 대해 매우 정확하게도 결탁의 기술이다. 현대 미술은 그 놀이와 더불어 작용하며 그 놀이에 참여한다. 현대 미술은 그 놀이를 우스꽝스럽게 본뜨고 그 놀이에 삽화를 넣고 그 놀이 같아 보이고 그 놀이를 날조할 수 있지만, 자체의 질서이기도 한 그 놀이의 질서를 결코 어지럽히지는 않는다. 우리들의 시대는 자체의 이미지와 융화된 인간들 및 물건들을 넘쳐날 정도로 보게 하던(모든 형상화가 그 화해 이데올로기를 떠받친다) 부르조아 미술의 시대가 아니다. 세계와 융화되지 않는 현대 미술에서, 세계의 이미지와 화해하려고 시도하는 것은 주관성이다. 암암리의 계열성에 접어듦으로써, 주관성의 후퇴 자체와 도전 속에서 필연적으로 다른 모든 물건들의 계열성 및 점점 더 잘 통합되는 세계의 체계성을 상동적으로 예증하기에 이르는 것은 바로 주관성의 표현 과잉이다.

미술품 경매
──교환/기호와 사치 가치

　이데올로기 과정을 정치나 문화에 관련된 전통적인 성역(聖域) 이외의 곳에서 분석하려는 것은 이상하게 보일지도 모른다. 하지만 명확히, 회화 작품의 거래와 미술품의 경매는 경제력과 문화 영역 사이의 경계에 놓이기 때문에, 미술품의 유통과 따라서 이데올로기 작용 과정을 간파할 수 있게 해준다. 경매, 곧 가치들이 교환되는 그 도가니, 경제적 가치, 가치/기호, 그리고 상징적 가치가 놀이의 규칙에 따라 서로 뒤섞이는 그 융합처는 이데올로기의 모태──기호의 정치경제학의 상층부들 가운데 하나──로 간주될 수 있다.

　『정치경제학 비판』에서 마르크스가 형식/상품의 출현을 간파할 수 있었듯이, 형식/기호의 출현을 해독하는 것이 문제이다. 도처에서, 경제적 교환가치(화폐)가 소비를 통해 교환가치/기호(위세 등)로 재전환되지만, 그 작용은 여전히 사용가치의 현장부재증명으로 유지되고 있다. 미술품 경매는 경제적 교환가치가 일반적인 등가물의 형태, 곧 화폐에 의해 순수한 기호, 곧 그림과 교환된다는 모형을 내포한다. 따라서 미술품 경매는 그 가치/기호의 작용을 끌어내기 위한 집단적이고 동시에 제도적인 실험 분야이다.[1]

　결정적인 행위는 동시에 행해지는 이중적인 환원 곧 교환가치(화폐)와 상징적 가치(작품으로서의 그림)의 환원, 그리고 치출과 쟁투적 경쟁에 의한 그 두 가치의 가치/기호(서명되고 평판이 좋은 그림, 사치 가치와 희귀한 물건)로의 변화이다.

---

1) 사용가치의 분석에 의해 제기되는 중대한 문제들은 뒤에서(p. 141) 논의될 것이다.

1. 정치경제학의 다른 측면

화폐의 의미가 바뀌는 것은 지출을 통해서이다. 경매에서 확립된 이 사실은 가설로서 소비권 전체에 전이될 수 있다. 소비 행위는 구매(교환가치의 사용가치로의 재전환)일 뿐만 아니라 지출, 다시 말해서 표명된 부이자 부의 명백한 소멸──정치경제학이 마르크스만큼이나 근본적으로 소홀히 한 양상──이다. 구입된 물건, 획득되거나 전유된 물건에 차별적 기호를 부여하는 것은 바로 교환가치를 넘어 과시되며 교환가치의 소멸에 바탕을 둔 그러한 가치이다. 가치를 갖는 것은 등가의 경제적 논리에서처럼 화폐량이 아니라, 차이와 도전의 논리에 따라 지출되고 희생되며 소비되는 화폐이다. 모든 구매 행위는 이처럼 경제 행위임과 동시에 차별적 가치/기호 생산이라는 초경제적 행위이다.

물론, 통상적인 소비에서는, 경매의 특수한(그리고 나중에 보게 될 터이지만, 근본적인) 양상들──경매를 포커나 축제에 못지않게 매혹적인 그러한 순간으로 만드는 실제로 경험된 경쟁·도전, 동류들의 쟁투 공동체 등──, 이러한 양상들이 폭넓게 사라진다. 하지만 구매(또는 사용가치의 개인별 재전유) 뒤에는 언제나 지출의 순간이 남아 있는바, 그 순간은 진부함에 젖어 있을 때조차도 경쟁·내깃돈·도전·희생, 따라서 잠재적인 동류들의 공동체와 가치의 귀족적인 척도 같은 어떤 것을 전제로 한다. 잘못 생각하지 않도록 하자. 때때로 소비를 열정으로, 매혹적인 놀이로, 경제적이고 기능적인 행동과는 다른 것으로 만드는 것은 결코 '욕구'의 '충족'이 아니라, 바로 방금 말한 사실, 곧 다른 유형의 가치를 위해 경제적 가치가 소멸되는 경쟁의 장이다.

경제적 교환가치의 생산 및 체계화 과정은 본질적인 것으로 묘사되어 왔으며, 실제로도 본질적인 것이다. 정치경제학은 실로 모든 가치들(노동·지식·사회 관계·문화·자연)의 경제적 교환가치로의 그 막대한 변환이다. 모든 것은 일반적인 등가물로서의 화폐가 갖는 탁월한 구실을 통해 추상되어 세계 시장 속으로 흡수된다. 분석의 그러한 측면이 특권을 부여받아왔지만(전부가 '과학적 객관성'에서 기인하지는 않으며, 따라서 마르크스의 경우조차도 이데올로기 분석을 실행해보아야 하는 역사적인 이유들 때문에), 똑같이 본질적이고 똑같이 일반화된 과정——이는 '생산' 과정의 반대도 나머지도 중계점도 아니며, 경제적 교환가치의 교환가치/기호로의 막대한 변환 과정이다——은 폭넓게 무시되어왔다. 교환가치/기호의 체계로 여겨치는 소비의 진전 과정, 결코 전통적인 정치경제학에 의해 규정된 소비(경제적 교환가치의 사용가치로의 재전환, 생산 주기상의 계기)가 아니라, 경제적 교환가치의 교환가치/기호로의 전환 같은 것 말이다. 그 바람에, 경제적 교환가치와 사용가치라는 단 두 가지에만 연접된 정치경제학 분야가 갑자기 맹위를 떨치는바, 그러한 정치경제학 분야는 물질적 재화와 경제적 교환가치의 생산과 똑같은 이유로, 그리고 그러한 생산과 똑같은 움직임을 따라 교환가치/기호의 생산을 내포할 일반화된 경제학의 방향에서 모조리 재분석되어야 한다. 그러므로 기호 생산과 문화에 관한 분석은 물질 생산의 분석에 대하여 외적이고 차후적이며 '상부 구조적'인 것으로서 강요되는 것이 아니라, 기호의 정치경제학의 이론적·실천적 침투로 말미암아 일반화된 정치경제학의 혁신 그 자체로서 강요된다.

그 소비의 영역(다시 말해서 체계적인 기호 생산의 영역)을 분석의 대상으로 자율화하려는 모든 시도는 기만적이다. 그것은 곧장 문화주의[2]에 이른다. 그건 그렇다치고 물질 생산의 영역을 결정적인 심급으로 자율화하는 데에도 똑같은 이데올로기적 기만이 있다는 것을 알아차려야 한다. 문화(기호 생산)에 특수성을 부여하여 문화를 상부 구조로 한정하는 이들도 역시 모르는 사이에 문화주의자가 된다. 그들은 문화에 관한 관념론자들과 똑같이 어떤 결단을 실행하며, 정치경제학 분야를 똑같이 자의적으로 제한한다. 문화·소비·기호들이 이데올로기처럼 분석되어야 한다면, 그것들을 정치경제학의 구조들 자체 속에 통합함으로써 그렇게 되어야 한다. 그러나 이 점은 그러한 정치경제학의 전통적인 범위들이 마르크스주의적 분석에

2) (역주): 각 특정한 문화가 개인의 전형적인 인격, 심리의 구조, 행동·관념, 특별한 정신 상태를 빚어낸다고 생각하는 주의.

의해서만큼 부르조아 경제학에 의해서도 승인되어, 폭발적으로 늘어난다는 사실을 함축한다. 그런데 저항은 활발하다. 왜냐하면 저항이 이론·정치·환상 등 모든 범주들에게 일어나기 때문이다. 그렇지만 일반화된 정치경제학만이 오늘날 혁명의 이론과 실천을 확정할 수 있다.

더 구체적으로 회화 작품의 거래와 관련하여, 다음과 같이 말할지도 모른다. 곧 경제적·사회적 권력의 정당화 요인으로 작용하는 것은 기호로서의 그림들의 전유라고 말이다. 그러한 단언은 우리에게 도움이 되지 않는다. 우리들은 언제나 정치상의 라틴어역 성서, 곧 지배 계급이 병합하고 농간질하는 문화 속에서 살아간다. '욕구' '소비' 여가 또는 성에 대해서도 똑같은 사태가 이야기된다. 지배 계급은 문화에 관한 이를테면 초야권을 지니고 있는 것 같다. 지배 계급은 '노동력의 광맥'을 파헤치는 데 만족하지 않고, 계급 투쟁을 흐리게 하고 프롤레타리아 의식을 속여넘기기 위해 기호들의 광맥을, 가치 체계를 개척할 것이다. 그건 그렇다치고 그 기호들은 어디에서 유래하는가? 그 기호들은 탈취당하는 것만으로 충분할 만큼 이미 사물들 속에, 사회의 성격 속에 들어 있는가? 마술적인 이해. 그리고 어떻게 기호들, 신화들은 사회와 경제의 객관적인 조건에 연결되어, 자체의 의미를 흐리게 하는가? '의식'의 타격이 우리들에게 가해지지 않기를! 그리고 더 나아가, 경제적인 것이 정말로 결정적인 심급이라면, 왜 지배 계급은 문화를 필요로 할까?

더 깊이 들어가, 의미란 무엇인가? 의미는 어떤 사회 관계 속에서 생산되는가? 의미들의 생산 양식은 무엇인가? '자본주의적' 생산 양식은? 부조리.

가치/기호는 일정한 유형의 사회 활동에 의해 생산된다. 그러나 차이를, 차별적·위계적 체계들을 야기한다는 것은 경제적 잉여가치의 강탈에서 유래하지도 않는다. 이 둘 사이에, 가치와 경제적 잉여가치를 가치/기호로 변화시키는 다른 유형의 활동──근본적으로 다르지만, 어떤 방식으로는 마찬가지로 잉여가치를 산출하는 교환의 유형에 따라 경제적 가치를 소모하고 초월하는 사치 활동──, 경제적 특권 및 이윤과 전혀 뒤섞이지 않는 지배가 끼어든다. 경제적 특권과 이윤은 기호들에 의한 권력의 변형이라는 정치적인 조작의 이를테면 원료 겸 발판이다. 따라서 지배는 경제력에 연결되어 있지만, 경제력에서 자동적이고 불가사의한 방식으로 생기는 것은 아니다. 지배는 경제력에서, 경제적 가치의 수정(修正)을 가로질러 생겨난다. 그 특수한 작업을 무시한 탓에, 오늘날 이데올로기의 영역에서 마르크스주의적 분석은 마르크스 이전의(그리고 마르크스 이래의) 부르조아 경제학자들이 물질 생산의 영역에서 도달했던 똑같은 형편에 처해 있다. 다시 말해서 가치의 진정한 원천과 진정한 생산 과정이 교묘하게 감추어진다. 이데올로기가 자체의 초월성을 끌어내는 것은 기호 생산이라는 그 사회적 활동의 망각으로부터이며, 기호들이나 문화가 '물신주의'로, 상품의 신비와 동시대적이고 동등한 신비로 둘러싸이는 것은 그러한 망각 때문이다.

기호의 정치경제학의 비판적 이론가들은 드물다. 폭력 행위 같은 마르크스주의적(신마르크스주의적) 분석 아래 유배되어 있거나 파묻혀 있다. 베블런과 고블로[3]가 생산력에 관한 '변증법적 유물론'을 넘어, 사치 가치의 논리를 고려하는 문화적 계급 분석의 위대한 선구자인바, 지배 계급만이 그 논리에 의해 자신들의 지배를 확보하며, 자신들의 약호에 의해, 경제적 범주에서의 가치와 변혁, 그리고 그러한 가치와 변혁이 사회 관계에 일으키는 반향(反響)의 그 '본질적 변화'에 의해 자신들의 지배를 이를테면 보호하면서 영속화한다.

경제적 범주에서, 본질적인 것은 '축적'에 대한, 잉여가치의 전유에 대한 지배권이다. 기호(문화)의 범주에서, 결정적인 것은 치출에 대한, 다시 말해서 약호의 독점에 입각하여 경제적 교환가치를 교환가치/기호로 변체(變體)시키는 활동의 제어이다. 지배 계급은 언제나──자신들의 경제적 특권을 넘어서고 초월하고 희생시켜 경제적 특권을 기호에 대한 특권으로 변화시키려고 시도해왔다(부르조아적 자본주의 질서). 왜냐하면 그 나중의 단계가 지배의 완성된 단계이기 때문이다. 계급 논리와 교대하러 오며, 더 이상 생산 수단의 소유에 의해서가 아니라 의미 작용의 진전 과정에 대한 통제에 의해 확정되는 그 논리, 물질 생산의 양식과는 근본적으로 다른 생산

3) 베블런,『유한 계급론』; 고블로,『장벽과 층위』.

양식을 움직이게 하는(그리고 이러한 이유로 말미암아 '마르크스주의적' 분석을 벗어나는) 그 논리가 비록 미시적일망정 미술품 경매에서 온전하게 발견된다.

2. 경제적 교환과의 차이

i) 미술품 경매는 놀이(포커 등)와 마찬가지로, 의례(儀禮)적 현상임과 동시에 독특한 현상이다. 거기에서는 규칙이 임의적이며 일정하다. 그렇지만 곧장 일어날 것도, 나중에는 일어난 것도 결코 정확하게 알려지지 않는다──왜냐하면 가치들이 숫자 계산에 따라 개성 없이 교환되는 경제 활동과는 반대로, 개인적인 대결의 역학, 개인들의 대수학이 문제되기 때문이다.

ii) 교환의 이 개인적인 특징은 장소의 단일성을 전제한다. 통신으로 거기에 참여할 수는 없다. 그리고 특히 과정의 구체적인 단일성을 전제한다. 시간·순간·리듬·속도는 경매의 본질적인 요소이다. 말다툼이 벌어지고 더 비싼 값을 부르는 가운데, 각 순간은 앞의 순간과 상대방들 사이의 관계에 종속한다. 그리하여 경제적 교환의 추상적인 시간과는 다른 특수한 전개가 유래한다.

iii) 시장의 경우와는 달리, 제공된 교환가치와 예기된 사용가치가 최대로 근접하는 수요와 공급의 작용이 없다. 수요와 공급의 어김없는 균형에 귀착하는 그러한 종류의 상업적 경매는 예컨대 생선 공매에서 구현된다. 하지만 여기에서는 경매의 순간에 교환가치와 사용가치가 경제적 타산에 따라 서로 관련되지 않는다. 예기된 사용가치(그런 것이 있다면)는 경매가 진행되어가도 증가하지 않는다. 사실상, 경매의 고유한 작용은 특수한 관계를 설정하며 사용가치 밖에서 일어난다. 사용가치가 작용 바깥에 놓이는 반면에, 교환가치는 더 이상 (~와 교환으로) 제공되는 것이 아니라 작용 안에 놓인다. 그 바람에 교환가치가 교환가치이기를 그치며, 사태 전체가 경제학 밖으로 옮겨간다. 그렇다고 해서 사태 전체가 교환이기를 그치는 것은 아니다. 다시 말하자면 더 이상 수요와 공급의 유형이 아니라, 상호적인 내깃돈의 유형에 속한다. 따라서 경매는 다음의 두 가지를 동시에 설정한다.

——가치와 경제적 좌표의 변환;
——다른 유형의 사회 관계.

가치의 변환

경매의 결정적인 순간에 화폐는 나눌 수 있는 교환가치로서의 자격이 부인되며, 지출됨으로써 나눌 수 없는 사치 가치로의 본질적 변화를 겪는다. 그리하여 나눌 수 없는 유일한 물건, 곧 기호로서의 그림과 상동이게 된다. 경제적 교환가치의 상실로 말미암아 사치물이 된 화폐와 상징적 가치의 상실로 말미암아[4] 위세의 기호가 된 그림 사이에, 더 이상 등가가 아니라 귀족의 분화성이 확립된다.[5]

사회 관계

사회 행위에서, 화폐는 일반적인 등가물로서의, 형식으로서의, 따라서 그 형식에 지배되는 특수한 (자본주의적) 사회 관계로서의 자격이 부인된다. 경매가 설정하는 사회 관계는 거기에서도 (당사자들이) 다 같이 귀족이라는 동격에 관련된다. 형식상의 평등을 발판으로 하여 개인들——이들은 저마다 개별적으로 전유의 타산을 벌인다——사이의 경제적 경쟁 관계를 설정하는 상업 활동에 반해, 경매는 축제나 놀이처럼 구체적인 시공간과 동류들 사이의 구체적인 교환 공동체를 설정한다. 도전의 승리자가 누구이건, 경매의 본질적인 기능은 기호들의 제한된 자료체를 둘러싼 쟁투적 투기(投機)에 의

---

4) 제 4 절 '상징적 가치와 심미적 기능' 참조.
5) "그림이 팔리는 가격은 소비재의 경우와 마찬가지 이유로 그림 가치의 크기가 아니다. 가격은 경쟁의 놀이로 말미암아 바로 판매의 순간에만 의미를 지니는바, 그 놀이에서 가격은 그림이 가리키는 의미들과 절대적인 가치들이 상대적인 등가물이다"(P. 다르Dard; J. 미크너Micner, 『가치 교환에 관한 연구』). 사실상, 그 가격은 가격이 아니라 내깃돈이다. 게다가, 진정한 노름꾼들에게, 노름에서 딴 돈은 여전히 노름의 낙인이 찍혀 있어서, 유용한 경제적 목적에 지출될 수 없을 것이다. 노름에 다시 쓰거나 노름에 다시 쏟아붓거나 "마구 탕진해야" 한다—— 이를테면 바타이유의 '저주받은 몫'이다.

해 특권자로 규정되는 이들의 공동체를 설정하는 것이다. 귀족적인 유형의 경쟁은 특권자들의 동격(이는 경제적 경쟁의 형식적인 평등과 아무런 관계가 없다)을, 따라서 그들이 다른 모든 이들에 대해 갖는, 세습적 사회 체급의 집단적 특권을 굳히는바, 특권자들은 자신들의 구매력에 의해서가 아니라 생산과 가치/기호 교환의 집단적 사치 행위에 의해 다른 모든 이들과 구별된다.[6]

바로 거기에, 곧 경제적인 것에 기반을 둔 생산 체계, 교환 체계, 그리고 사회 관계 체계와는 근본적으로 다른 생산 체계, 교환 체계, 그리고 사회 관계 체계의 일관성있는 논리 속에, 이데올로기의 모 태가 있다. 이데올로기는 의식에 가해지는 신비로운 속임수가 아니 라, 가치의 정의 자체를 변화시킴으로써 다른 논리를 대체하는(그리 고 다른 논리의 모순을 해결짓는) 사회의 논리이다. 사람들은 논리적 전략의 층위에 놓이지 못하고, '은폐'의 부끄러운 심리에 회부된다. 그건 그렇다치고 사회적 당사자들(그 '의식'의 주체들)이 자신들의 객관적인 사회 관계를 계속해서 산출할 마당에, 스스로를 속이고 '이데올로기적 가치'에 빠져드는 '의식'의 그 기이한 도착(倒着)은 어 디에서 유래한단 말인가? 게다가, 의식은 때때로 '객관적인'(혁명적 인!) 측면으로 넘어간다. 그럴 때 의식은 '의식화'이다! 심리라는 기 이한 부르조아 소설——그것은 혁명 이론을 깊이 오염시킨다.

사실상, 미술 애호가의 '심리'라 불리는 것 역시 전적으로 교환 체 계로부터 환원된다. 미술 애호가가 지니고 있다고 주장하는 특이성 은, 곧 선택 친화력으로 체험되는, 물건에 관한 그 물신숭배적 열정 은 특권자들의 공동체에서 경쟁 행위를 통해 자신들을 동류로 확인 하는 과정에 바탕을 두고 있다. 그림의 유일한 가치는 그림이 회화 의 제한된 자료체에 속하는 다른 항목들에 대해 기호로서 유지하는

---

6) "전반적인 사회의 관점에서는 그 공동체에 의한 회화 작품의 첨유가 그 공동체 안에서 일어나는 반면에, 그 공동체의 내부에서는 동류들 사이의 경쟁에 바탕을 둔 그림들의 유통이 있다——다시 말해서 그 공동체는 사 회적 차별을 토대로 하여 기능한다. 그렇지만 그 공동체는 취득의 경쟁적 인 측면으로 말미암아 열려 있는 것으로 나타난다. 〔……〕 우리들은 바 로 지배를 위한 전략들의 경계에 이르러 있는바, 거기에서는 개인의 있음 직한 유동성이 사회적 차별을 가린다"(P. 다르; J. 미크너, 앞의 책).

동격 관계, 신분상의 특권 관계에 있으며, 그리하여 미술 애호가는 그림 자체와 동등하게 된다. 이제 애호가와 그림 사이에서 '일류라는' 친화력이 생겨나는데, 심리의 측면에서 그 친화력은 경매에서 설정되는 바로 그 귀족적인 유형의 가치·교환·사회 관계라는 의미를 함축한다. 그림의 물신화된 가치, 그림의 초차연력이

——그림을 똑같은 숭고한 신분권 안의 다른 모든 그림들에 차별적(差別的)으로 회부하는 과정;

——그림의 혈통표·계보, 다시 말해서 서명, 그리고 연속적인 소유주들의 순환 과정

에서 생겨나는 것과 꼭 마찬가지로, 애호가의 열정은 다른 모든 애호가들의 잠재적인 독촉, 열광케 하는 부단한 강박관념에서 생겨난다.

그러므로 물건에 대한 개인의 심리 관계로부터 물신숭배가 생겨나고 교환의 원리가 밑받침되는 것은 아니다. '물건에 대한 물신숭배'가 교환의 원리를 떠받치는 것이 아니라, 교환의 사회적 원리가 물건의 가치를 밑받침한다.

3. 경제력과 지배

또 다른 이데올로기적 환원. 그림을 순전히 상품으로 만드는 환원. 아니다. 여기에서는 자본과 자본가 계급의 확대 재생산이 문제되지 않는다. 기호 작용의 집단적인 특혜에 의한 세습적 사회 계급의 생성과 경제적 가치의 소멸에 의한 그 기호들의 생산이 문제이다. 체제 전체를 가로질러 소비를 확산시키고 소비를 이데올로기에 효과적으로 이바지하는 것으로 만드는 것은 약화되고 감속되어 있기는 하지만 그 사치 교환과 그 귀족적인 모형의 어떤 것이다. '민주화된' 세습적 사회 계급의 논리에 대해 말하는 것은 부조리한 것 같다. 그렇지만 소비가 확립되는 것은 그 쟁투적 교환 모형에 입각해서이다. 이를테면 차이들의 교환, 구별을 짓는 유형적 요소 전체, 따라서 아무리 적게 남아 있다 할지라도, 정확하게 말해서 전혀 남

아 있지 않기 때문에, 그래도 여전히 귀족적인 동격의 허구에 이어
지는 잠재적인 공동체에 입각해서이다. 귀족적인 포틀래치와 소비
사이의——중대한——차이가 발생하는 것은 차이들이 오늘날은 도전
과 교환의 개인적인 상호성 속에서가 아니라 집단적인 모형의 형태
아래 산업적으로 야기되고 관료적으로 계획되기 때문이다. 신분 경
쟁 속에 작용하는 것은 대중매체를 탄 경쟁의 모사물에 지나지 않
는다. 신분 경쟁은 베블런의 저서에서도 지녔던 실제의 변별적 기
능을 더 이상 지니고 있지 않다. 낭비적인 지출의 거대한 공룡들이,
소비의 서투른 모방에 의례를 치르듯 열중하고 생산 명령에 의해
소비자로서 동원되는 무수한 개인들로 바뀌어온 것이다. 따라서 '지
출'은 그 의미가 근본적으로 변했다. 그래도 역시 그러한 실행이 개
인적으로 욕구를 충족시키는 것으로, 자유로, 성취로 체험될 수 있
는 것은——그리하여 이데올로기로 작용할 수 있는 것은——상실된
(사치) 가치들에 관한 집단적인 환상이 지출 속에서, 대중매체를 타
는 소비 속에서 다시 활기를 띠기 때문이다. 귀족적인 시차적 약호
의 모사물조차도 통합이나 통제의 요인으로, 똑같은 '놀이 규칙'에
의 참여로 여전히 강력하게 작용한다. 위세는 우리들이 살고 있는
산업 사회 도처에서 출몰하는바, 산업 사회의 (부르조아) 문화는 귀
족적인 가치들의 환영(幻影)일 따름이다. 똑같은 놀이 규칙과 똑같
은 기호 체계들에 의해 접합된 약호의 마력, 선택적이고 선별적인
공동체의 마력이 경제적 가치를 넘어, 그리고 경제적 가치에 입각
하여 어디에서건 집단적으로 다시 나타난다. 도처에서 그 과정은
계급 투쟁을 가로지르게 되며, 도처에서——경제적 지위와 계급 조
건이 어떠하건, 사회의 전범위에서 감속된 상태로——지배 계급의
이익을 위해 작용한다. 그 과정이 지배의 관건이다. 생산력에 관한
혁명적인 논리에 의해, 자본의 '변증법적' 진전 과정에 의해, 또는
전통적인 정치경제학 비판에 의해 그 과정이 자동적으로 타도되지
는 않는다.
　어떻게 지배 양식이 모든 생산 양식들——자본주의 생산 양식뿐
만 아니라, 하부 경제적이거나 초경제적인 '이전의' 모든 '고풍스런'
생산 및 교환 양식들——을 다시 장악하고 통합하며 일제히 휘두를

줄 아는가 하는 문제는 기호의 정치경제학 비판에 의해서만 분석될 수 있다. 어떻게 지배 양식이 기호의, 세습적 사회 계급의, 분리의, 차별의 논리와 전략, 봉건적인 대인 관계의 논리, 또는 더 나아가 교환/증여와 상호성 또는 쟁투적 교환의 논리를 경제적인 것의 중심부 그 자체에서 다시 창안하여(또는 재생산하여), '현대의' 사회-경제적 계급 논리를 도처에서 좌절시키고 동시에 마무리짓는가 하는 문제는 말이다. 그러나 필시 경제적 착취와 '계급의' 지배는 요컨대 사회 지배의 형식들이 이루는 엄청난 계보 속에서 하나의 '역사적' 변이형과 굴곡에 지나지 않을 것이다. 아마 현행의 사회는 다시 무엇보다도 기호에 의한 지배의 사회가 될 것이다. 여기에서 이데올로기의 생성 과정 전체를 내포하는 '문화 혁명'에의 전적인 요구가 유래하는바, 기호의 정치경제학 비판만이 문화 혁명의 이론적 기초를 다질 수 있다.

4. 상징적 가치와 심미적 기능

이와 같은 조작 전체 속에서 '미술품'의 상징적 가치, 고유한 가치는 사정이 어떠한가? 그러한 가치는 어느 곳에도 나타나지 않는다. 그것은 부정되고 부재한다. 경제적 교환가치가 가치/기호로 승격하는 것과 동시에, 상징적 가치도 가치/기호로 환원된다. 여기저기서, 경제적 교환가치와 상징적 가치가 고유한 지위를 잃고는, 가치/기호의 위성이 된다. 상부 기호로서 다루어지는 그림들의 층위에서, 상징적 가치는 심미적 기능으로 변한다. 다시 말해서 상징적 가치는 기호의 조작 뒤에 비춰보이는 상태에서 준거-현장부재증명으로, 사치 활동의 숭고한 합리화로[7] 작용할 뿐이다.

그림은 상징적 노동으로서의 구실이 부정되는 관계로,

——구별을 짓는 유형적 요소, '고상하고' 제한된 교환의 받침대;

---

7) 따라서 경제 활동 역시 합리화의 구실을 할 수 있다. 회화 작품의 거래는 어떤 때는 '미술에 대한 사랑'의 별 아래, 또 어떤 때는 '좋은 투자'의 별 아래 놓인다.

——보편적인 '심미적' 가치

로서 작용한다——그림은 절대 속에서의 활동을 공인하는 데 이바지하는 '회화'의 관념 속에서 양분된다.

　그러나 그 절대는 현장부재증명이다. 우리가 살펴보았듯이, 그림의 진정한 가치는 그림의 계보적 가치(그림의 '탄생' 곧 서명과 연속적인 매매의 후광, 이를테면 '혈통표')이다. 원시 사회에서 연속적인 증여의 순환 과정이 물건에 점점 더 많은 가치를 채우는 것과 꼭 마찬가지로, 그림도 자체의 내력을 따라 위세를 떠맡으면서, 귀족의 권리증서로서 상속인에서 상속인으로 유통한다. 거기에 기호들의 유통 자체에 입각하여 산출된, 그리하여 경제적 잉여가치와는 근본적으로 구별해야 하는 일종의 잉여가치가 있다. 그 잉여가치는 이윤이 아니라 정통성을 야기하며, 경매에서 애호가는 경제적 희생을 통해 바로 그 잉여가치에 가맹한다. 세습적 사회 계급의 구성원들에게는, 그 계급 안에서 생산되고 교환되는 가치 이외에 실제적인 가치란 존재하지 않는다(고블로가 조사 대상으로 삼은 부르조아들의 경우에도 사정은 마찬가지인바, 그들에게는 독창성·미덕·천재 등 모든 '보편적' 가치들이 '품위,' 곧 특수한 계급——또는 세습적 사회 계급——의 가치에 비하면 중요하지 않다).

　요컨대 자기 편들의 세습적 사회 계급은 작품들을 교환/기호의 유형적 요소 전체로 취급하는 귀족적인 막후 공작을 통해 진정한 신분, 진정한 정통성, 사회 관계의 재생산과 따라서 지배 계급의 '본질적인' 영속화가 결정된다는 것을 알고 있다. 근본을 헤아려보면, 그 계급은 '보편적인' 가치로서 집단적 소비에 그야말로 유효한 '미학' '예술' '문화' 또는 상징계를 아랑곳하지 않는다. 심미적 즐거움, 작품들과의 교류, 이른바 '절대적인' 가치는 특권적 포틀래치에 접근할 수 없는 이들에게 남겨지는 것이다.[8]

　따라서 이데올로기 과정은

　　——제한된 자료체와 같은 수의 귀족적인 경쟁 방식에 바탕을 둔

---

8) 정도의 차이는 있어도, 소비에서 막대한 다수를 사용가치로, 생산물들의 기능적 향유로 내모는 것은 똑같은 차별이다. 반면에 지배 계급은 전략적으로 교환가치와 자본과 잉여가치의 취급을 확보해둔다.

130

제한된 교환 체계;

　——모든 이가 이용하며 형식적인 평등의 양상에 바탕을 둔 보편적 가치의 교환 체계

라는 두 교환 체계의 동시 작용에 의거하여 결정된다.

　이 점을 고려컨대, 회화의 영역에서 거래와 경매 제도, 그리고 박물관 제도의 상호적인 기능을 대조하는 것은 언제나 흥미로운 일이다. 박물관은 작품들을 그 사적인 암시장에서 빼내 '국유화'함으로써, 작품들을 일종의 집단적 소유로 되돌리고 그리하여 작품들의 '진정한' 심미적 기능을 회복시킨다고 생각할지 모른다. 근본을 파헤쳐보면, 박물관은 귀족적 교환의 보증으로 작용한다. 이중의 보증:

　——자본의 유통과 사적인 투기가 조직되려면 지불 준비금, 곧 프랑스 은행의 공적인 담보물이 필요하듯이, 그림의 교환/기호가 기능할 수 있으려면 박물관의 고정 예비품이 필요하다. 회화의 정치경제학에서 박물관은 은행의 구실을 한다.

　——박물관은 미술에 관한 투기의 유기적 보증으로 작용하는 데 그치지 않고, 회화의 보편성과 따라서 다른 모든 것들의 심미적 향유(앞에서 살펴보았듯이, 사회적으로 비본질적인 가치)를 보증하는 심급으로 작용한다.

5. 결 론

　우리는 미술의 경매와 거래에서 이를테면 가치들에 관한 전략의 핵을, 곧 언제나 가치/기호와 약호화된 교환의 생성인 이데올로기 과정에서 찾아볼 수 있는 일종의 구체적인 시공간과 전략적 계기와 모태를 파악하려고 했다. 실로 경제적 타산을 넘어서며, 가치들의 변화 과정 전체, 사회적으로 야기되고 일정한 장소와 제도 안에서 알아볼 수 있는, 한 가치에서 다른 가치로의, 가치에 관한 하나의 논리에서 다른 논리로의 전이——따라서 갖가지 교환 체계들과 생산 양식들의 접속과 논리적 관련성——에 관계되는 그 가치들의 경

제학, 그 가치들의 경제학은 정치경제학이다. 가치의 일반 정치경제학 비판은 오늘날 전반적인 층위에서 마르크스의 분석을 되찾을 수 있는 유일한 것이다. 그리고 그 정치경제학의 전복을 실질적으로 성립시키는 그 가치의 처편을 이론적으로 나타나게 할 수 있는 유일한 수단이다.

주의——물론 회화 작품 이외의 다른 대상들, 예컨대 지식도 똑같은 항목들로 분석될 수 있을 것이다. 그럴 경우 경쟁 공동체의 제도적 시공간은 시험, 더 정확하게 말해서 경쟁 시험이다. 바로 거기에서 고블로가 대학입학자격시험, 곧 세습적 사회 계급의 사회적 문턱을 주제로 하여 그 기능을 올바르게 분석한 바 있는 "세속적인 앎의 신성한 앎으로의 본질적 변화," 그 "앎에 대한 관료주의의 세례"(마르크스)가 일어난다. 보편적 가치로서의 앎이 가치/기호로서의 앎, 귀족의 권리증서로서의 앎으로 변화하는 동일한 작용에는 그 보수적인 의식에, 그 성찬식에 참여하는 모든 동류들에 대한 똑같은 공인, 똑같은 차별이 따른다. 또한 (학자·지식인·사회학자 들의) 회의도 기호의 쟁투적 남용에 토대를 둔 특권 공동체와 지식 계급의 유전(遺傳) 장소, 세습적 재생산의 장소로서 분석될 수 있을 것이다——경마와 경마 도박이 말 품종의 향상에 이바지하는 것과 마찬가지로(게다가 말과 경주는 또한 사치 가치들의 암시장처럼 훌륭한 연구 대상일 것이다), 회의는 앎의 증진에 도움이 된다.

일반 이론을 위하여

1

「욕구의 이데올로기적 기원」에서는 제각기 유용성·등가·차이·양면성을 원리로 갖는, 가치에 관한 다음의 서로 다른 네 가지 논리를 공리로 내세웠다.

——사용가치의 기능적 논리;

——교환가치의 경제적 논리;

——가치/기호의 시차적 논리;

——상징적 교환의 논리.

「미술품 경매」에 관한 연구에서는 경제적 교환가치의 교환가치/기호로의 이행을 가로질러, 가치들에 관한 전략의 특별한 경우를 탐구했다. 따라서 일반적인 인류학을 위한 방향표의 구실을 할 수 있을, 모든 가치들에 관한 일반적인 전환표를 가설삼아 작성하는 것은 마음을 끄는 일이다.

사용가치 VU:

    1. VU —— VEEc

    2. VU —— VESg

    3. VU —— ESb

경제적 교환가치 VEEc:

    4. VEEc —— VU

    5. VEEc —— VESg

6. VEEc —— ESb

교환가치/기호 VESg:
       7. VESg —— VU
       8. VESg —— VEEc
       9. VESg —— ESb

상징적 교환 ESb:
      10. ESb —— VU
      11. ESb —— VEEc
      12. ESb —— VESg

여러 논리들에 관한 이론적 분절의 시도는 하나도 없고, 단지 각 영역과 어느 한 논리에서 다른 논리로의 면세 통과에 관한 의지 포착의 시도만이 있다.

i) VU —— VEEc: 교환가치, 형식/상품 등의 생산 과정에 관한 영역으로, 정치경제학에 의해 서술된다. 생산적인 소비.

ii) VU —— VESg: 유용성의 소멸(낭비성·사치 가치)에 입각한 기호 생산의 영역이다. '비생산적'이지만(결국 변별적 나태와 여가를 통한 시간의 낭비), 사실은 차이를 야기하는 소비. 신분상의 차이로서 작용하는 기능상의 차이이다(반자동 세탁기와 전자동 세탁기). 사용 재화를 가치/기호로 변환시키는 광고 이용이다. 사용 재화의 객관적 실제를 벗어나 '문화적' 차별화 체계에 재포착된 기술과 지식이다. 따라서 도처에서 생산·체계·기호 작용의 의미로 이해되는 소비의 영역이다. 이 영역은 또한 의심할 나위없이 경제적 교환가치에 입각한 기호 생산을 포함한다(아래, v)).

iii) VU —— ESb: 더 이상 가치/기호를 생산하기 위해서가 아니라, 경제 활동에 대한 위반의 방식에 의거한 소모, 다시 말해서 사용가치(또는 경제적 교환가치, vi) 참조) 소멸의 영역으로서, 상징적 교환을 복원한다. 증여·선물·축제.

iv) VEEc —— VU: 경제적이고 전통적인 의미에 따른 '소비'과

134

정, 말하자면 (구매에서 개인들에 의해서나 생산적인 소비에서 생산에 의해) 교환가치가 사용가치로 재전환되는 현상이다. iv)와 i)은 기호의 정치경제학을 고려하지 않는 고전(그리고 마르크스주의) 정치경제학이 내보이는 순환 과정의 두 계기이다. 여기에서도 사용가치로 말미암아 교환가치가 인정을 받고, 형식/상품이 형식/물건으로 변모하는 영역이다(다음 장 「사용가치를 넘어」 참조).

v) VEEc——VESg: 기호의 정치경제학에서 재정의된 소비의 진전 과정이다. 가치/기호 생산으로서의 지출 행위. ii)와 마찬가지로, 사치 가치의 영역이다. 하지만, 여기에서 더 정확하게는, 형식/상품이 형식/기호로 승격하고, 경제 활동이 기호 체계로 변모하며, 경제적 위력이 세습적 사회 계급의 지배와 사회적 특권으로 변환되는 과정이다.

vi) VEEc——ESb: ii)와 v)가 사용가치와 교환가치의 가치/기호로의(또는 더 나아가, 형식/물건과 형식/상품의 형식/기호로의) 변모를 묘사하는 반면에, iii)과 vi)은 상징적 교환을 통한 그 두 형태의(다시 말해서 경제 활동의) 위반을 가리킨다. (일반) 정치경제학의 영역에서 형식/기호도 끌어넣는 재정의에 의하면, ix)는 상징적 교환을 향한 형식/기호의 위반으로서의 iii)과 vi)을 완전하게 한다.

일반 정치경제학을 묘사하는 그 세 형식과 상징적 교환 사이에는, 가치의 약호인 그 형식들의 밀접한 관련이 아니라, 근본적인 분리와 위반 또는 우발적인 파괴가 있다. 정확하게 말해서, 상징적 '가치'는 없고, 다른 것으로, 그것도 가치와 약호의 저편에서, 규정되는 상징적 '교환'만이 있다. 가치의 모든 형식(물건·상품 또는 기호)이 부인되어 상징적 교환을 이끌어들이게 되어 있다. 이는 바로 가치의 영역에서 일어나는 근본적인 단절이다.

vii) VESg——VU: 기호는 상품처럼 사용가치임과 동시에 교환가치이다. 기호들이 밑받침하는 사회적 위계, 신분상의 차이, 세습적 사회 계급과 문화의 특권은 이윤으로서, 개인적 만족으로서 계수화될 수 있으며, '욕구'(시차적 기호들의 '유용성'과 그것들의 '소비'가 상응하는 사회적 가치 부여 욕구)로서 체험된다.

viii) VESg——VEEc: 문화적 특권, 기호의 독점 등이 경제적 특권으로 재전환되는 현상. 이러한 재전환은 v)와 짝을 이루어, 자본의 독점에 바탕을 둔 경제적 착취와 약호의 독점에 바탕을 둔 '문화적' 지배가 끊임없이 서로를 야기하는 정치경제학의 전적인 순환 과정을 묘사한다.

ix) VESg──ESb: 상징적 교환을 향한 형식/기호의 파괴와 위반(ⅲ)과 vi) 참조).

x), xi), xii) ESb──VU, VEEc, VESg: ⅲ), vi), ix)에서 묘사된 위반의 반대인 단 하나의 과정──상징적 교환의 파기와 환원, 그리고 경제적인 것의 개시가 이루어지는 과정──을 묘사한다. 가치의 서로 다른 약호들(사용가치, 교환가치, 가치/기호)이 지닌 추상적이고 합리적인 사법권 아래 상징적 교환에 대해 이루어지는 비례 평가. 보기: 끊임없이 순환함으로써 사회 관계, 사회적 의미를 밑받침하며, 그 부단한 교환 속에서 고유한 (다시 말해서 자기 것으로 삼을 수 있는) 가치를 취하지 못한 채 무효화되는 상호적인 교환의 대상들 ──일단 상징적 교환이 파기되면, 그 똑같은 유형적 요소 전체가 유용한 가치·상업 가치·신분 가치로 추상된다. 그 유형적 요소는 예전에 상징적인 것이었다 할지라도, 이제는 그 유형적 요소를 공유하면서도 단 하나의 주요한 형식──이것은 상징적 교환과 교대하는 것이며, 정치경제학의 형식이다──속에서 모두 연결되는 서로 다른 약호들에 따라 용구·상품 또는 기호가 된다.

가치들의 격자에 관한 이 '짜맞추어진' 해석은 최초의 접근일 뿐이다. 어떤 상관 관계들은 다시 규합되고, 또 어떤 상관 관계들은 가역적이며, 어떤 가치들은 서로 전환될 수 있고, 또 어떤 가치들은 서로를 배제한다는 것이 드러난다. 어떤 가치들은 일대일로 작용하며, 다른 가치들은 더 복잡한 순환 과정 속에서 작용한다. 가치들의 일반적인 원리들, 곧 유용성·등가·양면성이 서로 분명하게 분절하지는 않는다. 그리고 특히 형식적인 대치를 내보이면서 여전히 결합 관계의 탐구로 남아 있는 것을 정리하는 이론은 하나도 없다.

136

2

　두번째 단계는 가치들의 생산과 재생산, 전환, 위반과 환원의 그 변화하는 전체에서 어떤 지배적인 분절을 끌어내는 데 있다. 최초로 제안되는 분절은 이렇게 정식화(定式化)될 수 있다.

$$\frac{VESg}{VSb} = \frac{VEEc}{VU}$$

즉 상징적 교환에 대한 가치/기호의 관계는 사용가치에 대한 (경제적) 교환가치의 관계와 같다.

　다시 말해서 상징적 교환과 가치/기호 사이에는, 상품에서 찾아볼 수 있는 여러 가지 '구체적인' 사용가치들과 교환가치라는 추상적 관념 사이에서와 똑같은 환원, 똑같은 추상 및 합리화 과정이 있다(육체·무의식 등에 관한 「물신숭배와 이데올로기」 참조). 결과: 방정식의 형태는 받아들여질 경우, 동일한 과정이 방정식의 두 변에 작용하고 있다는 것을 내포한다. 그 과정은 다름아닌(전통적으로 두번째 관계, 곧 VEEc/VU로 기울어지는) 정치경제학의 진전 과정이다. 이는 물질 생산의 정치경제학에 연결되고 이데올로기의 작용 과정에서 그 정치경제학에 부서(副署)하게 되는 기호의 정치경제학에 입각하여 첫번째 관계를 분석한다는 것을 함축한다. 그 기호의 경제학은 일정한 방식으로 존재한다. 그것은 언어학이며 더 일반적으로는 기호학이다. 그러나 언어학과 기호학은 실로 자체의 분석을 정치경제학(이는 마르크스의 경우와 똑같은 이론 진전을 따라, 기호의 정치경제학 비판을 내포한다)의 영향 아래 놓으려 들지 않는다. 그렇지만 언어학과 기호학은 부지불식간에 정치경제학을 행한다. 그 분야에서 언어학과 기호학은 단순히 마르크스에 의해 비판이 행해지기 전의 부르조아 고전 정치경제학의 등가물이다.

　이 두번째 단계는 우리들로 하여금 가치들의 '격자'와 다소간 기계적인 배합에서 형식들의 관계와 전체의 상동(相同)으로 넘어가게

해왔다. 이는 상당하지만 결정적이지는 않은 진척이다. 그 관계는 실로 가치에 관한 모든 논리들을 연접시키지만, 상동에 일관성이 있으려면, 수평 관계가 수직 관계를 뒷받침하러 와야 할 것이다. 상징적 교환에 대한 가치/기호의 관계가 사용가치에 대한 교환가치의 관계와 같아야 할 뿐만 아니라(위에서 제시된 관계), 교환가치에 대한 가치/기호의 관계가 사용가치에 대한 상징적 교환의 관계와 같아야 할 것이다. 마찬가지이지만 공식으로 표현하자면 다음과 같다.

$$VESg/VEEc = ESb/VU$$

그런데, 논리의 형식 때문에, 일반 정치경제학의 테두리 속에 실로 가치/기호와 사용가치(형식/기호와 형식/상품)의 논리적 관련성이 있다 해도, 똑같은 범주에 속하면서 상징적 교환과 사용가치를 이어주는 유사성은 하나도 없다──전자가 후자의 위반을 내포하고, 후자는 전자의 환원을 내포하기 때문에, 실로 반대 현상이다(i), iii) 그리고 x)~xii) 참조). 따라서 이 공식은 상징적 교환을 다른 요인들과 동질인 요인으로 관계 속에 통합함으로써, 제시된 것을 고려하지 않기 때문에, 다시 말해서 개인적 교환에서 상징적인 것은 (실질적이고 부정적인) 양면성이기 때문에──그리고 그러한 것으로서 모든 가치들에 근본적으로 대립하기 때문에──그만큼 더 일관성이 없다.

3

그러한 비일관성은 공식의 파열과 일반적인 재구성에 귀착한다.

i) 총괄적인 가치로서의 기호 대신에 기호의 구성 부분, 곧 기표와 기의를 나타나게 해야 한다.

ii) 그때부터, 형식/기호와 형식/상품 사이의 결정적인 상관 관계는 다음과 같이 확립된다.

$$\frac{VEEc}{VU} = \frac{Sa}{Sé}$$

다시 말해서 사용가치에 대한 교환가치의 관계는 기의에 대한 기표의 관계와 같다.

수평적 연관성——다시 말해서 기표에 대한 교환가치의 관계가 기의에 대한 사용가치의 관계와 같다는 것(달리 말하자면, 한편으로는 교환가치와 기표의, 다른 한편으로는 사용가치와 기의의 논리적 친화력)——은 수직적 연관성들 각각에 관한 분석으로부터 추출될 것이다. 이러한 바탕 위에서, 우리는 그 상동 관계(이번에는 일관성이 있는)가 일반 정치경제학의 영역을 묘사한다고 말할 것이다.

iii) 상동 관계가 충족되면, 그와 동시에 상징적 교환이 가치의 영역(또는 일반 정치경제학의 영역) 밖으로 배제되는 듯한바, 이는 상징적 교환을 규정하는 근본적인 교대(가치의 위반)에 상응한다.

iv) 환원 또는 합리적 추상의 진전 과정을 표시하며, 사용가치와 교환가치를, 그리고 기의와 기표를 (일반적인 어의에서) 분리시키는 횡선이 이동한다. 기본적인 환원은 VU 와 VE 사이나 Sa와 Sé[1] 사이를 지나가는 것이 아니라, 그 체계 전체와 상징적 교환 사이를 지나간다.

사용가치와 교환가치를 분리하는 횡선, 그리고 기의와 기표를 분리하는 횡선은 명확한 논리적 연루의 횡선이다. 그러한 횡선은 그 각각의 항들을 근본적으로 분리하는 것이 아니라, 그 항들 사이에 구조적인 관계를 확립한다. 교환가치와 기의, 사용가치와 기표 사이에서도 마찬가지이다. 사실상, 그 모든 관계들은 정치경제학의 테두리 안에서 체계를 형성한다. 그런데 그 체계 전체는 자체의 논리적 구성을 통해, 상징적 교환을 부정하고 억제하며 축소시킨다. 상징적 교환의 그 모든 항들 전체를 분리하는 횡선은 구조적 횡선이 아니라, 근본적인 배제의 횡선(위반의 근본적인 교대를 전제로 하는 횡선)이다.

---

1) 나중에 우리는 기의에 통합된 관계 속에서만 존재하는 지시 대상의 문제를 재론할 것이다(기의와 지시 대상은 흔히 혼동된다).

그리하여 다음의 일반적인 배열에 귀착한다.

$$\frac{VEEc}{VU} \genfrac{}{}{0pt}{}{\Leftrightarrow \; Sa}{\Leftrightarrow \; Sé} \; \Big/ \; ESb(상징적 \; 교환)$$

다시 말해서 물질 생산의 진전 과정(형식/상품)과 기호 생산의 진전 과정(형식/기호)이 동일한 체계적 논리 속에서 분절하는 가치의 영역 전체와——비가치의 영역, 상징적 교환의 영역 사이의 유일하고 거창한 대립에 귀착한다.

일반 정치경제학/상징적 교환

일반 정치경제학 비판(또는 가치에 관한 비판적 이론)과 상징적 교환에 관한 이론은 완전히 똑같은 것이다. 말하자면 마르크스주의적 분석에 힘입어 (몇몇) 요소들이 제공되었지만, 그뒤 마르크스주의적 분석으로는 훌륭하게 수행될 수 없었던 혁명적 인류학의 토대이다.

그 이론은 마르크스주의적 분석에 입각하여, 그리고 마르크스주의적 분석을 넘어, 세 가지 본질적인 과업을 전제로 한다.

i) 마르크스의 경우에서도 그렇듯이 여전히 정치경제학 비판을 기초로 하는 관념론적 인류학을 환원하기 위해 정치경제학 비판을 사용가치에 대한 근본적인 비판으로 확장하는 일(개인들의 '욕구'라는 층위에서건 또는 '노동자의 사용가치'라는 층위에서건). 사용가치에 대한 물신숭배의 비판——형식/상품과의 관계를 통한 형식/물건의 분석.

ii) 어떻게 기표들의 논리, 기표들의 작용과 유통이 그야말로 교환가치 체계의 논리로서 조직되었는가를, 그리고 왜 기의의 논리는 사용가치의 논리가 교환가치의 논리에 종속하듯이 완전히 교환가치 체계의 논리에 종속하는가를 드러내기 위해, 정치경제학 비판을 기호로, 그리고 기호 체계로 확대하는 일. 기표에 대한 물신숭배의 비판. 형식/상품과의 관계를 통한 형식/기호의 분석.

전반적인 관계, 곧

140

$$\frac{VEEc}{VU} = \frac{Sa}{S\acute{e}}$$

에서, 그 최초의 두 가지 사항은 마르크스주의적 분석이 여태까지 떠맡지 않은 세 항목들에 관한 비판 이론을 마련하는 데 그 목적이 있다. 실제로 마르크스는 엄밀히 말해서 교환가치에 대한 비판 이론만을 논하게 한다. 사용가치·기표·기의——이것들에 관한 비판 이론은 마련되어 있지 않다.

　iii) 상징적 교환에 관한 이론.

사용가치를 넘어

마르크스의 저서에서 사용가치의 지위는 모호하다. 알다시피, 상품은 교환가치임과 동시에 사용가치이다. 그러나 교환가치는 추상적이고 일반적인 반면에, 사용가치는 개인적인 소비 과정에서건 또는 노동 과정에서건 자체의 고유한 용도에 따라 언제나 구체적이고 특수하다(이 경우, 비계조각은 비계조각으로서 가치가 있고 솜은 솜으로서 가치가 있는바, 그것들은 서로 대체될 수도, 따라서 '서로 교환될' 수도 없다). 물론, 사용가치가 없다면 교환가치도 있을 수 없을 것이다. 사용가치와 교환가치는 짝을 이룬다. 하지만 본래의 뜻으로 이해된, 양자의 연루는 존재하지 않는다: "상품의 개념을 확정하는 데에는, 상품의 특수한 내용과 정확한 용도를 아는 것이 별로 중요하지 않다. 상품이기 이전의 물건——달리 말하자면, 교환가치의 받침대——이 상응하는 유용성을 지님으로써 어떤 사회적 필요를 충족시키는 것으로 충분하다. 그게 전부이다"(『자본』, Ⅰ, Ⅵ). 그러므로, 사용가치는 등가의 논리, 곧 교환가치의 고유한 논리 속에 내포되지 않는다. 게다가, 교환가치가 없어도 사용가치는 있을 수 있다(거래권 밖에서, 생산물의 경우와 마찬가지로 노동력의 경우에도). 사용가치는 비록 생산과 교환의 진전 과정에 의해 끊임없이 재장악된다 할지라도, 정말로 상품 경제 속에 편입되지는 않는다. 사용가치는 비록 제한된 것이긴 하지만 자체의 고유한 궁극 목적이 있다. 그리하여 사용가치에는 상품 경제·화폐·교환가치를 넘어, 자신의 노동과 생산물에 대한 인간의 단순한 관계에서 찾아볼 수 있는 명예로운 자율성 속으로 다시 솟아오를 가망성이 있다……

따라서 '상품에 대한 물신숭배'(곧 사회 관계인 것이 상품 자체의 질과 속성으로 가장한다는 것)는 교환가치 겸 사용가치로서 정의된 상품에 작용하는 것이 아니라 오로지 교환가치에만 작용한다는 것이 드러난다. 물신숭배에 대한 그 제한된 분석에서, 사용가치는 사회 관계로도, 따라서 물신화의 현장으로도 보이지 않는다. 그러한 것으로서의 유용성은 역사적 계급 결정을 벗어난다. 유용성은 형식으로서, 가려지지 않으며 투명성으로 역사에 대항하는 고유한 용도의 최종적이고 객관적인 관계를 가리킨다(유용성의 내용이 사회적·문화적 결정과 더불어 끊임없이 변할지라도). 마르크스주의적 관념론이 작용하는 영역은 바로 여기이며, 마르크스 자신보다 더 논리적이어야 하는 영역도, 마르크스 자신이 사용한 의미에서 더 근본적이어야 하는 영역도 바로 여기이다. 사용가치·유용성 자체는 상품들의 추상적인 등가와 꼭 마찬가지로 물신화된 사회 관계——하나의 추상적 관념, 곧 재화와 생산물의 구체적인 용도, 고유한 목적성에 대해 잘못된 자명성을 띠는 욕구 체계라는 추상적 관념——이다. 등가의 논리를 밑받침하는 사회 활동이라는 추상적 관념(교환가치)이 상품들의 '선천적인' 가치라는 환상 아래 가려지는 것과 꼭 마찬가지로 말이다.

사실상 가설은 욕구(욕구 체계)가 추상적인 사회 활동의 등가물이라는 것이다. 이를테면 교환가치의 체계가 사회 활동에 의거하듯이, 사용가치의 체계는 욕구를 근거로 삼는다는 것이다. 이 가설은 또한 체계가 있도록 하기 위해, 등가라는 하나의 동일한 추상적인 논리, 하나의 동일한 약호가 사용가치와 교환가치를 규정한다는 것을 함축한다. 유용성이라는 약호는 또한 대상과 주체의(대상과 주체 각각의, 그리고 서로 관계를 맺고 있는 이 양자 모두의) 추상적 등가라는 약호, 따라서 배합과 잠재적인 계산이라는 약호이다(잠시 뒤에 이것을 재론할 생각이다). 게다가 사용가치가 '물신화'될 수 있는 것은 말할 나위없이 실제적인 효과로서가 아니라, 그러한 것으로서, 체계로서이다. 물신화되는 것은 언제나 체계적인 추상이다(「물신숭배와 이데올로기」 참조). 그리고 상품에 대한 물신숭배를 구성하는 것은 바로 두 가지 물신화, 곧 사용가치의 물신화와 교환가치의 물신화, 서로 결합된 두 물신화뿐이다.

마르크스는 모든 생산물들이 추상적인 사회 활동의 토대 위에서 서로 동등할 수 있다는 사실로써 교환가치와 상품의 형식을 규정한다. 그리고는 거꾸로 교환가치들의 '비교 불가능성'을 가정한다. 그런데 다음의 4가지 사항을 살펴보아야 한다.

i) 경제적 교환과 교환가치가 존재하기 위해서는, 또한 사전에 유용성 원칙이 대상 또는 생산물의 현실 원칙으로 바뀌어야 한다. 추상적으로, 그리고 일반적으로 교환될 수 있기 위해서는, 또한 생산물들이 유용성의 견지에서 숙고되고 합리화되어야 한다. 그렇게 되지 않는 곳에서는(원시적인 상징적 교환에서는), 생산물들이 더 이상 교환가치가 아니다. 유용성 지위로의 환원은 (경제적) 교환 가능성의 토대이다.

ii) 교환의 원리와 유용성 원칙이 그러한 친화력을 지닌다면(그리고, 상품 안에서 '공존하기'만 하는 것이 아니라면), 그 이유는 사용가치들의 '비교 불가능성'에 관해 마르크스가 말한 바와는 반대로 등가의 논리가 이미 유용성 안에 전적으로 들어 있기 때문이다. 사용가치는 비록 산술적인 의미에서의 양적인 것에 속하지는 않는다 해도, 이미 등가물의 속성을 띤다. 모든 재화들은 유용한 가치로서, 동일한 기능적/합리적 공분모에, 동일한 추상적 결정(決定)에 맡겨져 있기 때문에 이미 서로 비교될 수 있다. 특이하고 개인적인 상징적 교환(증여·선물)에 투자된 재화의 유형물이나 범주들만이 엄밀하게 비교될 수 없다. 그러한 재화의 유형물이나 범주들은 개인적인 관계(경제적이지 않은 교환)로 말미암아 절대적으로 특이하게 된다. 이와는 반대로, 물건은 (모든 상징적 기능의 축소로 말미암아) 추상적인 보편성, '객관성'에 이른다.

iii) 그러므로 다름아닌 형식/물건이 문제되는바, 그것의 일반적 등가물은 교환가치에 관한 공식들과의 '유사'가 아니라, 유용성이다. 동일한 논리적 형식이 문제이다. 모든 물건은 유용성이라는 일반적·추상적 약호를 통해 표현될 수 있는바, 유용성은 모든 물건의 근거, 물건의 객관적인 법칙, 모든 물건의 의미이다——그것도 물건 사용자 및 물건의 용도와는 아무런 관계도 없이 말이다. 유용성은 약호로서 승리를 차지하는 기능성이며, 물건이 자체의 (유용한) 목

144

적과 합치하는 현상만을 근거로 삼는 그 약호는 (실재적이거나 잠재적인) 모든 물건들을 어느 것에도 편파됨 없이 스스로에게 종속시킨다. 거기에서 경제적인 것, 경제적 타산이 시작되어 거기로 끊임없이 복귀하는바, 형식/상품은 그 약호의 발전된 형태일 뿐이다.

vi) 그런데 사용가치를 물건의 유용한 속성에 대한 인간 '욕구'의 단순한 관계로 만들고 싶어하는 인류학적 환상에 반하여, 이러한 사용가치(유용성)는 또한 실로 사회 관계이기도 하다. 교환가치에서 인간/생산자가 창조자로 보이는 것이 아니라 추상적인 사회적 노동력으로 보이듯이, 사용가치의 체계에서 인간/'소비자'는 욕망과 향유가 아니라 추상적인 사회적 욕구력으로 보인다(노동력, 노동 능력에서 유추하여, 욕구력, 욕구 능력을 말할 수 있을 것이다).

추상적인 사회적 생산자란 교환가치의 견지에서 이해된 인간이다. 추상적인 사회적 개인('욕구'의 인간)이란 사용가치의 견지에서 이해된 인간이다. 자신의 욕구에 의해 목적이 부여된 사적 개인의——부르조아 시대에 일어난——'해방'과 자체의 사용가치를 통한 물건들의 기능적 '해방' 사이에는 상동 관계가 있다. 후자의 해방은 우리들이 부여하는 '객관성'의 지위를 물건들이 근본적으로 다른 별개의 교환 유형 때문에 전혀 갖지 않게끔 해온 오래 전부터의 의식적·상징적 속박의 지양에서, 객관적인 합리화에서 기인한다. 물건들은 이제부터 용도를 통해 세속화되고 기능화되며, 합리화된 관계로, "각자 자신의 욕구에 따라"를 구호로 내거는 관념적(그리고 관념론적) 정치경제학에 대한 약속이 된다.

동시에, 마술적이거나 종교적인 범주의 모든 집단적 의무에서 벗어나고 상징적이거나 개인적인 고풍스런 유대로부터 '해방되어' 마침내 '사적'이고 자율적이게 된 개인은 자연 변환의 '객관적인' 활동——노동——에 의해, 그리고 자신의 이익을 위한 유용성——욕구·만족·사용가치——의 파괴에 의해 규정된다.

유용성·욕구·사용가치——이 모든 것은 양면성을 띤 자신의 대상 관계들과 싸우는 주체의 궁극 목적, 또는 주체들 사이의 상징적 교환을 결코 묘사하지 않는다. 이것들은 모두 경제적인 견지에서 이해된 개인의 자기 자신에 대한 관계를, 더 적절하게 말하자면 경제 제도에 대한 주체의 관계를 묘사한다. 개인이 경제 제도 속에서 자신의 욕구를 표현하기는커녕, 경제 제도들이 기능/개인과 물건과 욕구의 동시적인 기능성을 유도한다.[1] 개인이란 이데올로기적 구조, 형식/상품(교환가치)과 형식/물건(사용가치)의 상관적인 역사적 형태이다. 개인은 경제의 견지에서 숙고되며, 경제에 의해 재검토되고 단순화되고 추상화되는 주체일 따름이다. 그리고 의식과 도덕의 역사 전체(서양 심리-형이상학의 모든 범주들)는 주체의 정치경제학의 역사일 뿐이다.

사용가치는 형이상학 전체의 표현, 이를테면 유용성의 표현이다. 사용가치는 물건의 핵심에 일종의 도덕률로서 새겨진다──그리고 주체가 갖는 '욕구'의 궁극성에 따라 거기에 새겨진다. 사용가치는 주체의 핵심에 새겨진 (칸트와 기독교의) 동일한 도덕률을 사물들의 핵심에 옮겨쓰는 현상인바, 그 도덕률은 주체의 본질 속에서 주체를 실증적이게 하며 (신 또는 어떤 초월적 실체와의) 궁극적인 관계 속에 주체를 세운다. 여기저기에서, 가치의 유통은 '기능성'의 별 밑에서, 주체의 욕구와 대상 사이의 상관 관계를 감시하는 섭리적 약호에 의해 조절된다──더 나아가 섭리적 약호가 도덕의 별 밑에서, 신의 율법과 주체의 일치를 확고하게 하듯이 말이다.

주체의 본질(그 초월적 궁극성의 확인을 통한 주체의 자기 동일성)을 굳히는 것과 유용성의 합리적인 영향 아래 주체를 '진실' 속에, 사용가치라 불리는 본질 속에, 자기 자신과 주체에 대한 투명성 속에 세우는 것은 바로 동일한 궁극성이다. 그리고 그 동일한 도덕률은 주체와 대상이 지닌 상징적인 잠재적 성질들 전부에 대해 동일한 기본적 환원을 행한다. 단순한 궁극 목적이 다수의 의미를 대신한다. 그런데 그때에도 상징적 양면성의 환원제로서 작용하는 것은 바로 등가의 원칙이다.

---

1) 이러한 이유로, '생산적인' 소비(생산 과정 안에서의 직접적인 유용성 파괴)와 사인(私人)들의 소비 사이에는 근본적인 차이가 없다. 개인과 개인의 '욕구'는 경제 제도에 의해 경제 제도의 재생산을 위한 기본 세포로서 생성된다. '욕구'는 사회 활동, 생산적인 규율이라고 되뇌어야 한다. 어디에서도 주체의 욕망은 문제되지 않는다. 따라서 이 층위에서는 생산적인 소비만이 존재한다.

i) 등가의 원칙은 그 결정된 유의성(誘意性),[2] 곧 유용성의 테두리 안에서만 물건을 물건 자체에 대한 기능적 등가 속에 설정한다. 이 절대적인 단순화, 자기 동일성(자기에 대한 자기의 등가)에 의한 이 합리화에 힘입어, 물건은 정치경제학의 영역에 실제적인 가치로서 편입된다.

ii) 주체를 도덕 의식과 '욕구'의 주체로 한정하는 동일한 절대적 단순화로 말미암아, 주체는 (자기 동일성, 자기 자신에 대한 등가에 의해 규정된) 추상적인 개인으로서 정치경제학의 가치 및 실천 체계 속에 편입된다.

그리하여 물건들의 기능성, 물건들의 도덕적 유용성이라는 약호는 물건들의 교환가치 지위와 마찬가지로 등가의 논리에 지배된다. 따라서 꼭 마찬가지로 정치경제학의 관할권 안으로 들어간다. 그런데 형식/물건을 유용성들의 그 추상적 등가로 부른다면, 형식/물건은 형식/상품의 완성된 형태일 뿐이라고 말할 수 있다. 달리 말하자면, 마르크스에 의해 명확하게 규정된 상품의 두 측면에 똑같은 논리(그리고 똑같은 물신주의)가 작용한다.

근본적으로 사용가치를 그 등가의 원리에 종속시키지 않음으로써, 사용가치를 '비교할 수 없는 것'의 하나로 유지함으로써, 마르크스주의적 분석은 사용가치로 이해된 물건들에 대한 개인의 관계를 인간의 고유한 욕구와 물건의 고유한 기능 사이의 구체적이고 객관적인, 요컨대 '자연스러운' 관계로——인간이 교환가치로서의 생산물에 대해 맺을 '소외되고' 사물화된 추상적 관계의 반대로——간주되게 하는 신화학(진정한 합리주의적 '신비 사상')에 이바지했다. 관습상 여기에, 거래의 사회적이고 추상적인 영역과는 대조적인, 사적 관계의 구체적인 영역 같은 것이 있을 것이다.[3] (그렇지만 마르크스는 다

---

2) (역주): 독일 태생의 미국 심리학자 쿠르트 레빈 Kurt Lewin이 처음 쓰기 시작한 용어로, '개인을 위한 가치' 또는 경제적 맥락에서는 '유용성'과 거의 대등하다. 이 개념은 특히 상황을 개념화하기 위해 활용되어왔다. 이 용어는 p. 102에서 이미 출현했다.

3) 소비 자체는 언뜻 보아 '구체적인' 작용일 뿐이다(교환이라는 추상 작용과는 대조적으로). 왜냐하면 소비되는 것은 생산물 그 자체가 아니라, 생산물의 유용성이기 때문이다. 이 점에서 경제학자들은 옳다. 소비는 생산물의 소멸이 아니라, 유용성의 소멸이다. 그러므로 경제 활동의 순환 과

른 한편으로 사회 관계로서의 사적 개인에 대한 추상을 근본적으로 분석
한다.) 욕구와 사용가치가 우글거리는 그 형이상학 전체를 거슬러,
추상·환원·합리화·체계화는 상품의 층위에서만큼 '욕구'의 층위
에서도 깊고 일반화된 것이라는 사실을 깨달아야 한다. 개인은 교
환가치의 체계로 말미암아 소외된다 해도, 최소한 자신의 욕구와
사용가치의 순간에는 다시 자기 자신이 된다고 생각할 수 있었던
정치경제학의 전단계에서는, 필시 이 점이 아직 분명하지 않았을
것이다. 그러나 소비의 유통 자본화 단계에 이른 오늘날은 욕구가
욕망 또는 주체의 고유한 요구에 연결되기는커녕 전혀 다른 데에
서, 곧 가치의 원천인 구체적 노동에 대한 교환가치 체계의 관계를
욕망에 대해 내보이는 일반화된 체계에서 일관성을 얻는다는 것을
알아차리는 것이 가능하게 되었다. 모든 가치들과 실제의 사회 활
동이 화폐와 돈에서 자체의 일반적인 등가물을 찾아내듯이, 모든
충동, 상징적 관계, 대상 관계, 그리고 심지어 퇴폐, 주체의 충전 활
동 전체는 추상되어, 유용성과 욕구 체계에서 자체의 일반적인 등
가물을 발견한다. 주체로부터, 주체의 육체로부터, 주체의 욕망으로

정에서, 가치(한 경우에는 교환가치, 다른 경우에는 사용가치)로서 생산
되거나 소비되는 것은 어쨌든 추상적 관념이다. 어디에서도 '구체적인' 물
건, '구체적인' 생산물(이는 무엇을 의미하는가?)은 문제되지 않는다. 문
제되는 것은 언제나 추상적인 순환 과정, 생산되고 확대 재생산되는 가치
의 체계이다. 결국 소비는 결코 ('구체적인' 사용가치의) 파괴가 아니라
추상적 관념으로서의, 체계로서의, 유용성이라는 보편적인 약호로서의 사
용가치를 확대 재생산하는 활동이다——동시에 생산이 현행의 궁극 목적
상 '구체적인' 재화의 생산이 아니라 교환가치 체계의 확대 재생산인 것
과 꼭 마찬가지로 말이다.
  소모만이 가치 체계의 그러한 확대 재생산에 복귀하지 않는다——소모
가 물질의 파괴이기 때문이 아니라, 소모가 물건들에 관한 법칙과 궁극
목적의 위반, 물건들이 갖는 추상적인 목적성의 폐기이기 때문이다. 소비
는 생산물들을 소모하는(파괴하는) 듯이 보일 때에도 생산물들의 유용성
을 완수(완성·성취)하기만 한다. 소비는 물질로서의 물건들을 파괴하여,
물건들의 보편적이고 추상적인 형식을 더 잘 영속시키고, 가치의 약호를
재생산한다. 소모(노름·증여, 순수한 손실로서의 파괴, 상징적 상호성)는
약호 그 자체를 공격하고 깨뜨리고 무너뜨린다. 소모는 물건들 그 자체의
파괴가 아니라, (교환 또는 사용)가치의 약호, 곧 상징적 행위의 파괴이
다. 그 행위만이 가치의 추상을 깨뜨리고 위반하므로, '구체적'이라고 말
해질 수 있다.

부터 솟아나는 모든 것은 다소간 물건들에 의해 미리 명확하게 한정된 욕구의 견지에서 해리(解離)되고 촉매 작용을 받는다. 모든 충동들이 욕구 속에서 합리화되고 목적을 부여받고 객관화되며, 따라서 상징적으로 소멸한다. 양면성 전체가 등가에 의해 환원된다. 그런데 욕구들의 체계가 일반적인 등가 체계라고 말하는 것은 결코 은유가 아니다. 그것은 우리들이 정치경제학 한복판에 있다는 것을 뜻한다. 그래서 우리는 사용가치에 대한 물신숭배에 대해 말한 것이다. 욕구가 주체의 구체적이고 특이한 표현이라면, 물신숭배에 대해 말하는 것은 부조리할 것이다. 하지만 욕구들이 등가와 일반적인 배합의 원리에 의해 조절되는 추상적인 체계로 점점 더 널리 받아들어진다면, 말할 것도 없이 여기에서는, 곧 다른 체계와 대등하며 다른 체계의 깊이와 완벽성을 속속들이 표현하는 체계 안에서는, 의심할 나위없이 교환가치 및 상품의 체계에 결부되는 물신숭배와 똑같은 물신숭배가 작용할 것이다.

그도 그럴 것이 교환가치가 생산물에 대해 실질적인 것이 아니라 사회 관계를 표현하는 형식인 것과 마찬가지로, 사용가치는 더 이상 물건의 선천적인 기능이 아니라(주체·물건, 그리고 양자 사이의 관계에 대한) 사회적 결정이다. 달리 말하자면, 상품의 논리가 사람들과 사물들과는 무관하게 퍼지며, 동일한 법칙에 복종하는 사람들을 단지 교환가치인 것으로만 보이게 하듯이——그리하여 유용성이라는 제한된 궁극성이 사람에게나 물건에 똑같이 부과된다. 교환가치의 견지에서 숙고되는 물건들을 가로질러, 다시 말해서 자신의 욕구를 통해 사람이 자기 자신을 교환가치로서가 아니라 다르게 실현할 수 있으리라고 기대하는 것은 비논리적이고 순진한 생각이다. 그렇지만 이러한 것이 현대 인본주의의 라틴어역 성서이다. 외부 세계의 기능성, 순화된 궁극성을 가로질러, 사람은 자기 자신을 사람으로서 실현하는 것으로 여겨진다. 그러나 진상은 전혀 다르다. 상품과 교환가치에 둘러싸여 있는 관계로, 사람도 교환가치 겸 상품에 지나지 않는다. 제구실을 다하고 '소용되는' 물건들에 둘러싸인 까닭에, 사람은 기능적이고 노예 같은 물건들 가운데 가장 아름다운 것일 따름이다. 경제적 인간이 자본주의적 생산의 진전 과정에서 전적으로 다시 사용가치로 바뀔 뿐만 아니라, 그 실리주의적인 요청이 개인의 자기 자신에 대한 관계까지도 구조화한다. 충족의 친천 과정에서, 개인은 자기 자신의 쾌락 잠재성을 개발하여 결실을 맺도록 하며, 문자 그대로 자기 자신의 즐길 '능력'을 '실현하고' 최선의 상태로(다시 말해서 최대한으로) 관리한다. 인본주의 윤리는 자기 자신의 '올바른 사용'에 기반을 두고 있지 않는가?

요컨대 마르크스는 이렇게 말한다: "생산은 재화를 생산할 뿐만 아니라, 재화를 소비할 사람들 및 상응하는 욕구를 낳는다." 대개의 경우 '욕구 조작'과 '인위적인 욕구'에 대한 고발이라는 너무 간단한 의미로 왜곡되는 명제.[4] 상품의 체계가 자체의 일반적인 형식을 통해 산출하는 것은 개인의 구조 자체를 구성하는 욕구의 개념 자체——다시 말해서 상징적 교환과는 판이하게, 자율화되고 자신의 욕망, 다른 이들과 물건들에 대한 자신의 관계를 욕구·유용성·만족, 그리고 사용가치의 견지에서 합리화하는 사회적 존재라는 역사적 개념——이다.

그러므로 상징적 교환을 제한하는 것, 상징적 교환의 파기에서 단김에 솟아나오는 것은 그 어느 가치가 아니라 두 가치, 곧 논리의 형식이 똑같으며 이원적인 조직으로써 경제 활동 전반을 또박또박 나누는 교환가치와 사용가치의 구조적 대립이다. 여기에서 우리는 인류학의 전반적인 층위를, 우리가 「물신숭배와 이데올로기」에서 분석한 '기호학적 환원'이라는 바로 그 표상을 문제삼고 있는 것이다. 그 연구에서 우리는 그러한 환원·대립하는 이원적인 항목에 토대를 둔 그 구조화가 어떻게 이데올로기 작용의 모태 자체를 구성하는가를 드러냈다——그 구조화는 결코 순수하게 구조적인 것이 아니라, 언제나 두 항목 가운데 어느 하나의 특권에 투기(投機)한다는 사실에 입각해서 말이다. 구초적 논리에는 언제나 하나의 천략

---

4) 마르크스의 간결한 표현은 이 영역(그리고 그 표현이 내포하는 인류학)에서 유형 type에 관한 문화주의적 해석——"욕구는 역사적·사회적 맥락에 좌우된다"거나 더 완전한 설명으로서 "욕구는 체제의 확대 재생산을 확실하게 하기 위해 체제에 의해 생성된다"는 해석——, 다시 말해서 욕구의 개념과 형식으로서의 욕구 체계를 철저한 비판에 붙이지 않는 채 욕구의 다양한 내용에만 작용하는 해석을 허용할 만큼 대단히 모호하다.

이 곁들여진다(예컨대 남성의 이익을 위한 남성/여성, 의식에 이득이 되는 의식/무의식 등). 여기에서도 사정은 똑같다.

$$\frac{VE}{VU} = \frac{Sa}{S\acute{e}}$$

라는 상관 관계에서, 사용가치 및 기의는 결코 각각 교환가치 및 기표와 똑같은 무게를 지니고 있지 않다. 교환가치와 기표가 전략적인 가치를 지니는 반면에, 사용가치와 기의는 전술적인 가치를 지닌다고 말하는 것이 낫겠다. 체계는 기능적이지만 등급이 매겨진 양극성에 따라 조직되며, 그 양극성에서는 절대적인 우세가 교환가치와 기표에게로 돌아간다. 사용가치와 욕구는 교환가치의 결과일 뿐이다(우리는 나중에 이 문제를 다시 검토할 생각이다). 사용가치도 기의도 교환가치 또는 기표가 자체의 약호를 통해 표현하고 나타내리라고 생각되는 자율적인 실체는 아니다. 요컨대 교환가치와 기표의 놀이로 말미암아 초래되는 모사 모형들일 따름이며, 그 모형들을 거쳐서 교환가치와 기표는 현실적인 것, 체험된 것, 구체적인 것에 대한 보증을, 그렇지만 동시에 그 자체들이 체계로서 자체의 전적인 논리로 대체하는 객관적인 실체에 대한 보증을 얻는다(하기야 '대체한다'는 말은 여전히 정확하지 않다. 그 용어는 체계에 의해 포착되거나 왜곡될 근본적인 실체가 실로 어디엔가 존재한다는 것을 함축하기 때문이다. 사실상, 체계에 의해 체계의 관념적인 준거로서 단번에 생성되는 실체 이외의 다른 실체 또는 현실 원칙은 존재하지 않는다). 사용가치와 기의는 교환가치와 기표에 대해 (객관적이고 구체적인) 다른 곳을 구성하지 않는다 해도 과언이 아니다. 사용가치와 기의는 교환가치와 기표의 현장부재증명이다.

우리가 처음에 살펴보았듯이, 사용가치의 체계(다시 말해서 '욕구' 체계와 가치 및 생산력 체계를 통해 추상 및 생산적인 합리성의 진전 과정이 '소비'의 영역 전체로 확대되는 현상)를 가로질러 일반화되고 가득 채워지는 것은 바로 정치경제학 분야이다. 이 점에서 사용가치는 교환가치의 (정치경제학 일반의) 완성 및 성취인 것으로 보인다.

그리하여 사용가치에 대한 물신숭배는 교환가치에 대한 물신숭배를 배가하고 심화시키게 된다.

이것이 최초의 요점이다. 하지만 사용가치 체계가 교환가치 체계의 짝패·전위(轉位) 또는 확장일 뿐인 것은 아니라는 점을 알아차려야 한다. 사용가치 체계는 동시에 교환가치 체계의 이데올로기적 보증이다(그리고 다시 한번, 전자가 후자의 이데올로기적 보증이라면, 그 이유는 양자가 논리상 똑같은 방식으로 구조화되기 때문이다). 물론 순화시키는 이데올로기이다. 근본적으로 사용가치가 심급으로 주어지는바, 이 심급 앞에서는 모든 사람들이 평등하다. 욕구는 욕구를 충족시키는 수단과는 달리, 세계에서 가장 적절하게 분배되는 사물일 것이다. 사람들은 교환가치로 받아들여진 재화에 비추어서는 평등하지 않지만, 사용가치로 받아들여진 재화에 관한 한 평등할 것이다. 계급이나 소득에 따라 재화가 자유롭게 처분되거나 그렇지 않거나 하지만, 재화를 사용할 잠재력은 누구에게나 똑같다. 누구나 똑같이 행복과 충족의 가능성을 지니고 있다. 말하자면 '욕구'의 민주주의, 모든 사람들이 신(神) 앞에서 갖는 잠재적 평등이다. 이처럼 사용가치는 인류학의 권역(圈域)에 회부되어, 교환가치로 말미암아 사회적으로 분열된 사람들을 화해시킨다.

교환가치는 상품이 자율적인 가치인 것으로 보이는 듯한 그와 같은 상품의 층위에서 실제의 노동 과정이 지워지는 현상이다. 사용가치는 더 나은 효과를 거둔다. 말하자면 자체의 추상적 지위 때문에 비인간적인 그러한 상품에 '인간적인' 목적성을 부여한다. 교환가치 속에서, 사회 활동은 사라진다. 교환가치의 체계 속에서 주체로 하여금 스스로를 욕구와 충족에 의해 규정되는 개인으로 생각하게 하고, 그리하여 관념적으로 상품의 구조에 통합되게끔 이끄는 것은 바로 이데올로기와 역사의 작용 과정이 흔적 없이 소멸하는 현상이다.

따라서, 체계이기를 그치지 않는, 다시 말해서 역사적으로나 논리적으로나 교환가치의 체계와 서로 굳게 결속된 사용가치의 체계는 교환가치의 체계를 순화시키고 교환가치의 체계에 보편적이고 영원한 그 보증——이것이 없다면 교환가치의 체계는 그야말로 재생산

152

될 수 없을 것이다(심지어는 의심의 여지 없이 일반적인 형태로 산출될 수도 없을 것이다)──을 제공하게 된다.

그러므로 사용가치는 정치경제학의 끝마무리, 목적 중의 목적이다.

──체험된 현실에서: 사용가치는 실제의 일상성 속에서, 심지어는 사람이 자기를 되찾는다고 믿는 행위에서도 정치경제학의 내재성이다. 사람은 자신의 물건들이 소용되는 용도를 통해서만 자신의 물건들을 생각해내며, 자기 욕구의 표현과 충족이 이루어질 때조차도 자기 자신이 소용되는 범위 안에서만 스스로를 재발견한다.

──전략적 가치에서: 사용가치는 사용가치와 욕구를 역사적 논리에서 떼어내서 형식상의 무궁한 시간 속에, 곧 물건들을 위한 유용성의 무궁한 시간, 욕구의 인간에 의해 물건들의 유용한 전유가 이루어지는 무궁한 시간 속에 새겨넣는 관념론적 인류학의 정립 덕분으로, 이데올로기적으로 생산 및 교환 체계를 굳히는 것이다.

그래서 우리는 사용가치에 대한 물신숭배가 교환가치에 대한 물신숭배보다 더 뿌리 깊고 또 더 '신비롭다'고 말하는 것이다. 교환가치의 신비는 여전히 상대적으로 가면이 벗겨지고 사회 관계로서 의식에 노출될 수 있다──마르크스 이래 그렇게 되어왔다. 그런데 사용가치에서는, 가치가 인류학, 자연스러움의 명증성, 넘을 수 없는 본원적인 준거에 근거를 두고 있기 때문에, 완전히 신비로 둘러싸인다. 바로 거기에, 궁극 목적들의 순서에──, 유용성 개념이 그것도 모든 층위들에서 함축하는 자연, 사람과 물건들, 사람과 사람의 신체, 자신과 다른 이들 사이의 '관념적인' 등가·'조화'·경제·균형 관계에──진실로 가치의 '신학'이 있다. 바로 거기에서 가치는 절대적인 명증성을 띠고 '가장 단순한 사물'이 된다. 따라서 ('역사'와 '이성'의) 신비와 농간이 가장 깊이, 그리고 가장 집요하게 이루어지는 것도 바로 거기에서이다.

사용가치의 체계가 교환가치의 체계에 의해 교환가치의 이데올로기 자체로서 산출된다면──사용가치가 정치경제학의 테두리 안에서 교환가치와 더불어 체계를 이루면서도 교환가치의 위성 겸 현창 부채증명일 뿐이어서, 사용가치에 자율성이 없다면──그렇다면, 사용가치를 교환가치의 대안으로, 그리고 '욕구의 해방'과 '사물들에 대한 관리'의 영향 아래, 정치경제학의 견지에서 이루어지는 사용가치의 '복권'을 혁명적인 전망으로 설정하는 것은 더 이상 불가능하다.

오늘날 모든 혁명적인 전망은 합리화하고 환원하며 '억압하는' 유용성의 형이상학에 대한 근본적인 재소추(再訴追)를 거치며, 모든 비판 이론은 마르크스주의적 분석에 없는 형식/물건의 분석[5]을 거치는바, 이는 혁명적 전망과 비판 이론이 내포하는 정치적·이데올로기적 귀결과 함께, 사용가치가 교환가치와는 대조적으로 이상화되지만 여전히 교환가치의 순화된 형태일 뿐인데도 모든 환상들이 사용가치 쪽으로 모이는 결과를 초래해왔다.

마르크스와 로빈슨

마르크스의 『자본』, I, I, IV:

사용가치로서의 상품은 〔……〕 자체의 특성으로 말미암아 욕구를 충족시키건, 자체의 속성이 사람의 노동으로 인하여 산출되건, 신비로운 점을 전혀 지니고 있지 않다. 사람의 활동이 자연에 의해 마련된 물질을 유용하게 만들 목적으로 변형시킨다는 것은 분명하다. 〔……〕

따라서 상품의 불가사의한 성격은 상품의 사용가치에서 유래하지 않는다.

부르조아 정치경제학의 범주들은 실제의 사회 관계들을 반영하는 한, 객관적인 진실을 지니는 지성의 형태들이지만, 그 관계들은 상업 생산이 사회적 생산 양식인 그 특정한 역사적 시기에만 속한다. 따라서 우리가 다른 생산 형태들을 고려한다면, 현시대의 노동 생산물들을 가리는 그 신비주의 전체가 곧장 사라지는 것을 우리는 알아차릴 것이다.

---

5) 그리고 형식/기호의 분석을. 나중에 알게 될 터이지만, 똑같은 논리가 현대의 체제에서 일어나는 기호의 조직화를 조절하며, 기의를 기표의, 기표들이 행하는 작용의 위성 항목, 현장부재증명 항목으로 만들어 현실에 대한 보증을 기표에 부여한다.

정치경제학이 로빈슨 크루소풍의 이야기[6]를 애호하므로, 로빈슨의 섬을 찾아가보자. 〔……〕 로빈슨이 자신을 위해 창출한 부를 형성하는 사물들과 로빈슨 사이의 모든 관계는 보드리야르씨[7]가 과도하게 높은 정신의 긴장 없이도 이해할 수 있을 만큼 단순하고 명백하다. 그렇지만 거기에는 가치에 관한 모든 본질적인 결정들이 내포되어 있다.

스스로 부르조아 경제학자들의 로빈슨 크루소풍 이야기를 정당하게 비웃은 뒤, 마르크스는 틀림없이 로빈슨을 의심했을 것이다. 자신의 부에 대한 로빈슨의 관계가 갖는 단순성과 투명성에 상업적 가치의 모호한 '신비주의'를 대립시킴으로써, 마르크스는 올가미에 걸렸다. 부르조아 정치경제학의 이데올로기 전체가 로빈슨 신화로 요약되었다는 (마르크스주의적) 가설이 세워진다면, 그 이야기 속의 모든 것이, 특히 도구와 노동의 산물에 대한 사람의 관계에서 찾아볼 수 있는 그 '투명성'까지도 부르조아 사유의 신비 사상과 형이상학에 일치한다는 것을 인정해야 한다.

사람과 노동 능력 및 욕구의 그 관념적인 대치는 (다만) 정치경제학의 권역과 상업적 사회 관계로부터 단절되는 것 같기 때문에 추상적인 것은 아니다. 그 차체로 추상적이다. 정치경제학에 대해 초연한 것이 아니라, 정치경제학의 추상 작용 전체를, 곧 교환가치의 사용가치로의 승격을, 유용성이라는 섭리적 궁극성에 입각한 경제학의 완성을 요약하기 때문에 추상적이다.

로빈슨은 부르조아 사회의 여명기 이래 진행중인(하지만 확실히 18세기부터서야 이론화된), 그리고 동시에 사람을 생산력과 '욕구인'으로 만드는 변화 전체의 귀결이다. 제조업자들과 '자연'에 관한 관

---

6) (역주): 로빈슨 크루소식으로 이국적인 환경의 테두리 안에서 행동이 벌어지는 목가적이고 공상적인 이야기. 로빈슨 크루소는 영국의 소설가 다니엘 디포의 소설 『요크 지방의 선원 로빈슨 크루소의 생애와 이상하고 불가사의한 모험들』(1719)에 나오는 주인공으로서, 프라이디를 식인종으로부터 구해내 자신의 하인으로 삼을 때까지 외딴 섬에서 혼자 살아간다. 그 소설은 남자의 고독이라는 신화와 불안의 극복을 표출하면서도, 그 기법으로 보아 백인에 의한 세계의 정복을 공고화하고 있다. 루소가 에밀에게 일독을 권하는 부르조아 개인주의의 대서사시.
7) 살아 있는 인물과의 유사는 어떤 것이건 순전히 우연의 일치이다.

념론자들은 그러한 귀결을 공유한다. 로빈슨은 자신의 노동을 통해 생산 체계를 위한 사용가치가 되며, 동시에 재화와 생산물은 그를 위한 사용가치가 되고, 이제부터 '자연'으로 공인되는 자신의 욕구에 따라 의미를 띤다. 그는 '대자연'의 지배이기도 한 사용가치의 지배 속에 편입된다. 하지만 결코 되찾은 본원적인 목적성에 따라서가 아니라, 그저 정치경제학과 정치경제학을 뒷받침하는 이데올로기의 동일한 역사적 체계화 단계에서 그 모든 개념들(욕구·자연·유용성)이 함께 생겨났기 때문이다.

로빈슨 신화는 부르조아판 '지상 낙원'의 신화이다. (부르조아적이거나 봉건적인) 모든 거창한 사회적 생산 질서는 완성에 관한 신화임과 동시에 기원에 관한 신화인 이상적인 신화를 보존한다. 신학이 신의 율법에 따른 사람의 완성이라는 신화로 유지되듯이, 정치경제학은 욕구의 자연 법칙에 따른 사람의 완성이라는 신화에 힘입어 유지된다. 정치경제학과 신학에서 똑같은 궁극성이 확인된다. 사람의 욕구와 '자연'의 법칙을 가로지르는 사람과 세계의 이상적인 관계——궁극성이 말이다. 물론, 이러한 이상적인 소명은 언제나 잃어버린 것으로나 위태로워진 것으로 단번에 체험되지만, 궁극 목적은 남아 있으며, 죄와 고통으로 말미암아 깨어진 '지상 낙원'의 자연스런 조화와 교환가치 아래 파묻힌 사용가치는 여전히 '역사'의 종말에 미래의 구원이 약속된 건드릴 수 없는 본질로서 새겨져 있다. 똑같은 논리, 똑같은 이데올로기. 봉건적인 생산 양식에 선행하는 원시적인 채취의 '생산' 양식이 비쳐보이며 농노 제도와 노동이 사라지는 증여자 자연의 영향 아래, '지상 낙원'의 신화는 봉건적 관계의 이상적인 상태(봉건 군주의 보호와 봉신의 충성)를 묘사한다. 마찬가지로, 로빈슨 신화는 거래와 교환의 법칙이 사라지는 '투명한'(이전의 농업 및 수공업 방식이 비쳐보이는) 고립 집단을 통해, 부르조아적 관계의 이상적인 상태, 이를테면 각자 자신의 노동과 자신의 욕구에 따라 움직이는 개인의 자율성, 자연에 연결된 윤리 의식——그리고 가능하다면 어떤 프라이디, 어떤 원주민 하인(그런데 자신의 노동과 부에 대한 로빈슨의 관계가 그토록 '분명하다'면, 프라이디는 그 곤경에서 무엇을 하게 될까?)——을 묘사한다.

사실상, 그 이야기 속에서는 어떤 것도 분명하지 않으며, 마르크스의 경우에 상품의 명증성이 그런 것처럼 거기에서도 또한 단순성과 투명성의 명백함에 마르크스의 "형이상학적인 미묘함과 신학적인 역설이 가득차" 있다. "자연을 자신의 욕구에 따라 변환시키고," "자기 자신을 유용하게 하며," 사물들을 유용한 것으로 만드는 행위에는 명료하거나 자연스러운 것이 전혀 없다. 사용가치에 관한 그 윤리 법칙은 틀림없이 정치경제학에 대한 비판을 피하지 못했을 것이다. 왜냐하면 정치경제학의 체계와 '신비' 전체가 이미 로빈슨과 함께 그의 섬에, 그리고 그가 사물들과 맺는 관계의 날조된 투명성 속에 들어 있기 때문이다.

기호의 정치경제학 비판을 향하어

　정치경제학 비판이 형식/상품을 분석할 작정이었듯이 기호의 정치경제학 비판은 형식/기호에 대한 분석을 행하려고 나선다.

　상품이 교환가치임과 동시에 사용가치이듯이——그렇다면 이 형식[1]의 완전한 분석은 체계의 두 사면(斜面)에 의거하여 행해질 수밖에 없다——, 기호도 기표임과 동시에 기의이며, 따라서 형식/기호의 분석은 두 층위에서 시행되어야 한다. 물론 두 항목 사이의 관계, 다시 말해서

　i) VE의 체계와 VU의 체계 사이(또는 형식/상품과 형식/물건 사이)——이는 앞의 논문에서 시도된 것이다.

　ii) Sa의 체계와 Sé의 체계 사이(또는 가치/기호와 형식/기호의 분절을 규정하는 그것들 각각의 약호 사이)의 관계에 대한 논리적이고 전략적인 분석이 동시에 불가피하다.

　이 두 경우에서 그 관계는 지배 형식과 형식-현장부재증명, 또는 형식-위성——이것은 지배 형식의 논리적 끝마무리임과 동시에 이데올로기상의 실현이다——사이의 위계 함수로서 확립된다.

1. 이데올로기에 관한 주술적 사유

　경제 활동의 영역과 의미 작용의 영역이라 부르는 것이 관례인 것에서 일어나는 가치들의 그 상동적 구조화는 이데올로기 과정 전체를 근본적으로 다른 용어로 바꾸어 제시하는 결과를 초래한다.

　1) (역주): 상품을 가리킨다.

이데올로기 과정은 물질 생산(생산 체계와 생산 관계)과 물질 생산의 모순을 표현하고 가리게 될 기호 생산(문화 등) 사이의 하부/상부 구조 관계에 더 이상 근거를 두지 않는다. 이 모든 것은 이제부터 똑같은 정도의 객관성을 지니고서, 똑같은 형식이 끝에서 끝까지 가로지르고 똑같은 논리에 의해 지배되는 일반 정치경제학의(정치경제학 비판의) 일부를 이룬다.

이데올로기에 관한 전통적인 해설은 '경제적인 것'과 '이데올로기적인 것'을 인위적으로 구분함으로써, 절망적인 곡예('상부 구조적인' '변증법적인' '기조〔基調〕' 구조적인 등)를 초래할 뿐만 아니라, 기의들의 층위에서와는 다르게 그런 식으로 분리된 기호들과 문화의 '이데올로기적' 기능 파악의 불가능성을 야기한다. (이런저런 집단의, 지배 계급의) 이데올로기는 언제나 어떻게인지는 모르지만 의식들에 작용해서 의식들을 통합하는 우의적인 힘을 지닌 거창한 주제, 대단한 내용, 커다란 가치(국가·윤리·가족·인본주의·행복·소비)이며, 실제의 상황에 작용하게 되는 사유의 내용이다. 전체적으로 이데올로기는 경제를 향해 밀려드는 문화의 격랑으로 규정된다.

그런데 이데올로기가 '물질' 생산과 기호 생산을 똑같이 가로지르는 그 형식 자체──더 정확히 말해서 그 이항 형식의 논리적인 양분, 곧

$$\frac{VE}{Sa} \Big/ \frac{VU}{Sé}$$

──형식이 재생산되는 통로로서의 기능적·전략적 양분이라는 것은 분명한 사실이다. 이는 "이데올로기가 이미 전적으로 VU에 대한 VE의 관계 속에 있다는 것, 다시 말해서 이미 전적으로 상품의 논리 속에 들어 있다는 것"을 의미한다. Sé에 대한 Sa의 관계 속에서, 다시 말해서 기호의 내적 논리 속에 이데올로기가 들어 있듯이 말이다.

물질 생산의 객관성은 생산의 물질성이 아니라 생산의 형식에 있다는 것을 마르크스는 보여주었다. 그것은 바로 모든 비판 이론의

출발점이다. 똑같은 분석적 환원이 이데올로기에 대해서도 행해져야 한다. 이데올로기의 객관성은 이데올로기의 '관념성'에, 다시 말해서 사유 내용의 현실주의적 형이상학에 있는 것이 아니라 이데올로기의 형식에 있다.

이데올로기 '비판'은 (마르크스주의적 비판도 역시) 이데올로기에 관한 주술적 사유에 힘입어 존속한다. 말하자면 이데올로기를 형식으로서가 아니라 내용으로, 주어진 초월적 가치——'의식'이라 불리는 일정하지 않고 날조된 주관성을 주술적으로 물들이는 몇몇 거창한 표상들에 결부되는 것 같은 일종의 초자연력——로 판독한다. '욕구'가 '대상의 유용성'과 '주체의 요구' 사이의 관계로 주어지듯이, 이데올로기는 의식의 투사(投射)와 ~관념 또는 가치의 관념성 사이의 관계인 것으로 보인다. 인위적 개념들 사이의 똑같은 마법의 구름다리, 물질적 재화에서 집단적 표상과 가치로 옮겨간 똑같은 형이상학.[2]

이데올로기는 사실상 상징적인 물질이 형식으로 환원되고 추상되는 과정 그 자체이다——하지만 그 환원하는 추상은 곧장 (자율적인) 가치로서, (초월적인) 내용으로서, 의식의 표상(기의)으로서 주어진다. 상품의 형식과 수행하는 사회 활동의 추상을 부인함으로써, 상품에서 자율적인 가치, 초월적인 실체를 읽어내게 하는 것도 똑같은 과정이다. 물신화된 상품이 '욕구'와 사용가치에 의해 주체들과 서로 관련되고 교환가치의 규칙에 따라 유통하는 직접적인 실제 가치로 보이는 것과 꼭 마찬가지로, 부르조아적(또는 슬프게도, 마르크스주의적) 사유에서 문화는 이처럼 '표상'에 의해 의식과 상관 관계를 맺은 상태로 의식들 사이에서 실질적인 가치처럼 유통하는 내용들의 초월성으로 규정된다.

문화는 내용의 명증성을 통해 끊임없이 스스로를 감추는 형식의 술책이다. 문화는 가치의 명증성 속에서 스스로를 가리고 스스로를 낳는 약호의 농간이다. 형식이 자체의 추상 작용을 완수하고 형식

---

2) '소외' 또한 인위적 분리——여기에서는 주체의 '의식'과 주체 자신의 이상적인 내용(주체의 '되찾은' 총체성) 사이의 분리——를 땜질하도록 정해진 그 개념들 가운데 하나이다.

으로 재생산되는 것은 바로 내용의 '물질성'을 통해서이다. 이것은 내용의 생산과 동시에 의식의 생성에 작용하여 내용과 의식을 받아들이는(생산이 생산물을 생산함과 동시에 생산물에 상응하는 '욕구'를 산출하듯이)──그리하여 문화를 가치(내용)의 이원적인 초월성 속에, 그리고 두 항목 사이의 교환에 관한 형이상학 속에 자리잡게 하는──형식에 대한 형식의 마술이다. 부르조아지의 라틴어역 성서[3]가 문화를 그러한 초월성 속에 자리잡게 하여 문화를 문화로서 신성화한다면, 마르크스주의의 라틴어역 성서는 문화를 똑같은 초월성 속에 자리잡게 하여 문화를 이데올로기로서 고발한다. 그러나 두 라틴어역 성서는 동일한 주술적 사유 속에서 다시 합쳐진다.[4]

거의 모든 현대의 사유는 가짜 문제들에 관해, 여러 가지 인위적인 분리에서 유래하는 끝없는 논란들에 관해 자승자박의 양상을 띤다.

i) '욕구'라는 주술적 개념에 의해 틈이 메꾸어지는 주체/대상의 분리. 생산/소비의 일반적 체계에서 '수요와 공급'의 해결할 길 없는 문제가 솟아나지 않는다면, 모든 것은 잘 되어갈 것이다. 선택의 자율성 또는 막후 공작? 양자 사이의 거짓 변증법? 끝날 줄 모르는 긴 기도 겸 가짜 문제.

ii) 우리가 살펴보았듯이 내용의 물질성과 의식의 관념성──이데올로기라는 주술적 개념에 의해 접합되는 그처럼 분리된 양극──사이의 파기되지 않는 분리를 슬그머니 되찾는 하부/상부 구조의 분리. 여기에서도 '결정적인 심급'의 문제와 뒤이어 오는 '상호 작용' '변증법' '상대적 자율성' '과도한 다원적 결정'의 묘기 전체가 그 바람에 영원히 미결인 채로 남아 있다면──여러 지식인 세대들의 최대 행복을 위해서 말이다──, 모든 것은 잘 되어갈 것이다.

iii) 정치적 분석의 층위에서 그 가짜 문제의 반향을 이루는 착취/

---

3) (역주): '널리 퍼진 번역'이란 라틴어에서 형용사만 남아 명사로 전용된 낱말로서, 성 제롬에 의해 행해지고 트렌토 종교회의에서 채택된 로마 카톨릭 교회의 공식적인 성서를 뜻하지만, 여기에서는 비유적인 의미, 곧 공식적으로 인정된 규범 또는 준거의 의미로 쓰였다.
4) 그리하여 '인위적인 욕구'와 '욕구 조작'에 대한 '비판적' 고발이 똑같은 기만을 통해 소비에 대한 무조건적인 찬양과 맞닿게 된다.

소외의 구별. 하나가 다른 하나를 밑받침하는가, 소외가 '자본주의의 더 진전된 단계'로서 착취를 뒤따르는가를 알려는 끝없는 논쟁——그 모든 것은 부조리하며, 다시 한번 (하나는 의미 작용의, 다른 하나는 생산의) 형식이 분석되지 않고 내용으로 제시되는 기호와 상품 사이의 인위적인 분할에서 유래한다. 그리하여 노동력 '착취'와 '기호들로 말미암은 소외'의 구별이 생겨난다. 마치 상품이, 물질 생산의 체계가 무언가를 '의미하지' 않는 듯이! 마치 기호들과 문화가 약호와 모형들의 층위에서 추상된 사회적 생산, 일반화된 가치 교환의 체계와는 완전히 다른 듯이 말이다.

따라서 이데올로기는 어느 편에도 속하지 않는다. 이데올로기는 사회적 생산의 모든 영역들을 가로지르는 그 유일하고 똑같은 형식이다. 이데올로기는 똑같은 추상, 환원, 일반적 등가, 착취 과정을 통한 모든 (물질 또는 기호) 생산의 장악이다.

i) 기호들이 교환가치(의사 소통의 담론)로서, 그리고 사용가치(합리적인 해독과 변별적인 사회 관습)로서 기능할 수 있는 것은 바로 상품과 정치경제학의 논리가 기호의 핵심 자체에, 이를테면 기표와 기의의 추상적인 방정식에, 기호들의 판이한 배합에 자리잡고 있기 때문이다.

ii) 형식/상품이 직접 의미 작용의 효력을 떨 수 있는 것은 기호의 구조가 형식/상품의 핵심 자체에 자리잡고 있기 때문이다——게다가 형식/상품이 '전언'과 함의로서가 아니라, 다름아닌 자체의 형식에 의해 온전한 매체로서, 사회적인 교환 전체를 지배하는 의사 소통 체계로서 정립되기 때문이다. 형식/기호, 곧 상품이 가치 교환의 질서를 바로잡는 약호인 것처럼 말이다. 생산의 물질적인 내용 또는 의미 작용의 비물질적인 내용은 별로 중요하지 않다. 결정적인 것은 바로 약호, 곧 기표들의 작용에 관한 규칙, 교환가치의 작용에 관한 규칙이다. 양쪽에서, 정치경제학의 체계를 통해 일반화되어, 모든 상징적 양면성을 환원시키고, 그리하여 가치들의 조절된 등가 위에 가치들의 합리적 유통과 교환의 작용을 세우는 것은 바로 약호이다.

소외의 개념이 주체와 의식에 관한 형이상학에 연루됨으로써, 쏠

모없는 것으로 확증되는 것은 바로 이 대목에서이다. 원시 사회의 신화가 의식들 사이에서 이야기되는 '가짜' 이야기에 불과한 것이 아니라, 실로 그 유포 자체에 의해——의식('신앙')에 관한 신화적인 '내용들'의 함축성에 의해서가 아니다——집단을 통합시키면서 교환되는 기호들의 약호인 것과 마찬가지로, 현대 사회의 기본적인 약호, 곧 정치경제학의 약호(형식/상품과 형식/기호)도 역시 내용에 대한 의식의 소외에 의해 작용하지는 않는다. 다시 말해서 교환을 합리화하고 조절하며, 의사 소통이 이루어지게, 하지만 약호의 법칙과 의미의 통제 아래에서 이루어지게 한다.

노동의 분화와 담론 용어들의 기능적 구분은 사람들을 '속여넘기지' 않는다. 반대로 추상적인 일반 모형에 따라 사람들을 사회화하며 사람들의 교환에 형태를 부여한다. 개인의 개념 자체는 그 일반적 교환 체계의 산물이다. 그리고 '총체성'의 관념——이 관념 아래에서 주체(의식의 주체 또는 '역사'의 주체)는 자신의 이상적인 준거에 비추어 자기 자신을 생각한다——은 그 체계의 결과·징후, 이끌리는 그림자일 따름이다. 소외라는 주술적인 개념——이것을 통해 의식은 스스로를 자기 자신의 이상적인 내용(되찾은 '총체성')으로 생각한다——은 이데올로기적 개념이며, 이데올로기는 의식 내용에 관한 자체의 상부 구조적 해석 속에 소외된 개념이다.

오늘날 소비는——이 용어가 의미를, 통속적인 경제학이 부여하는 의의와는 다른 의의를 지닌다면——상품이 즉각 기호로서, 가치/기호로서 생산되고 기호(문화)가 상품으로 산출되는 그 단계를 정확하게 확정짓는다. '연구가들'이 한편으로는 '생산'(경제, 하부 구조)의 전문가로, 다른 한편으로는 이데올로기(기호·문화)의 전문가로, 또는 가두리없는 총체성의 변증법론자로 갈라지는 대신, 특히 마르크스의 저작 쪽에 서서, 실로 가장 단순한 현실을 알아차리고 싶어한다면, 그들은 오늘날 생산되고 교환되는 것(물건·용역·육체·성·문화·지식 등) 가운데 어떤 것도 더 이상 기호로서 엄밀하게 해독될 수 없으며 더 이상 상품으로서 엄격하게 측정될 수도 없다는 점을, 모든 것이 일반 정치경제학의 영역에 속하는바, 일반 정치경제학의 결정적인 심급은 더 이상 상품(자체의 의미하는 기능 속에서, 자체의 전언, 자체의 함의와 함께, 하지만 언제나 생산물의 있음직한 객관성이 존속하는 듯이, 심지어 재검토되고 고쳐지기까지 하는 상품)도——물론 문화도(문화에 관한 '비판적' 해석, 이를테면 도처에서 지배 체제에 의해 상품화되거나 '회수되는' 기호·가치·관념에서조차, 하지만 이때에도 언제나 마치 표시될 수 있고 간단히 위태롭게 될지도 모를 초월성을 지닌 어떤 것이, 말하자면 교환가치를 통해 나쁘게 변질된 문화에서 찾아볼 수 있는 일종의 숭고한 사용가치가 존속하는 듯이 말이다)——아니라는 점을 알게 될 것이다. 그러한 정치경제학의 대상, 다시 말해서 가장 단순한 요소, 핵과 같은 요소——마르크스의 경우에는 정확히 상품이었던 것——, 오늘날 정확하게 상품도 기호도 아니고 분리할 수 없는 양자 모두이며, 둘 다 형식으로서가 아니라 특수한 결정물(決定物)로서 폐기되어온 대상, 그 대상은 필시 정치경제학의 가장 일반적인 형태를 묘사하는 복잡한 방식에 따라 사용가치, 교환가치, 그리고 가치/기호를 아우르게 되는 물건, 형식/물건에 지나지 않을 것이다.

2. 기호의 형이상학

기호는 가치의 '자연스러운' 명증성 속에 잠겨 있는 상품과 마찬가지로 의미 가치의 명증성을 지니고 나타난다. 기호와 상품은 바로 '가장 단순하고' 가장 신비로운 '사물들'이다. 정치경제학과 비슷한 기호학으로 말하자면 단지 기호의 유통과 구조적 작용을 묘사하기만 한다.[5]

우리가 앞의 연구에서 살펴보았듯이, 교환가치 체계의 추상 작용은 사용가치와 욕구가 발휘하는 구체적인 실체 및 객관적인 궁극성의 효과에 의해서만 유지된다. 이러한 것이 두번째 항목을 위성 겸 현장부재증명으로 만드는 상품의 전략적 논리이다. 기호의 논리와

---

5) 두 가지 유형의 분석이 상품과 기호에 대한 그 유사한 물신숭배에 가해졌다. 마르크스에 의해 시작된 정치경제학 비판, 또는 물질 생산에 관한 이론—— 최근에 『텔 켈』 그룹에 의해 수행된 비판기호학, 또는 텍스트 생산에 관한 이론.

전략에서도 사정은 마찬가지이다. 이러한 가설은 기호-언어학의 '과학적 공준들,' 특히 소쉬르에 의해 확정되고 방브니스트에 의해 수정된 기호의 자의성이라는 공준을 파열시킨다.

기호의 자의성은 기호의 무동기성(無動機性)에, Sa-타자가 개념이나 실체——타자——를 의미하려는 어떠한 '자연적인' 성향도 지니고 있지 않다는 사실에 있는 것이 아니라(왜냐하면 독일어로는 '티쉬 *Tisch*'이고 그 밖의 언어에도 타자를 뜻하는 고유한 낱말이 있으므로), 특정한 Sa와 특정한 Sé 사이의 등가를 상정한다는 사실에 있다. 이 점에서 자의성은 Sa와 Sé 사이의 유사점이 등가 원칙에 어떠한 변화도 야기하지 않는 '상징'[6]의 경우에도 완전하게 존재한다. 자의성은 '이산적인 *discret*'[7] 어느 Sa와 똑같이 이산적인 어느 Sé 사이의 정확한 상관 관계의 기본적인 설정에 있다. 달리 말하자면, 자의성은 이것=저것과 같은 기호의 방정식 관계의 가능성을 홀로 밑받침하는 '이산성(離散性)'에 있으며, 그래서 다른 어떤 것도 뜻하지 않을 것이다. 그러므로 이 '이산성'은 기호의 합리성 원칙 자체인바, 그 원칙은 Sa와 Sé 각각의 위치 조절, Sa와 Sé의 등가 및 거울상(像)성에 종속하지 않는 모든 의미 잠재성의 추상제 겸 보편적인 환원제로서 기능한다. 기호들이 추상적으로 재파악해서 표현하곤 한 외적이고 내재적인 '구체적 현실'에 대해서가 아니라, 등가와 의미 작용의 도식을 벗어나는 모든 것, 그리고 그 도식을 구성하는 조작 자체를 통해, Sa와 Sé의 급작스런 결정화(結晶化)를 통해 기호가 억누르고 없애버리는 모든 것에 대해 이루어지는 강압적이고 환원적인 기호의 합리화. 기호의 합리성은 일정한 방정식 구조를

---

6) 여기에서는 기호의 유사 변이형으로서의 상징이라는 전형적인 기호-언어학상의 의미로 쓰였다. 앞으로는 반대로 상징(상징계, 상징적 교환)을 언제나 기호와 의미 작용의 개념에 대립하는 대안으로 사용할 것이다.

7) (역주): 언어학에서 하나의 체계를 이루며 외따로 떨어지고 경계가 정해질 수 있는 하나의 단위를 지칭할 때 쓰이는 형용사이다. 하나의 이산적인 단위는 자체의 현존과 자체의 부재에 의해서만 가치를 갖는다. 형태소들을 구성하는 음소들은 한 음소에서 다른 음소로의 교체가 형태소의 층위에서 변이를 야기한다는 점에서 이산적인 단위들이다. 불연속성과 동시에 관여성 *pertinence*을 내포하는 개념이라 할 수 있다. 그러므로 흩어져 있다는, 따로 떨어져 있다는 의미만을 풍기는 '이산적'이라는 역어는 불충분하다. '이산성'이라는 역어도 마찬가지이다. '불연속적' '불연속성'으로 옮기는 것이 나을 것이다.

위해, 배제에, 모든 상징적 양면성의 소멸에 근거를 두고 있다. 기호는 하나의 판별식이다. 이를테면 배제에 의해 구조화된다. 이제부터 기호는 그 배타적인 구조에 의거하여 확정되고 자체의 고정 영역을 가리키며 나머지 모든 것을 포기하고 Sa와 Sé를 각각의 통제 속에 할당하는 관계로, 기호는 완전하고 실질적이고 합리적이며 교환할 수 있는 가치로서 주어진다. 모든 의미 잠재성이 구조의 맥락으로 넘어간 것이다.

Sa와 Sé의 그러한 항목별 할당은 기호의 논리를 어기지 않으면서 양의적·다의적 관계로 아주 적절하게 확장될 수 있다. 하나의 Sa가 여러 Sé를 가리킬 수 있으며, 하나의 Sé가 여러 Sa를 가리킬 수도 있다. 그래도 자의성의 근거를 이루는 등가의, 따라서 배제와 환원의 원칙은 똑같은 상태에 그대로 있다. 등가가 그만큼 근본적으로 양면성에 대립하면서도 간단하게 다가(多價)로 바뀐 것이다. 모호성 그 자체는 여전히 본질적으로는 정립되어 있는 원칙의 흔들거림일 따름이다. 의미 작용의 점차적인 소멸도 기호의 합리성이라는 원칙을, 따라서 기호의 현실 원칙을 문제삼지 않는다. '이산성'을 간직하는 Sa와 Sé 사이에서 다양한 접속이 이루어지는 까닭에, 거기에서도 언제나 의미 작용의 약호가 의미의 통제 체계로서 작용한다.

양면성(우리는 이 낱말에 가치 파열, 가치/기호의 이편 또는 저편, 그리고 상징적인 것의 등장이라는 매우 강한 어의를 부여한다)만이 기호의 해독 가능성과 가짜 투명성, 기호의 사용가치(합리적인 해독)와 교환가치(의사 소통의 담론)를 다시 문제삼는다. 양면성은 기호의 정치경제학에, 따라서 의미 작용의 낙인이 찍힌 개념, 곧 Sa와 Sé 각각의 규정에 종지부를 찍는바, Sa와 Sé는 의미 작용의 진전 과정이라는 전형적인 어의에서만 의미를 띠며, 그리하여 어떤 형태 아래에서건 그 논리의 폭발 뒤에는 존속할 수 없을 것이다. 양면성과 상징적인 것의 논리 속에서, 우리는 기호의 풀이 과정, 곧 기호에 관련되며 의사 소통의 담론에서는 결코 풀리지 않는 방정식의 풀이 과정에 매달린다. 통합되고 불투명하며 일찍이 해명된 그러한 방정식은 거기에서 모든 가치들의 추상적인 방정식에 근거를 두는 것의

하나인 그 다른 매체, 곧 상품과 똑같은 유형의 사회적 신비를 밑받침한다.[8]

마르크스가 교환가치의 층위에서 선도한, 하지만 전적인 범위에 사용가치도 포함되는 정치경제학 비판은 매우 정확하게 상품과 상품에 관한 함축적인 방정식의 그러한 풀이, 일반적인 등가의 형식 겸 약호로서의 상품에 관한 해결책이다. 『기호의 정치경제학 비판』을 통해 의미 작용의 영역으로 확대해야 하는 것은 바로 그와 같은 비판적 풀이이다.

3. 지시 대상이라는 신기루

기호가 '이산적이고' 기능적인 의미 단위로 나타나는 거기에서, Sa는 Sé를, 그리고 그 전체[9]는 지시 대상을 가리킨다. 추상적인 구조로서의 기호는 한 조각의 객관적인 현실을 가리킨다. 게다가 방브니스트가 소쉬르를 수정하여 기호의 자의성을 위치시키는 것은 그 두 항목 사이이다──기호의 자의성은 둘 다 심적인 성질의 것이고 주체의 정신 속에서 진정한 동일체에 의해 필연적으로 결합되어 있는 Sa와 Sé 사이가 아니라, 기호와 기호가 가리키는 사물 사이에 있다. 더 나아가(『일반 언어학의 문제들』, p. 52): "자의적이라는 것은 어느 다른 기호 아닌 특정한 기호가 현실의 어느 다른 요소 아닌 특정한 요소에 적용된다는 것이다. 이 점에서, 바로 이 점에서만, 우연성에 대해 말하는 것이 가능하게 되는바, 그것은 문제를 해결하기 위해서라기보다는 문제를 표시하고 잠정적으로 문제에서 손을 떼기 위해서일 것이다. 〔……〕 자의성의 범위는 이처럼 언어학적 기호의 내포 밖으로 추방당한다."

---

8) 이러한 기호 풀이는 그러한 것으로서의 Sa와 Sé의 폐기를 초래하지만, 의미의 유형적 요소 전체와 의미의 작용을 폐기하여 어떤 신비한 무(無)로 향하는 결과를 가져오지는 않는다. 의미의 상징적 조작 역시 음성·시각·몸짓(그리고 사회)의 질료에 의거하여, 하지만 우리가 재론할 전혀 다른 논리에 따라, 실행된다.

9) (역주): Sa와 Sé 전체.

자의성을 기호 밖으로 내쫓는 것은 문제를 비켜가는 것에 지나지 않으며, '문제를 제쳐놓을' 수 있다는 것은 '잠정적'이고 방법론에 관련되기는커녕, 문제의 영원한 형이상학적 해결을 동반할 위험이 아주 큰 해결책을 문제에 부여하는 것이다.

소쉬르의 경우 자의성의 가설이 여전히 Sa와 Sé의 상호적인 응집성에 쏠리는 반면에, 방브니스트는 그러한 작업을 통해, 기호의 내적 조직, 기호의 논리적 필연성(그리고 기호-언어학의 필연성)을 보전하려고 한다. 하지만 그러한 조정(調整)은 방브니스트가 철학에 기대어 해결하는 것으로 그치는 기호와 실체(지시 대상) 사이의 분리에 토대를 둘 때에만 가능하다. 사실상, 방브니스트는 모든 언어학자와 기호학자들처럼 '동기'와 '자의성'의 개념들을 원용하여, 그것도 형이상학적으로 그러한 분리에 응답한다.

왜냐하면 사물들은 결코 방브니스트(그리고 다른 이들)의 관념론적인 표상에 따라 절단되지는 않기 때문이다. 절단은 기호와 실체의 지시 대상 사이에서 일어나지 않는다. 절단은 형식으로서의 Sa와 다른 한편으로는 Sa의 영향 아래 모두 내용으로, 하나는 사유의 내용으로, 다른 하나는 현실(더 정확히 말해서 지각)의 내용으로 등록되는 Sé 및 Rft 사이에서 일어난다. 여기에서 문제되는 지시 대상은 Sé와 마찬가지로 기호 바깥에 있다. 다시 말하자면 기호에 의해 주문되고, 기호에 따라 단번에 윤곽이 드러나며, 투명무늬로 새겨지는 기호의 현실성 이외의 다른 현실성을 지니고 있지 않다. 본래의 의미에서, 지시 대상은 기호를 반영하며, '말하는 주체'는 형식에 종속하는 그 깊은 유착(癒着)을 내용의 층위에서 '본능적으로' 해석한다. "말하는 주체로 말하자면, 언어와 현실 사이에는 완벽한 합치가 있다. 기호는 현실을 내포하고 주문한다. 더 적절하게 말하자면 기호는 그 현실이다"라고 방브니스트는 말한다. 이 불쌍한 말하는 주체는 명백히 기호의 자의성에 대해 아무런 것도 알지 못하지만(이 주체는 기호학적 주체가 아니다!), 자신의 고지식한 형이상학속에서 나름대로 정당성을 갖는다. 왜냐하면 "방브니스트의 자의성(기호와 실체 사이의)이 Sa와 Sé 사이의 소쉬르의 자의성보다 더 많이 존재하지는 않기 때문이다."

소쉬르에 반대하여, Sé가 Sa와 동질이라는 것을 인정한다면, 지시 대상(실체)도 그만큼 동질이다. 왜냐하면 Sé와 Rft는 Sa가 그것들에 할당하는 동일한 절단부를 지니며, 재단 과정, 추상적인 형식화 과정은 사슬의 한쪽 끝에서 다른 쪽 끝까지, Sa에서 (포함된) Rft까지 연속되기 때문이다. 무차별하게 다음과 같이 말할 수 있다:

i) 동기는 사슬의 한쪽 끝에서 다른 쪽 끝까지 일반적이다──하지만 그때의 동기는 이를테면 Rft에서 Sa 쪽으로 올라가는, 심리주의적인 유형의 실질적 동기가 아니라, '위에서의' 형식적인 동기이며, '실체'까지 알려주고 결정짓는 약호와 Sa의 법칙이다. 약호는 진정한 현실 원칙이 된다.

ii) 또는 사슬 전체를 지배하는 것은 자의성, 기호에 관한 합의이다. 구체적인 것은 존재하지 않으며, 구체적인 것의 지각 자체가 Sa의 추상 작용과 '이산성'에 달려 있다. Sa라는 유령이 세계로 퍼지는 셈이다(두 가지 의미, 곧 Sa가 세계를 스펙트럼식으로 '분석하며,' 세계에 횡행한다는 의미에서).

요점은 기호와 세계의 분리가 허구이며 공상과학소설로 통한다는 것을 아는 데 있다. 등가·추상·이산성·기호· 재단의 논리는 Sé와 마찬가지로 Rft를 포함한다──기호가 더 잘 멀어지기 위해 '환원시키는' 이 세계는 기호의 효과, 기호가 끌고 다니는 그림자, 기호의 투영된 축도일 뿐이다. 더 정확하게 말해서, Sé/Rft.──우리가 살펴보았듯이, 단 하나의 동일한 사물──, Sa가 끌고 다니는 그림자, Sa들의 작용이 이루어지고 사냥개를 속이는 현실 효과로서 작용하는 단 하나의 동일한 내용이다.

바로 여기에서 의미 작용의 논리와 정치경제학의 논리 사이의 상동이 나타난다. 정치경제학의 논리는 욕구에의 참조와 사용가치의 현실화, 그리고 인류학의 지평을 이용하지만, 사실은 그것들이 그 논리의 작용과 고유한 구조에 개입하지는 않는다. 마찬가지로, 지시 대상은 기호의 내포 바깥에 머무른다. 기호가 지시 대상을 암시하기는 하지만, 기호의 내적 조직은 지시 대상을 배제한다. 사실상, 우리가 살펴보았듯이, 욕구 및 사용가치의 체계는 자체의 완성으로서의 정치경제학의 형식 속에 전적으로 내포되어 있다. 지시 대상의 경우도, 전적으로 기호의 논리 속에 내포된 그 '현실 내용'의 경우도 사정은 마찬가지이다. 두 영역 각각에서, 두 지배적인 형식(사용가치의 체계와 Sa들의 배합)이 지시의 근거·내용·현장부재증명을 지니며, 두 영역에서 분절은 의미있게도 욕구와 동기의 동일한 형이상학적 영향 아래에서 이루어진다.

아주 낡은 심리학 전체가 기호학 체계를 북돋운다.

i) 지시 대상, '실제의' 대상은 현상으로 나타나는 대상, 주체의 지각과 실제 경험의 내용——형상에 대립하는 베르그송류의 실체와 현상학 사이의 중도에서 발견되는 내용——이다.

ii) 그 지각 내용은 그렇게 말해도 좋다면 수면에 나타나, 기호의 층위에서 기의, 곧 사유 내용에 의해 교대된다. 아주 낡은 철학적 관념론과 19세기에 이미 그토록 낡아빠진 추상적 연합설에 의하면, 양자 사이에서 사람들은 체험된 지각에서 개념적인 것으로 넘어간 것으로 여겨진다.

그런데 여전히 서로의 모습을 따르면서도 그처럼 미묘하게 구별되는 기호와 지시 대상(또는 Sa와 Sé) 사이의 분절은 어떻게 이루어지는가? 동기에 의해 이루어진다. 기호에 관한 소쉬르의 이론에 따라 부인하기 위해서건, '상징'의 정의를 통해 상대화하거나 조합하기 위해서건, 방브니스트가 소쉬르의 이론에 대한 (근거 있는, 그러나 기호-언어학의 내적 관점에서만 정당한) 비판에서 그랬듯이 긍정하기 위해서건——생각할 수 있는 유일한 관계, 현상적인 것(심리적인 것)과 기호의 분절을 생각할 수 있게 하는 유일한 개념, 그것은 동기이다. 공허하고 주술적인 개념, 하지만 지시 대상이라는 그 형이상학적 표상, 기호와 세계 사이의 그 추상적인 분리가 주어진 이상, 사정이 다를 수는 없을 것이다——기호와 세계를 연결시키기 위해서는 마술적인 구름다리가 필요하며, 마치 우연인 듯이, 정치경제학이 거기에서도 또한 분리된 것으로 제시된 주체와 대상을 다시 연결시키려고 하는 것은 바로 그 구름다리 자체, 곧 욕구를 통해서이다. 욕구·동기, 사람들은 이것들에서 빠져나오지 못한다. 똑같은 용어가 똑같은 형이상학적 계략을 숨기고 있다. 어떤 경우에, 그 용어는 오히려 논리적인 울림을 지니며, 다른 어떤 경우에는 차라리

170

심리적인 반향을 갖지만, 잘못 생각하지 않도록 하자, 여기에서 논리와 심리는 분리될 수 없을 정도로 뒤섞여 있다. 기호학상의 동기는 심리 전체를 배후에 두고 있다——경제적 욕구로 말하자면, 그것은 실로 주체의 요구 이상의 것이다——경제학의 논리적 분절 자체가 경제적 욕구를 기능상의 공준으로 요구하기 때문이다.

이 개념들은 때때로 무의미하지 않다. 하나의 개념이 분리가 아닌 분리를 메우려 할 때는 어떤 것도 의미하지 않는다. 기호와 현상으로 나타난 지시 대상과 기호 사이의 구분은 기호와 체험된 세계를 명확하게 대립하게끔 하나는 형식으로, 다른 하나는 내용으로 동시에 관념화하고 추상하는 형이상학적 직관에서만 하나의 분리이다. 잘못된 구분을 스스로에게 부과하는 형이상학적 직관은 잘못된 개념들로써만 그러한 구분을 해결할 수 있다. 하지만 그러한 구분은 전략적이고 효과적이며, 그러한 구분을 해결하는 것(그 개념들의 주술적인 비현실성을 깨뜨리는 것)은 기호의 자의성과 동기라는 가짜 문제를 해결하는 유일한 수단일 터이지만, 또한 기호학 전체의 가능성을 깨뜨리는 것이다.

개념들의 공허함은 명백히 의미 작용과 경제 활동의 영역에서 동시에 분석될 수 있는 하나의 전략을 감추고 있다. 동기(욕구)는 단지 두 항목 사이의 명확한 대립 뒤에서, 이른바 내용의 우회적인 표현에 의해 똑같은 형식의 두 가지 양태 사이의 일종의 회로, 거울상의 동어반복적 과정을, 현실적인 것의 우회적인 표현에 의해 체계적인 추상적 관념(교환가치에 관련된 것이건, 기표의 약호에 관련된 것이건)의 재현을 묘사하기만 한다. 욕구(VU)는 구체적이고 비교할 수 없으며 정치경제학에 외재하는 실체를 구성하는 것이 아니라, VE의 체계에 의해 유도되며 똑같은 논리에 따라 기능하는 하나의 체계 자체를 구성한다는 것을 우리는 살펴보았다. 두 체계가 이를테면 똑같은 형식 속에서 짝지워진다면, 욕구의 개념으로는 어떤 것도 전혀 분석되지 않으며 헛된 분절 아래에서 똑같은 모형의 일반적인 순환과 그 모형의 내적인 작용이 묘사될 따름이라는 것은 분명하다. 이는 욕구의 동어반복적 정의(다른 정의는 없다)를 나타낸다. 사람들은 사용가치로서의 이런저런 사물을 '필요하기 때문에' 전유한다는 것이다.

방브니스트의 동기에 대해서도 똑같은 순환성, 똑같은 심리적 동어반복이 적용된다.

ⅰ) 기호의 필연성은 어느 Sa와 어느 Sé(사유 '현실'의 어느 부분)를 분리할 수 없을 정도로 연결하는 심리적 합의에서 나온다.

ⅱ) 그러나, 현실의 그 '명시된' 부분이 지니는 객관성은 명백히 주체들의 지각에 관련된 합의이다.

ⅲ) 그리고 이에 못지않게 명백히 그 합의는 어느 Sa를 어느 Sé에 연결시키는 심리적 합의에서 힘을 얻는다.

현실로써 기호를 정당한 것으로 인정하고 기호로써 현실을 밑받침하는 것은 엄밀하게 순환논법이지만, 알다시피 이 순환성은 형이상학(이데올로기)의 모든 효력을 낳는 비결 자체이다.

욕구가 주체의 변화하는 독창적인 표현이 아니라, 언제나 이미 교환가치의 체계와 떨어질 수 없는 사용가치의 체계에 의한 주체의 기능적 환원인 것과 똑같은 방식으로, 지시 대상은 자율적인 구체적 실체를 전혀 구성하지 않는다. 기호의 논리에 의해 정립된 재단을 사물들의 세계에(현상학적 지각 세계에) 확대 적용하는 외삽법만이 있을 뿐이다. 지시 대상은 기호를 가로질러 보여지고 해석되는 그대로의──다시 말하자면 실질적으로 마구 오려지고 오려질 수 있는──세계이다. '실제의' 탁자는 존재하지 않는다. 그것의 정체성이 표시될 수 있다면(=그것이 '존재한다'면), 그 이유는 그것을 자체에 대한 그 등가 속에 설정하는 재단에 의해 그것이 이미 지시되고 추상되며 합리화되기 때문이다. 이러한 이유로, 다시 한번, 지시 대상과 기의 사이에는 근본적인 차이가 없으며, 이로 인하여 다소간 도처에서 일어나는 자연발생적인 혼동은 암시적이다. 지시 대상은 기의의 가치 이외에 다른 가치를 지니지 않는바, 기의에 대한 생체 내의 실질적인 준거이기를 바라며, 기의의 추상 속으로의 확장일 뿐이다.[10] 그러므로, 전략은 마찬가지이다. 사실상 상품의 이중적인

10) '영구(永久)' 개념의 이러한 묘사(J. -M. 르페브르, *N. R. F.*, févr. 70, No.

양상(VU/VE)은 사용가치가 교환가치에 의해 지배되면서도 교환가치에 '자연주의적인' 보증을 가져다주는 명백한 동질성을 감추고 있다. 실제로 기호의 이중적인 양상(Sa/Sé-Rft로 일반화될 수 있는 Sa/Sé)은 Sé와 Rft가 Sa의 논리 형식에 지나지 않는 동일한 논리 형식에 지배되지만 그 논리 형식에 대해 준거/현장부재증명, '실질적인' 보증의 구실을 하는 명백한 동질성을 숨기고 있다.

따라서 소쉬르의 종잇장 이론(오려지는 기호의 이중적인 모습)은 참으로 관념론적이다. 그 이론에서는 Sa와 Sé가 '동등한 조건에서' 기호를 구성하는 심급으로 제시되는 까닭에, 정확하게 두 항목의 비대응성과 지배적인 항목의 근본적인 순환성에 근거를 두는 의미작용의 전략적 장치 전체가 가려진다.

---

1 참조: "지시 대상은 정말로 실체가 아니라 [……] 우리들이 갖는 심상이다. 지시 대상은 언어학에서처럼 Sa와의 단순한 관계 속에서 고려되는 것이 아니라, 사물들 쪽으로 이끌리는(!) 의도에 의해 결정되는 기의이다. Sé-개념에서, 나는 세계에의 구체적인 접근으로서의 지시 대상으로 넘어간다")는 실재론적 물신숭배, 곧 실체에 대한 물신숭배——물질을 환상이 되게 하는 관념론의 마지막 단계——를 나타낼 따름이다. 그렇지만 기호학은 서양 형이상학의 모든 경계에서 유래한 그 유물론과 관념론의 혼잡한 흔적들에 근거를 두고 있다. 게다가 J.-M. 르페브르의 입장은 제아무리 비판적인 어떤 기호학적 사유 뒤에서도 '실체'가 슬그머니 되살아나 기호의 전략을 더 잘 복원하는 데 성공하게끔 하는 술책을 특징짓는다. 그의 입장은 이처럼 기호학의 분절을 근본적으로 문제삼지 않는다면 기호에 의해 제기되는 형이상학 문제들에서 빠져나올 수 없다는 것을 보여준다. 실제로 그는 이렇게 말한다: "지시 대상은 실체(다시 말해서 내가 그 실존을 느끼거나 통제할 수 있을 대상)가 아니다. 우리들은 지시 대상을 실제적인 것으로서 간주하고 얻으려 하지만, 지향성은 바로 지시 대상의 현실성을 부인하는, 지시 대상의 현실성을 허구로, 인위적인 구성물로 만드는 정신의 행위이다. 따라서, 일종의 앞으로 달아나기에 바쁜 가운데, 지시 대상은 현실성을 잃고 모사물이 되지만, 그 뒤에는 만질 수 있는 대상이 즉각 다시 나타난다. 그러므로 기호의 분절은 기호의 저편 겸 기호의 용인으로서의 현실을 끊임없이 재창안하면서, "갈라진 심연 속에서" 한없이 감속될 수 있다. 요컨대 기호는 자체의 고유한 약정, 자체의 자의성을 초월하려는 동경에 줄곧 시달린다. 이를테면 완전한 동기에 매여 있다. 이처럼 기호는 자체의 저편과 자체의 폐기로서의 현실을 목표로 삼는다. 그러나 기호는 "자체의 그림자를 넘어 뛰어오를" 수 없다. 그 현실은 기호를 생산하고 재생산하는 것 자체이다. 기호의 저편이 아니라, 기호의 지평일 뿐이다. 실체는 기호를 줄곧 엄습하는 상징적 해체로부터 기호가 스스로를 보존하게끔 해주는 환상이다.

i) 욕구와 사용가치의 형이상학에 대응하는 Sé/Rft의 형이상학. Sé/Rft는 본래의 실체, 가치의 알맹이, 그리고 받침대로서의 기표들의 작용을 가로질러 회귀하는 궁극 목적으로 제시된다(『텔 켈』에 실린 데리다의 분석 참조). 이와 마찬가지로, 사용가치는 기원 겸 궁극 목적으로 주어진다——사용가치의 순환 과정은 필요하나 진정한 궁극 목적과 관계가 없는 굴곡으로서 나타난다.

ii) 사실, 내용(VU와 Sé/Rft)이 누리는 그러한 도덕적·형이상학적 특권은 오로지 형식(VE와 Sa)의 결정적인 특권을 숨기기만 한다. 이 두 항목은 각각 최후의 '근거' 체계 전체의 구조적 원리인바, 다른 두 항목은 이 두 항목의 굴곡일 따름이다. 전체를 지배하는 것은 바로 사용가치의 체계와 기표들의 작용에 대한 합리적인 추상이다. 그러나 이 기본적인 전략(인간 기계론상의 프로그래밍에서 관료 제도, 그리고 '소비'의 체계에 이르기까지 현대 사회의 모든 층위들에서 이 전략이 불러일으키는 조작상의 반향을 드러내는 것은 쓸데없는 일이다[11])은 두(또는 세) 심급들(Sa, Sé, Rft)에서의 의미 작용의 배분, 그리고 그 심급들의 구분과 등가의 놀이에 의해 세심하게 감추어진다.

4. 외연적 의미와 내포적 의미

전언의 층위, 외연적 의미 *dénotation* [12]와 내포적 의미의 개념에서도 똑같은 형이상학이 작용한다(기호-언어학의 개념 포대[砲臺] 전체

11) 전혀 쓸데없는 일은 아니지만, 거기에서는 기호의 정치경제학의 발전 과정이 문제이며, 우리는 다른 곳에서 이 문제를 재론할 생각이다.

12) (역주): 담론 밖에서 이용될 수 있는, 어휘 단위의 기본적이고 안정된 의미. 어휘 단위는 음성 형태(기표)와 의미(기의)를 내포할 뿐만 아니라, 외연적 의미도 포괄하는바, 외연적 의미는 어휘 단위가 가리키는 담론 밖 실체들에 의해 구성된다. 따라서 한 단위의 기의는 그 단위가 그 실체들을 표시하기 위해 한 종류의 물체들 또는 개인들이 충족시키게 되어 있는 조건들을 나타낸다. 이 점에서 외연적 의미는 논리학상의 '외연'과 등가이며, 특별한 물체들 또는 개인들을 가리키기 위해 담론 안에서 이용되는 단위들에 적용되는 지시 *désignation* 또는 참조 *référence* 와 흔히 구별된다.

174

는 마르크스가 고전 정치경제학의 개념들에 대해 행한 분석과 똑같은 근본적인 분석에 부쳐져야 한다).

외연적 의미는 전적으로 '객관성'(언어학상의 기호에서건, 사진이나 도상〔圖像〕의 유사물 등에서건), 곧 Sa와 분명한 실체의 직접적인 합치의 신화에 의해 유지된다. 거기에서는 그림의 경우에 생기는 난점(비이산성, 기표와 기의의 연속체)도 기호의 등가 규칙이, 곧 기호와 단절된 그림에 허구적 현실을 배정할 수 있게, 따라서 의미의 합리화와 일반적인 통제를 가능하게 하는 두 항목의 그러한 할당이 다시 시비에 말려들게 하지는 않는다.

내포적 의미라는 Sé[13]도 역시 '떼어놓은' 새로운 의미 작용 과정에서 나타나는 '외연적 의미의 효과'로 다시 바뀌기 때문에, 말할 것도 없이 똑같은 분석에 회부되어야 한다. 더 흥미로운 다른 사정이 있다. 바르트에 힘입어 '팡자니' 국수를 위한 광고 영상의 분석, 그리고 그 국수가 갖는 '이탈리아성'이라는 내포적 의미를 생각해보자. '이탈리아성'은 기의, 개념의 내용 등이라는 허울을 쓸 따름이며, 사실상 자체에 대해서만 하나의 약호──굳이 말한다면 하나의 신화──를 구성하지만, 알다시피 신화는 내용이 아니라 약호의 교환 및 유통 과정, 결정적인 것은 형식인 할당 및 분류 과정이다. 내포적 의미의 경우에도 마찬가지인바──내포적 의미가 이데올로기의 처소라면, 그 이유는 내포적 의미가 부속되거나 기생하는 의미 내용들을 내포적 의미가 '객관적인' 외연적 의미에 접붙이게 될 것이기 때문이 아니라, 곧 대응하거나 이질적인 내용들이 내포적 의미에 의해 외연적 의미의 진전 과정일 기호의 하부 구조[14]로 넘어가게 될 터이기 때문이 아니라, 내포적 의미가 정확하게 Sa들의 연

---

13) '떼어놓기에 의한' 내포적 의미의 표상은 익히 알려져 있다. 기호는 전적으로 다시 다른 Sé의 Sa가 된다:

$$\frac{Sa/Sé}{Sa} \quad /Sé$$

14) 거기에서도, 하부 구조와 상부 구조가 의미 작용의 영역에서와 똑같은 방식으로, 곧 하부 구조는 외연적인 것으로, 상부 구조는 '이데올로기'적인 것으로 작용하는 것은 우연이 아니다.

결 및 교환의 결과이기 때문이다(「물신숭배와 이데올로기」 참조. 이데올로기는 형식에 연결되어 있는 것이지, 내용에 연결되어 있는 것은 아니다. 이데올로기는 약호에 대한 열정이다).

그렇다면, 외연적 의미의 진전 과정을 재론하여 외연적 의미가 내포적 의미와 전혀 다르지 않다는 것을, 곧 외시(外示)된 Sé는, 그 '객관적인' 실체는 바로 약호화된 형식(지각의 약호, '심리의' 약호, '실재론적' 가치들의 약호 등)일 뿐이라는 것을 보여줄 수 있다. '이데올로기'는 내포적 의미의 진전 과정에서와 마찬가지로 외연적 의미의 진전 과정에서도 완전하다고, 잘라 말하자면 외연적 의미는 내포적 의미들 가운데 가장 허울좋고 가장 섬세한 것에 지나지 않는다고 해도 과언이 아니다. 『S/Z』에서 바르트는 이렇게 말하고 있다: "외연적 의미는 의미들 가운데 으뜸가는 것이 아니라 으뜸가는 것인 체한다. 이러한 환각 아래에서, 외연적 의미는 결국 내포적 의미들 가운데 최종적인 것(읽기를 밑받침하고 동시에 마감하는 것 같은 내포적 의미), 텍스트가 언어의 본질로, 본질로서의 언어로 복귀하는 체할 수 있게 해주는 탁월한 신화일 뿐이다. 하나의 문장은 어쩌면 자체의 언표보다 나중에, 어떤 의미를 방출하건, 우리들에게 단순하고 본원적인 문자 그대로의 어떤 것——정말로, 이것에 비하면 나머지 모든 것은 문학이다——을 일러주는 듯하지 않는가?"

이미 살펴보았듯이, 이 모든 것은 물건들이 갖는 '외시하는' 기능으로서의 사용가치와 정확하게 같은 가치가 있다. 물건은 '섬기는 것'으로서 객관적인 어떤 것을 말해주는 듯하지 않는가? 이 명백한 담론은 물건의 신화지(誌)들 가운데 가장 교묘한 것이다. 가짜 순진성, 객관성의 변질. 바르트가 말하는 축자적 해석처럼, 유용성도 본질이 아니라, 다른 약호들이 다소간 '이데올로기적인' 궁극 목적들의 합리화로만 보이는 가운데, 있음직한 다른 많은 약호들(심미적·도덕적 약호 등)에 대해 홀로 합리적인 것으로 보일 특권을 갖는 자연스런 명증성의 약호이다. 외연적 의미 또는 사용가치, 객관성 또는 유용성, 이것은 언제나 명증성의 별 아래에서 현실이 약호와 맺는 공모이다. 그도 그럴 것이 사용가치, 곧 물건의 '축자적'이고 관념적인 궁극 목적이 교환가치의 체계에서 끊임없이 다시 솟아나는 것과 마찬가지로, 구체적인 것, 현실적인 것, 외연적 의미의 효과는 백색광이 스펙트럼 색깔들의 간섭에서 생기듯이 조직망들과 약호들의 복잡한 간섭 작용에서 끊임없이 생겨난다. 외연적 의미라는 백색광은 내포적 의미들의 스펙트럼 작용에 지나지 않는다.

따라서 외연적 의미/내포적 의미의 구분은 공허하고 그 자체로 이데올로기적인 것처럼 보인다. 그렇지만 역설적인 방향으로, 정확하게 통상적인 어의와는 반대로 재정립될지 모른다. 왜냐하면 외연적 의미는 이데올로기 과정에 보편성과 '객관적인' 결백을 회복시켜줌으로써 이데올로기 과정의 흔적을 지우는 자체의 특이한 기능으로 말미암아 (함축된) 다른 의미 내용들과 구별되기 때문이다. 그러므로 외연적 의미는 이데올로기적인 항목으로서의 내포적 의미가 대립하는 객관적인 항목이기는커녕, 이데올로기의 그 진전 과정 자체를 순화시키는 까닭에 가장 이·데·올·로·기·적·인, 2차 이데올로기적인 항목——바르트가 말하는 탁월한 신화——이다. 우리가 교환가치에 대한 사용가치의 관계에서 사용가치에 있다고 인정한 것도 정확히 동일한 전술적 기능이다. 이처럼 두 영역은 이데올로기의 전체적인 진전 과정 속에서 서로를 명확하게 비춘다.[15]

---

15) 분석은 메타 언어의 층위로 연장될 수 있다(반대로 떼어놓기):

$$\frac{Sa/Sé}{Sé} \quad /Sa$$

(기호 전체가 새로운 Sa의 Sé로 다시 바뀐다). 메타 언어학상의 외연적 의미라는 Sé는 극단적인 경우에 그 자체로 Sa의 결과, Sa들의 규칙적인 교환에서 일관성 전체가 생겨나는 모사 모형일 뿐이다. 다음의 가설(기껏해야 하나의 가설)을 역설에 이르게 하는 것은 흥미로운 것이다.
——역사적인 사건이 대중매체에 의한 연속적인 약호화를 통해, 단순한 약호 조작, 담론들의 배합 효과에 의한 권모술수와 막후 공작을 통해 증발된다는 가설.
——동일한 방식으로, 메타 언어학의 층위에서, 한 학문의 대상은 자체의 합리성을 나머지 모든 것의 배제 위에 세우는 지식 영역의 절단(우리가 살펴보았듯이, 기호 자체의 설정에서와 똑같은 과정) 때문에, 그 학문의 담론이 모사 모형으로서의 대상을 무조건 부여받음에도 불구하고 그 담론의 결과일 뿐이라는 가설. 그리고 알다시피 최종 심급에서 학문은 언어에 관한 학문 공동체의 합의에 근거를 두고 있다.

5. 기호의 저편: 상징계

기호의 정치경제학 비판은 몇몇 지양의 관점들, 곧 교환가치/기호가 조직되는 데 토대가 되는 그 의미 작용 과정의 저편을, 따라서 또한 완전한 '객관적인 결백'의 상태에서 교환가치/기호의 기능이 묘사될 뿐인 기호학의 저편을 내포한다.

일반적으로, 기호(기호의 추상적 합리성, 기호의 '자의성') 지양의 비판적 관점들은 약호의(Sa의) 지배력으로부터 해방시켜야 하는 Sé의(Rft의: 동일한 것이다) 이름으로건, Sé의 지배력으로부터 해방시켜야 하는 Sa의 이름으로건, 기호를 구성하는 두 항목 가운데 하나의 이름으로 마련된다.

첫번째 관점——Sé의 편——은 의미에 관한 서양의 소송에서 Sé가 갖는 우위에 대해 데리다와 『텔 켈』이 행하는 비판의 테두리 안에서 분석되어야 한다. 기호가 자체의 형식을 희생시키고 (사유 또는 실체의) 내용 속에서 도덕성을 부여받는, 의미의 도덕적·형이상학적 지위. 그러한 의미 작용의 '자연 철학'은 '지시 대상의 관념론'을 내포한다. 그것은 '구체적인' 실체의 이름으로 기호의 추상 작용과 자의성에 대해 행하는 비판이다. 그 철학의 환상은 직접적이고 투명한 직관을 통해, Sé들(주체·역사·본성·모순)의 변화하는, 변증법적인, 진실된…… 참모습을 다시 솟아오르게 하기 위해 기호(Sa)와 약호 없이 견디어내면서, '현실'의 전적인 부활을 꿈꾸는 환상이다. 이러한 시각은 오늘날 '진실된' 가치(부르조아지의 개인주의적 가치 체계를 통해 아낌없이 고갈된)의 이름으로 체계와 약호의 추상 작용에 대해 행해지는 비판 속에서 폭넓게 전개되고 있다. 그 철학은 체계로 말미암은 소외에 대해 길게 늘어놓는 거창한 도학자적 푸념으로서, 그 동일한 체계의 확대와 더불어 일종의 보편적인 담론이 된다.

Sé(Rft)의 이름으로 Sa에 대한 비판을 행하려는, '현실'을 기호들의 형식적인 작용에 대한 이상적인 대안으로 만들려는 그러한 시도는 우리가 '사용가치의 관념론'으로 분석한 것과 정확하게 겹친다.

VU가 VE의 체계와 굳게 결속된 위성 체계라는 것을 알아차리지 못한 채, VE의 체계를 거슬러 VU를 구출하는 것, 이것은 기본적인 관념론, Sa의 폭력 행위에 맞서 Sé(Rft)를 구해내려는 시도에서 다시 발견되는 내용 중심의 초월적 인본주의이다. 의미 작용의 이데올로기 전체는 이미 '현실'을 해방시키고 풀어놓으려는 그러한 생각으로 넘어간다——정치경제학의 이데올로기가 이미 전적으로 사용가치의 관념적인 자율화로 넘어가는 것과 꼭 마찬가지로 말이다.

기호의 정치경제학에서 찾아볼 수 있는 모든 지양의 시도는 기호의 논리를 밑받침하는 분리를 그처럼 승인하기 때문에, 기호의 구성 분자들 가운데 어느 하나에 기대는바, Sé 또는 Sa의 교대 방식에 의거하여 기호의 자의성(따라서 이데올로기)을 재생산하게 마련이다.[16] 기호에 관한 결정적인 의문을 숙고하게 할 수 있는 것은 기호가 자체의 설정 자체를 통해, Sa와 Sé 각각의 드러남과 구조적 할당을 통해 제외하고 없애버리는 것이다. 그리고 요컨대 의미의 거대한 모사 모형일 뿐인 그 의미 작용 과정이 폐기하는 것은 '현실적인 것,' 지시 대상, 기호의 어두운 외부로 밀려나는 어떤 실질 가치가 아니라, 상징적인 것이다. 또한 계속해서 기호에 출몰하여 Sa와 Sé의 형식적인 상관 관계를 부수는 것도 상징적인 것이다. 그러나 상징적인 것은 기호를 전복하려는 방향의 잠재적 성질을 띠고 있어서 암시에 의해서만, 가택 침입에 의해서만 이름붙여질 수 있다. 왜냐하면 스스로에 입각하여 모든 것에 이름을 붙이는 의미 작용은 가치만을 일러줄 수 있을 뿐이며, 상징적인 것은 가치가 아니기 때문이다. 상징적인 것은 기호의 실증성과 가치의 상실·용해이다.

왜냐하면, 결국, 문제되는 것은 기호의 실증성이기 때문이다. 기호의 '가치 취득'이 문제이기 때문이다. 우리들은 기호 바깥에 있는 것, 기호 이외의 것에 대해서는 어떤 말도 할 수 없다. 그것이 양면성에, 다시 말해서 각각의 분리된 항목들을 구분하거나 그러한 것

---

16) '기표의 해방'의 경우에는 진퇴양난이 훨씬 더 미묘하다. 이 문제는 나중에 거론할 생각이다.

으로서 실증성을 부여할 수 없다는 그러한 불가능성에 관련된다는 것 이외에는, 그리고 가치(교환가치 또는 가치/기호) 교환의 근본적으로 다른 교환 유형이 이 양면성을 근거로 한다는 것 이외에는 말이다. 그런 것은 다음 두 가지 사항의 동시 설정 속에서 기호에 의해 소권(訴權)이 상실되고 폐기된다.

i) 분리, 변별적 구조.

ii) 물론 두 항목의 분리를 영구화하기만 하는, 두 항목 사이의 실질적인 관계, 일종의 구조적 결합. 이러한 결합은 Sa와 Sé(Sa/Sé) 사이의 구조 포괄의 횡선을 통해 객관화된다.[17] 이러한 결합은 실로

17) 기호의 자의성과 실증성 전체가 모이는 그 횡선, 의미 작용 과정을 실증적인 것으로 세우며 무엇보다 먼저 의미(무의미: 양면성)의 환원 및 폐기 과정, 게다가 기호가 결코 관계를 끊지 않는 몰인식 및 부인 과정인 것을 가리는 그 구조적/포괄적 계사(繫辭)──그 횡선은 사실상 장벽──이것의 제거는 기호의 해체, 기호의 분해, 그리고 기호를 구성하는 요소들, 그러한 것으로서의 Sa와 Sé의 용해를 뜻할 것이다──인바, 문자와 선으로 표시된 라캉의 공식 S/s에서 진정한 의미를 띤다. 그 횡선은 억압의 횡선 자체, 연결하는 횡선이 아니라 검열하는 횡선, 따라서 위반의 장소가 된다. 그 횡선은 기호가 부정하는 것, 기호가 부정적으로 확립되는 데 근거가 되는 것, 그리고 실증적으로 정립되는 기호를 자체의 징후일 뿐이게 하는 것을 예리하게 보여준다.
그렇지만 라캉의 공식은 '기의'의 고유한 지위를 보존하면서, 기호의 전통적인 도식에 근본적으로 새로운 그 횡선을 이끌어들인다. 기의는 더 이상 언어학에서 말하는 Sé/Rft가 아니라, 억압되는 것이다. 그래도 여전히 기의는 일종의 내용으로 남아 있으며, 기의의 표상은 언제나 더 이상 항목별로 할당되지 않고 몇 가지 점에서 단지 Sa들(누빈 솜방석의 볼록한 부분들)의 은유적인 연쇄와 일치하는 실체의 표상이다. 언어학의 매우 상이한 논리에 따르면, 두 심급 가운데 대표적으로 어느 하나에 의거하는 두 심급의 분할은 여전히 중요하다. 반대로 우리가 보기에, 기호를 검열로, 배제의 횡선으로 이해하는 것은 기호의 의미할 수 있는 지위, 기호의 잠재적 가치의 지위가 억압되는 것에 간직되기를 바라는 것이 아니라, 억압되는 것을, 기호에 의해 부정되어 자체의 형식을 통해 기호를 부정하며 결코 자리를 갖지 않는 것으로, 기호와는 대조적으로 공소기각 결정 겸 비생산성으로, 기호에 의해 가로막히고 말소되며 기호가 완전히 분해되고 기호와 가치의 구조적 실증성이 파열되는 가운데에서만 다시 솟아오르는 상징적 양면성으로 이해하는 것이다. 상징적인 것은 어디에도 새겨지지 않는다. 상징적인 것은 억압의 횡선 아래 새겨지게 되는 것, 라캉류의 Sé가 아니다. 상징적인 것은 모든 Sa와 Sé의 설비와 동시에 절단부를 파괴하는 것이며 따라서 모든 Sa와 Sé를 해체하는 것이다(p. 167의 주 8)을 볼 것).
그렇다고 한다면, 의미의 조작과 정신분석학상의 기표는 언어학상의

180

옐름슬레프Hjelmslev[18]의 공식 ERC의 R에서 훨씬 더 객관화되고 실증적이게 된다. 기호를 가치로 만드는 것은 바로 이러한 실증적인 관계이다. 자의성·동기는 거의 중요하지 않다. 이 용어들은 문제를 기호의 이미 정립된 논리 속에 편입시킴으로써, 문제를 왜곡시킨다. 기호의 진정한 자의성, 또는 진정한 동기, 곧 기호의 합리성을 빚어내는 것은 기호의 이원적인 추상 작용을 가로질러 모든 양면성의 근본적인 환원 이외의 다른 것이 아닌 이러한 실증화이다. 따라서 기호의 동기는 오로지 기호의 전략, 곧 가치의 '공고화'에 의한 양면성의 구조 확정 또는 청산이다. 그런데 이 동기는 명백히 기호 형식의 자의성, 이를테면 소권 상실과 환원을 거친다. 따라서 자의성과 동기는 전략적(정치적) 관점에서 결코 서로 모순되지 않는다.

그렇지만 기호의 자의성은 사실상 지지될 수 없다. 교환가치, 가치/기호도 자체의 환원하는 추상 작용 때문에 인정될 수 없다. 가치/기호는 스스로 부정하고 억압하는 것을 곧장 몰아내거나 자체의 작용 속에 통합하려고 시도할 것이다. 이것이 '현실적인 것,' 지시 대상의 지위인바, 지시 대상은 자체의 형식이 기호에 의해 환원되고 착복되는 관계로, 상징적인 것의 모사물에 지나지 않는다. 기호 자체의 작용 속에서 기호에 의해 억압되는 것의 환상에 지나지 않

기표 및 기호의 조작과 그다지 관계가 없어서, 같은 용어들의 사용으로 말미암아 여러 가지 풀릴 길 없는 오해가 생겨난다. 이번에야말로 Sa와 Sé라는 용어를(그리고 다른 용어들도) 언어학적 관여성에 맡겨놓아야 하며, 가치의 언어경제학에 대한 철저한 비판의 관점에서 그 언어경제학의 길항하는 가치 전체를 가치의 공소기각 결정, 의미 작용의 공소기각 결정으로서의 상징적인 것이라는 용어에 되돌려주어야 한다.

18) (역주) : 덴마크의 언어학자(1899~1965). 일반 언어학에 관한 그의 성찰은 F. 드 소쉬르의 가르침에서 크게 벗어나지 않는다. 그는 언어의 연구를 그 자체 안에서 그 자체를 위해(내재성의 원칙) 묘사하는 것이 중요한 구조, 체계의 연구로 이해한다. 그의 이론, 구조주의적 언어학 glossématique(1936년 H. 울달과의 공저로 펴낸『구조주의적 언어학 개요』)은 언어학적 구조들의 지극히 엄격한 공리화의 시도이자, 소쉬르의 몇몇 개념들(표현/내용, 형상/실체)의 심화이다. 그의 영향은 뒤늦었지만(1943년에 출간된 그의 주저『언어 이론 서언』이 1953년과 1968년에야 영어와 프랑스어로 번역되었다), 특히 의미론과 기호학의 분야에서는 막대하다.

는 지시 대상이라는 그 신기루[19]로써, 기호는 사냥개를 속이려[20] 한
다. 그리하여 기호는 총체인 것으로 보이고 자체의 추상적인 초월
성의 흔적을 지우며 의미의 현실 원칙으로 자처할 수 있게 된다.[21]

　실증성과 가치의 별 아래에서 이루어지는 의미 통제의 기능적이
고 폭력주의적인 조직화, 곧 의미 작용은 이처럼 사물화의 어떤 것
을 지니고 있다. 의미 작용은 확대된 기호 체계들을 가로질러 의미
규제라는 사회적·정치적 폭력 행위에까지 메아리치는 초보적인 객
관화의 처소이다. 권력 체계들의 억압 및 환원 전략 전체는 교환가
치와 정치경제학의 내적 논리 속에 있듯이, 이미 기호의 내적 논리
속에도 있다. 기호와 가치를 희생시켜 상징적인 것을 복원해야 하
는 것은 바로 이론적이고 실천적인 혁명 전체이다. 기호들 또한 불
타야 한다.

---

19) 야릇한 전도로 말미암아, 지시 대상은 그 용어의 근본적인 의미에서가
　　아니라 '상징적인' 몸짓이라는, 다시 말해서 현실성이 거의 없다는 의미
　　에서 다시 '상징적인 것'이 된다. 이 점에서, 현실 원칙 전체가 약호 속
　　으로 넘어간 까닭에, 지시 대상은 '상징적'일 뿐이다.

20) (역주): 비유적인 의미로 쓰였다. 쫓기는 짐승이 가짜 목표물로써, 또는
　　바람의 방향을 역이용하여 쫓아오는 사냥개를 속이듯이, 다른 헛된 것을
　　쫓게 만든다는 뜻이다.

21) 교환가치도 자체의 전적인 추상 작용 때문에 순수한 상태로 존재할 수
　　없을 것이다. 교환가치는 정치경제학의 지평에 총체라는 모사물이 복구
　　되며, 정확히 교환가치가 폐기하는 것, 곧 욕망이라는 상징적인 것이 욕
　　구의 기능성 속에서 교환가치로 말미암아 부활하는 사용가치의 보증 아
　　래에서만 작용할 수 있다.

대중매체를 위한 진혼곡

초입경

대중매체에 관한 이론은 없다. '대중매체의 혁명'은 맥루한Mac-Luhan의 경우에도, 그를 지지하는 이들의 경우에도 지금까지 경험적이고 신비적인 것으로 남아 있다. 기선 및 철도와 시대를 같이하는 마르크스는 그가 살아 있던 시절에 전신기가 출현한 관계로 이미 시효가 만료되었다고 맥루한[1]은 텍사스의 캐나다인답게 잔혹성을 내보이면서 말했다. 이는 비록 순박하게 표현되었지만, 마르크스가 생산에 관한 자신의 유물론적 분석에서, 언어·기호·의사 소통이 배제된 생산력의 유보 영역을 한정한 듯하다는 말이다. 사실을 말하자면, 마르크스의 저작에서는 '매체'로서의, 의사 소통 방식으로서의 철도에 관한 이론을 찾아볼 수조차 없다. 다시 말해서 철도는, 그리고 전반적인 기술 발전 전체도 생산의 양상 아래에서만, 곧 유

---

1) (역주): 캐나다의 사회학자(1911~1980)로서, 첫 저서인 『기계 새색시: 산업 인간의 민속』(1951)에 힘입어 포드 재단에서 문화와 의사 소통 강좌를 얻고, 1962년에는 『구텐베르크 은하』를 펴낸다. 전자 공학의 시대에는 글쓰기가 이미 낡은 의사 소통 및 표현 수단이며, 글쓰기가 그 전성 시대에 그랬듯이 이제는 시청각 매체가 진정한 문명 변화의 바탕을 이룬다고 생각한 맥루한은 (발신자와 수신자 사이의 의사 소통 수단들이 단지 중석적일 뿐이라고 전제하는) 전통적인 공식의 부인에서 출발하여, "전언은 매체이다"라고 단언한다. 그에 의하면, 문화의 전달 방식이 문화를 변모시킨다. 그는 매체를 매우 표현이 풍부하며 수신자들의 참여를 그다지 촉진하지 않는 '뜨거운' 매체(인쇄물·라디오·영화·사진)와 단지 암시적이며 창조적인 참여를 불러일으키는 경향이 있는 '차가운' 매체(발언·전화·텔레비전)로 분류한다. 그의 저서로는 또한 『대중매체를 이해하기 위해』(1964), 『전언과 안마』(1967), 『지구촌에서의 전쟁과 평화』(1968), 『눈에서 귀로』(1977) 등이 있다.

일하게 사회 관계를 결정짓는 기본적인 물질 및 하부 구조 생산의
양상 아래에서만 고찰된다. 한 세기 전부터 '의사 소통 방식'은 중간
의 관념성과 맹목적인 사회 관습에서 벗어날 수 없었던 까닭에, 생
산 방식에 관한 이론을 조금도 변화시키지 못한 채, '혁신이 이룩
될' 여유를 누려왔다.

거기에서부터, 그리고 단 하나의 참된 이론(유물론)에 의해 돌이
킬 수 없게 '자신들의 실제적 삶(자신들의 욕구를 충족시키도록 예정
된 재화)의 생산자'로 규정되는 인간들 사이에서 기호의 교환을 주
변적이거나 상부 구조적인 차원으로 간주하지 않는다는 조건(이것
은 세습 마르크스주의에 견주어 이미 변혁이다) 아래──두 가지 전망
을 생각해볼 수 있다.

i) 마르크스주의식 분석의 일반 형식(생산력과 생산 관계 사이의 변
증법적 모순)은 보존되지만, 생산력에 대한 '고전적인' 정의는 제한
된 정의라는 것이 인정되며, 생산력에 입각한 분석이 의미 작용과
의사 소통의 그 어두운 영역 전체로 확대된다. 이는 정치경제학이
라는 영역의 그러한 이론적·실천적 확대에서 생겨난 모순들을 그
모순들의 독창성 전체가 손상되지 않게끔 끌어내는 것을 함축한다.
이것은 『뉴 레프트 리뷰』에 실린 엔첸스베르거[2]의 논문(「대중매체
이론의 구성 요소들」, 1970년 가을)의 출발 가설이다: "독점자본주의
는 다른 어떤 생산 부분보다도 더 급격하고 더 광범위한 방식으로
의식(意識) 산업을 발달시킨다. 하지만 동시에 독점자본주의는 의식
산업을 억제하고 제한해야 한다. 대중매체에 관한 사회주의 이론이
탐색해야 하는 것은 바로 이러한 모순이다." 요컨대 이 가설은 형
식/상품이 실질적으로 사회 생활의 모든 영역들로 확대되는 현상,
그리고 18세기 이래 물질 생산의 부르조아 정치경제학이 실재할 수

2) (역주): 한스 마그누스 엔첸스베르거 H. M. Enzensberger 는 1929년에 태
어난 독일 작가로서, 15살에 징집되며, 전쟁 뒤에 독일과 파리에서 학업을
계속하고는 라디오-스투트가르트에서 뉴스 편집자로, 그리고 출판사에서
원고 심사위원으로 일한다. 그의 비평 작품(『문화 또는 컨디션 조절?』,
1963), 소설 작품(『아바나의 의문』, 1970 ; 『무정부 상태의 짧은 여름』,
1974), 그리고 시집(『늑대들의 변명』, 1957 ; 『모국어』, 1960 ; 『점자』,
1964 ; 『시 1955~1970』, 1971)은 현대 사회와 현대 사회의 표현 방식에
대한 정치 중심의 풍자적 분석을 구성한다.

184

있었듯이 의사 소통에 관한 '고전적인' 이론, 기호와 기호 생산의 '부르조아' 정치경제학——마르크스가 자신의 시대에 행한 비판의 논리적인 확대이었을 어떠한 근본적인 비판에도 지금까지 부응한 적이 없는 이론적 계급 학문[3]——이 지금부터 존재한다는 사실을 인정하게 할 뿐이다(그리고 이 점에서 이미 매우 뒤늦게 생겨난다). 이러한 기호의 정치경제학 비판은 그 분야 전체가 상부 구조 속에 유배됨으로써 불가능하게 되어왔다. 따라서 엔첸스베르거의 가설은 기껏해야 고전적인 마르크스주의 이론의 엄청난 뒤늦음을 보충하기만 할 것이다.

ii) 이 가설은 지배 모형들 속에 전적으로 잠긴 관계로, 그리고 자체의 생존을 위해 철저하기를 스스로 그만두는 공식적인 마르크스주의에 견주어서만 철저하다. 아무튼 근본적인 대안은 다른 데에 있다. 대안은 고전적인 생산력에 입각한 의미·전언·기호의 생산이 혁명 이론에 제기하는 결정적인 문제를 재해석하는 것——다시 말해서 '대혁명의 대변인들'에 의해 결정적인 것으로 간주되어 봉인되는 마르크스주의적 분석을 일반화하는 것이 아니라, 그 문제가 이론적인 영역 속으로 몰려드는 현상에 비추어 마르크스주의적 분석을 뒤엎는 것이다(이는 '자중하는' 마르크스주의자라면 심지어 가설의 명목으로도 결코 행하지 않을 일이다).

달리 말하자면, 생산에 관한 마르크스주의 이론은 필시 다시 어쩔 수 없이 부분적이며 일반화될 수 없을 것이다. 더 나아가, 생산 이론(생산력의 발전에 연결된 모순들의 변증법적 연쇄)은 엄밀히 자체의 대상, 곧 물질 생산과 엄밀히 동질이며, 스스로 부여받은 적이 없는 내용들에는 공준 또는 이론의 틀로서 적용될 수 없을 것이다.[4]

---

3) 이 기호의 정치경제학은 구조 언어학이다(물론, 기호학과 기호학의 모든 파생 분야들——우리가 나중에 말할 의사 소통 이론이 그 중 하나이다——과 더불어). 우리들이 알고 있는 바이지만, 자체의 공준들로써 심리학 전체, 사회학, 윤리와 정치에 관한 학문들을 고취한 정치경제학이 그 당시에 그러했듯이, 오늘날 일반 이데올로기의 테두리 안에서 으뜸가는 학문으로서 인류학·인문과학 등을 고취하는 것은 바로 이 기호의 정치경제학이다.

4) 이 경우에, 엔첸스베르거가 현행의 대중매체를 특징짓기 위해 사용하는 '의식 산업'이란 표현은 위험한 은유일 뿐이다. 그런데, 그 표현은

변증법의 형식은 어떤 내용, 물질 생산의 내용에 적합하다. 이를테면 물질 생산의 의미를 남김없이 규명하지만, 원형처럼 그 대상의 정의를 넘지 않는다. 변증법은 물질 생산이라는 별개의 범주에 대한 해석 체계로서 주어졌기 때문에, 잿더미가 되어 있다.

요컨대 그 가설은 논리적이다. 그 가설은 마르크스주의적 분석에 전반적인 일관성을, 뜯어맞추기 기법——이 기법의 가장 섬세한 불꽃 제조인들은 알튀세파(派)이다——에 따라 어떤 요소는 간직하고 다른 어떤 요소는 배제하는 것을 금지하는 내적 동질성을 부여한다. 거꾸로, 우리는 마르크스주의 이론에 대해 최대로 일관성을 면제해줄 생각이며, 바로 이러한 이유 때문에 (물질) 생산 과정을 훨씬 초과하는 사회 과정 앞에서는 마르크스주의 이론이 침묵한다고, 따라서 그러한 일관성이 깨어지게 되어 있다고 말할 것이다.[5]

엔첸스베르거: '사회주의의' 전략

이론과 공격 전략이 없기 때문에 '좌파'는 여전히 무장이 해제되

지배 계급/피지배 계급
생산자 - 기업가/소비자
발신자 - 송신자/수신자

관계들에서 구조적 유사성을 재발견하기에 이르기까지 자본주의 생산 양식에 대한 마르크스주의적 분석을 대중매체로 확대하는 것인 그의 분석 가설 전체를 뒷받침한다.

5) 사실상, 마르크스주의적 분석은 급진성의 아주 다른 두 가지 층위에서, 곧 물질 생산이라는 별개의 범주에 대한 해석 체계로서거나 생산(일반)이라는 별개의 범주에 대한 해석 체계로서 문제될 수 있다. 첫번째 경우에, 변증법이 마르크스주의적 분석의 '시발' 영역을 벗어나서는 타당하지 않다는 가설은 논리적으로 더 깊이 파고들어야 한다. 생산력과 생산 관계 사이의 '변증법적' 모순이 언어·기호·이데올로기의 영역에서 폭넓게 지워진다면——훨씬 그 모순들은 물질 생산의 영역에서도 결코 진실로 작용한 적이 없을 것이다. 왜냐하면 생산력의 어떤 자본주의적 발전은 말할 것도 없이 모든 갈등을 해소할 수 있었던 것이 아니라, 사회 관계의 층위에서 찾아볼 수 있는 혁명상의 적대 관계를 흡수할 수 있었기 때문이다. 그때 순수하게 개념적인 일관성이 아니라면, 그 개념들의 효력은 무엇인가?

두번째 경우에, 생산 개념이 스스로 설정하는 분리된 형식과 더불어, 스스로 부과하는 재현 및 합리화의 구도와 더불어 문제되어야 하는 것은 뿌리 자체에서이다(그것의 다양한 내용 안에서가 아니다).

어 있다고 엔첸스베르거는 말한다. 좌파는 대중매체 문화를 이데올로기 조작으로 비난하는 데 그친다. 좌파는 대중매체에 대한 지배력 장악을 어떤 때는 혁명에 대한 민중의 의식화에 도움을 주는 수단으로서, 또 어떤 때는 사회 구조의 근본적인 변화의 결과로서 꿈꾼다. 단순히 대중매체를 하부 구조와 상부 구조 이론 속에 통합할 수 없다는 것을 반영하는 모순된 어설픈 의지. 대중매체가 새롭고 거대한 잠재적 생산력으로 이해되지 못한 까닭에(엔첸스베르거), 대중매체는(그리고 기호와 소비의 영역 전체를 덧붙여야 한다) '좌파'에게 여전히 사회적 신비로 남아 있다. 스스로 모면할 수 없으며 도덕적으로나 지적으로 비난하는 그 요술에 직면하여, 좌파는 매혹과 실천 사이에서 분할되어 있다(여기에서 엔첸스베르거의 입을 통해 말하며 자기 비판을 행하는 것은 말할 것도 없이 '좌파 지식인'이다). 이 양면성은 대중매체 자체의 양면성을 넘어서지도 환원하지도 않는 채 반영하기만 한다. 엔첸스베르거는 훌륭한 마르크스주의 사회학자로서, 좌파 지식인들과 좌파 운동의 그러한 '공포증'의 원인을 시민 또는 소시민 계급에 좌파 지식인 및 좌파 운동의 기원이 있다는 점에서 찾는다. 좌파 지식인들은 대중문화가 그들의 문화적 특권을 깨뜨리기 때문에 대중문화를 본능적으로 부인한다.[6] 참이건 거짓이건, 좌파 지식 계급이 대중매체 앞에서 내보이는 그 홀린 듯한 경멸, 그 전술적 혼란, 그 투자 거부 속에서 마르크스주의의 편견, 다시 말해서 하부 구조적인 것에 대한 좌파 지식 계급의 향수와 '물질'

---

6) 부르디외(1930년에 태어난 프랑스의 사회학자로서, 특히 1964년의 『상속인들』, 1970년의 『재생산: 교육 제도론을 위한 기초적 원리』를 통해, 문화적 특권들의 세습적인 양도에 관련된 사회적 기제들을 드러내려고 하며, 학교가 그러한 양도를 보증하는 경향이 있다는 것을 보여준다. 그의 주요 저서로는 1965년의 『어중간한 예술, 사진』, 1966년의 『예술에 대한 사랑. 유럽의 미술박물관과 그 관중』, 1968년의 『사회학자의 직업 I, 인식론적 선결 문제들』, 1972년의 『실천론 초안』, 사회 계급과 생활 양식을 관련시킨 1979년의 『품위: 판단에 대한 사회적 비판』 등이 있다: 역자)의 저서와 P.C.(공산당: 역자)의 문장 구조에서 이러한 종류의 환원하는 결정론이 발견된다. 그 결정론은 이론적 가치가 없다. 그 결정론은 민주화의 기체를 혁명의 가치 그 자체로 만든다. 지식인들이 대중문화를 싫어한다는 것은 혁명의 대안이 되기에 충분하지 않다. 귀족들도 똑같은 방식으로 부르조아 문화에 얼굴을 찌푸렸다. 이는 부르조아 문화를 계급 문화 이외의 다른 것으로 만드는 데 결코 충분하지 않다.

생산이나 '생산적인 노동'이 아닌 모든 것에 대한 좌파 지식 계급의
이론적인 반발은 어떤 책임이 있는가를, 정확하게 어떤 책임이 있는
가를 자문하는 것이 필시 더 나을 것이다. '혁명의' 교의는 기호들의
교환을 오로지 정보·방송·선전 등 기능적 용도로만 고려해왔다. 그
래서 좌파 정당들의 현대주의적 하위 문화 전체는 그러한 경향, 곧
공보 활동의 면에서 엿보이는 현행의 최신 유행을 깨뜨리는 데 안
성맞춤이지 않다. 그러한 경향은 어떻게 부르조아 이데올로기가 '사
회적 기원' 이외의 다른 데를 거쳐갈 수 있는가를 충분히 보여준다.

엔첸스베르거는 계속하기를, 이 모든 것은 좌파의 정치적 정신분
열증에서 기인한다고 한다. 한편으로는 혁명적인(전복적인) 한 분파
전체가 새로운 대중매체에 대한 비정치적인 탐색(하위 문화·반체제
운동)에 뛰어들며, 다른 한편으로는 '전투적인' 정치 집단들이 "도박
하기를," 전자 매체들의 막대한 잠재력을 개발하기를 거부하면서
여전히 본질상 고풍스런 의사 소통 방식에 의거하여 존속하고 있
다. 엔첸스베르거는 68년 5월 학생들이 자신들의 주장을 전파시키
기 위해 장색적(匠色的)인 수단(미술)에 기댔으며 프랑스방송협회
O. R. T. F.보다는 오히려 문화의 낡은 갈보집, 곧 오데옹·Odéon 극장
을 점거했다는 점을 비난한다.

엔첸스베르거의 사유는 스스로 낙관적이고 공격적이기를 바란다.
대중매체는 현실적으로 지배 계급의 독점 아래 놓여 있는바, 지배
계급은 자신들의 이익을 위해 대중매체를 횡령한다. 그러나 대중매
체의 구조는 "여전히 기본적으로 평등주의적"이며, 혁명의 실천은
대중매체에 새겨진, 하지만 자본주의 질서에 의해 왜곡된 이 잠재
적 성질을 되찾아야 한다——솔직하게 말하자——대중매체를 해방시
키고, 대중매체를 개방된 의사 소통과 무한한 민주적 교환이라는
사회적 소명에, 사회주의의 진정한 사명에 복귀시켜야 한다.

명백하게도 여기에서도 마르크스에서 마르쿠제 Herbert Marcuse[7]

---

7) (역주): 독일 태생의 미국 철학자(베를린 1898~스타른베르크 1979), 프
로이트-마르크스주의의 대표자들 가운데 하나이다. 억압에 관한 프로이트
식 분석에서 출발한 마르쿠제는 억압을 "개인의 비밀뿐만 아니라 문명의
비밀로" 삼는다. 미국 문명을 연구함으로써, 그는 기술성 *technicité* 이 대량
소비와 동시에 교육에 의해 작용하는 '의식 조작'을 이용하여 민주적인

까지 오래 전부터 생산력과 기술에 부여되어온 똑같은 도식의 확대가 문제된다. 생산력과 기술은 해방하는 성질의 것이지만, 자본주의로 말미암아 동결되거나 몰수된다. 생산력과 기술은 해방하는 성질의 것이지만, 그것들을 해방시킬 필요가 있다.[8] 보다시피, 대중매체는 혁명이 사물들 안에 선조세공(線彫細工)식으로 기입된다는 그 환상적인 논리에서 벗어나지 않는다. 그렇다면 대중매체를 생산력의 논리에 재결부시키는 것은 더 이상 비판 행위가 아니다. 왜냐하면 그것은 대중매체를 혁명의 형이상학 속에 더 잘 가두기 위한 것이기 때문이다.

게다가, 여느 때처럼, 이 입장은 이리저리 모순에 시달린다. 한편으로는 대중매체가 다름아닌 자체의 (자본주의적) 발달에 의해 점점 더 진전된 사회화를 보장하며——행복한 소수를 위한 폐쇄회로 텔레비전은 기술적으로 생각해볼 수는 있지만, "TV라는 매체의 구조를(구조의 결정(結晶) 상태를) 거역할 터이기 때문에" 존재하지 않는다——"역사상 처음으로 대중매체는 사회적이고 사회화된 생산 과정에의 대중의 참여를, 실천 수단이 다름아닌 대중의 손아귀에 있는 참여를 가능하게 한다"——, 다른 한편으로는 "사회주의 운동들이 자체의 고유한 파장[9]을 위해 싸워야 하고 싸울 것이다." 대중매체가 스스로 사회주의를 실현한다면, 무엇 때문에 싸울 것인가(특히 하나의 파장을 위해)? 그런 것이 대중매체의 구조적인 소명이라면 말이다.

브레히트[10]를 이어 엔첸스베르거는 현행의 질서가 대중매체를 단

외양을 짓누른다고 단언한다. 그의 비판은 또한 사회주의 국가들이 내보이는 관료주의와 기술주의에도 가해진다. 그는 비관주의로 말미암아, 오늘날은 더 이상 전복이 가능하지 않는바 이는 경제적 선진국들에서 찾아볼 수 있는 유일한 항의 집단들(예컨대 미국 흑인, 학생, 떠돌이 생활을 하는 프롤레타리아트)이 국가 기구들(경찰·교육)의 상호 결탁과 대중 조직화 이데올로기의 약화로 인해 무력화되기 때문이라고 생각하기에 이른다. 주요 저서로는 『이성과 혁명』(1941), 『에로스와 문명』(1955), 『일차원 인간』(1964), 『반혁명과 반항』(1973)이 있다.

8) 제도·권력·국가의 경우도 마찬가지이다. 이를테면 '자본'의 발톱에 매어 있거나 민중에 의해 탈취됨에 따라, 형식에 대한 의문이 세기되지 않는 상태에서 텅 비게 되거나 혁명적인 내용으로 가득찬다.

9) (역주): 강령이나 구호 등의 전파 방식을 염두에 두고 쓴 말인 것 같다.

순한 '분배 매체'로 국한시킨다고, 대중매체를 진정한 의사 소통 매체로 만들어야 한다고(마르크스주의적 상상 세계를 떠나지 않는 동일한 꿈: 물건들에서 교환가치를 떼어내고 사용가치를 회복시켜주는 것) 말하며, 이러한 변환은 "기술적으로 문제가 아니라"고 덧붙인다(『라디오론』, 1932). 그러나,

i) 대중매체가 현행의 질서에서 '단순한 분배에' 관련된다는 것은 잘못된 생각이다. 거기에서도, 대중매체는 다른 데에서(물질 생산의 양식에서) 자체의 결정 요소들을 찾아낼 어떤 이데올로기의 중계국으로 변한다. 달리 말하자면, 지배 이데올로기의 시장 거래 및 판매로서의 대중매체——여기에서 자본가/봉급 생활자 관계와 생산자-발신자/수신하는 무책임한 대중 관계의 동일시가 연유한다. 대중매체가 사회 관계를 유도하는 것은 내용의 전달 수단으로서가 아니라 자체의 형식과 작용 자체를 통해서이며, 그 관계는 착취가 아니라 분리에, 교환의 폐기에 기반을 둔다. 대중매체는 이데올로기의 계수

---

10) (역주): 독일의 시인 겸 극작가(1898~1956). 1919년에 결성된 독일의 사회주의 단체 스파르타쿠스에 가입하며, 『밤의 북』(1922), 『도시의 밀림에서』(1922) 등에서 엿보이는 표현주의적 허무주의에서 『사람을 위한 사람』(1926), 『네푼짜리 오페라』(1928), 『마하고니시(市)의 웅대함과 퇴폐』(1930)가 내보이는 역사주의적 반향의 이해로 넘어간다. 그 시기에 브레히트는 대중에게 직접적으로 영향을 주려는 노력을 그만두고 연극의 구조 자체의 변환에 힘을 기울여 '서사'극의 개념을 창안하며, 현실을 이해 가능한 것으로 만드는 데 목적을 둔 연극 형식을 개발한다. 공공연한 나치 반대자로서, 독일 제국의회의 방화 사건 이튿날 독일을 떠나 덴마크(1933), 핀란드(1940), 미국(1941), 스위스(1947)에서 망명 생활을 하다가 1948년에 동베를린에 정착한다. 그때부터 그의 연극은 '거리의 장면' 앞에인 듯 연극의 사건 앞에 자리하는 관객의 지적 활동을, 곧 정서가 아니라 반성을, 동일시가 아니라 의식을, 감상이 아니라 이성을, 이른바 '소격 효과'를 일깨운다. 그에 의하면, 배우는 실제로 자기 자신의 감정이 자신에 의해 대리되는 인물의 감정과 혼동되지 않는다는 것을, 변모가 아니라 논증을 추구한다는 것을 보여주어야 한다(1943년의 『세추안의 선한 사람』, 1948년의 『주인 푼틸라와 하인 마티』, 1959년의 『아르투로 우이의 저항할 수 있는 상승』 등). 그러한 비판적 연극의 전개가 동독 정부에 문제를 제기하지 않은 것은 아니어서, 『루쿨루스 소송』(1951)의 대단원을 변경하라는 요구를 받기도 한다. 게다가 1953년 7월 17일의 동베를린 노동자 봉기시에는 발터 울브리히트 체재에 강한 연대감을 표시한다. 베르톨트 브레히트는 자신의 연극에서와 마찬가지로 자신의 삶에서도 모순을 청산한 적이 없다.

가 아니라 착동체이다. 대중매체는 사명상 혁명적이지 않을 뿐만 아니라, 다른 데에서 또는 잠재적으로 중립적이거나 비이데올로기적이지도 않다(대중매체의 '기술적' 지위 또는 사회적 '사용가치'라는 환상). 역으로, 이데올로기도 대중매체 안에 투입되기 전에 어떤 다른 곳에서 지배 계급의 담론으로서 존재하는 것은 아니다. 상품권(圈)에서도 사정은 마찬가지이다. 어디에서건 상품은 교환가치 체계의 작용 속에서 스스로 취하는 형식 이외의 다른 실재적 지위('제품의 사용가치')를 지니지 않는다. 그도 그럴 것이 이데올로기 역시 교환가치의 항적 안에 떠 있는 어떤 상상적인 것이 아니라, 교환가치의 작용 자체이다. '변증법'을 위한 친혼곡 뒤에, '하부 구조'와 '상부 구조'의 친혼곡을 울려야 한다.

ii) 따라서 대중매체가 진정한 의사 소통 매체로 바뀌는 변환은 기술적으로 문제가 아니라고 브레히트와 엔첸스베르거가 단언할 때(브레히트는 이렇게 말한다: "그 변환은 대중매체의 기술적 발달이 낳는 자연스런 귀결일 뿐이다"), 사실상(그러나 반대로, 그리고 전혀 말장난이 아니다) 그 변환이 그저 기술적인 문제인 것은 아니다라고 이해해야 한다. 왜냐하면 형식의 층위에서 대중매체의 이데올로기는 대중매체가 설정하는 분리, 곧 사회의 분할에 관련되기 때문이다.

응답 없는 발언

대중매체를 특징짓는 것은 대중매체가 반중재적이고 비추이적이라는 점, 비의사 소통——의사 소통을 교환으로, 발언과 응답의, 따라서 책임의 상호적인 공간으로, 그것도 심리적·도덕적 책임이 아니라 교환에서 찾아볼 수 있는 서로에 대한 개인적인 상관 관계의 상호적인 공간으로 규정짓는 것이 받아들여진다면——을 빚어낸다는 점이다. 달리 말해서, 의사 소통이 정보의 단순한 송신/수신과는 다른 것으로 규정된다면, 설사 정보가 되먹임을 통해 전환될 수 있다 할지라도 말이다. 그런데 대중매체가 갖는 현행의 구성 전체는 이 최종적인 정의에, 곧 대중매체는 응답을 영원히 금하는 것, 모든 교환 과정을 불가능하게 만드는 것(모사 응답의 형태들──이것들 또한 송신 과정에 통합되는 것으로서, 의사 소통의 일방성을 조금도 변화시키지 않는다──아래에서가 아니라면)이라는 정의에 기반을 두고 있다. 이것이 바로 대중매체의 진정한 추상 작용이다. 그리고 사회 통제 및 권력의 체계가 세워지는 것은 바로 이러한 추상 작용을 통해서이다.

응답이 들려올 수 없도록 말해지고 행해진다. 그래서 이 영역에서의 유일한 혁명은──그리고 다른 여러 영역에서의 아주 짧은 혁명도──그 응답 가능성의 복원에 있다. 이 단순한 가능성은 대중매체가 지닌 현구조 전체의 전복을 전제로 한다.

다른 이론 또는 전략은 있을 수 없다. 내용을 민주화하려는, 내용을 전복시키려는, '약호의 투명성'을 복원시키려는, 보도 과정을 통제하려는, 회로의 역전성을 마련하려는, 또는 대중매체에 대한 지배력을 쥐려는 모든 어설픈 의지에는 희망이 없다──발언권의 독점이 깨어지지 않는다면, 그것도 각자에게 개별적으로 발언권을 주기 위해서가 아니라, 때때로 시선 또는 미소처럼 발언이 교환되고 주어지고 돌려질 수 있도록,[11] 그리고 발언이 사회 과정의 어떤 측면에 결코 정지하거나 고정되거나 저장되거나 재분배될 수 없는 상태로 말이다.[12]

당분간은 무응답, 무책임의 시기이다. 엔첸스베르거는 "구경꾼 또는 유권자 쪽에서 행하는 최소한도의 자율적인 활동"을 이야기한다. 대중매체 가운데 가장 허울좋은 최상의 것은 사실상 선거 제도이다. 국민투표는 선거 제도의 끝마무리인바, 거기에서도 여전히 형식적인 교환의 탈을 쓴 발언의 절대화가 권력의 정의(定義) 자체이다. 바르트는 문학에서 엿보이는 똑같은 비상호성에 주의를 환기시

---

11) 여기에서 문제되는 것은 대화가 아니다. 대화는 두 '대화자'가 서로에게 결코 현존하지 않고 단지 그들의 담론만이 모형의 형태로 제시되는 까닭에, 응답 없는 두 추상적인 발언의 조정에 지나지 않는다.

12) 알다시피, 68년 5월에 O.R.T.F.가 실제로 점거되었다 할지라도, 전복적인 '내용'을 '퍼뜨리는' 것 이외에는──또는 그 다음에 기술적·기능적 구조 전체가 발언의 독점주의적인 사용을 반영하는 그러한 것으로서의 O.R.T.F.를 휴업케 하기 위한──어떤 본질적인 변화도 일어나지 않았을 것이다.

192

킨다: "우리 문학은 텍스트 제작자와 사용자, 텍스트 소유주와 고객, 저자와 독자 사이의 가차없는 분열로 특징지워진다. 그렇게 되면 이러한 독자는 일종의 한가로움, 비추이성, 그리고 잘라 말하자면 진지함 속에 잠긴다. 이를테면 스스로 어떤 역을 맡는 대신, 기호하는 것의 매혹에 충분히 접근하는 대신〔……〕 텍스트를 받아들이거나 거부하는 빈약한 자유만을 제 몫으로 갖는다. 그러므로 책읽기는 국민투표에 지나지 않는다"(『S/Z』[13]). 소비자 지위는 오늘날 이러한 유배를 명확하게 규정하며, 소비의 일반화된 질서는 주거나 되돌려주거나 교환하는 행위가 더 이상 허용되지 않는, 단지 도입하고 사용하는 행위(전유, 개별화된 사용가치)만이 허용되는 질서일 따름이다. 이 점에서 '소비'재는 또한 하나의 대중매체이다. 이를테면 우리가 묘사한 일반적인 형식에 부합한다. 소비재의 특수한 기능은 그다지 중요하지 않다. 생산물과 전언의 소비는 생산물과 전언이 설정하는 추상적인 사회 관계이며, 응답 및 상호성 형식 전체에 가로놓인 금기이다.

그러므로 엔첸스베르거가 주장하듯이 "역사상 처음으로 대중이 대중매체에 힘입어 생산적인 사회 과정에 참여할 수 있게 되었다"거나 "그러한 참여의 실천 수단이 바로 대중의 손아귀에 놓여 있다"는 것은 진실이 아니다. 마치 텔레비전 수상기나 사진기의 소유가 새로운 관계 및 교환 가능성의 발단이라도 되는 듯이. 엄밀히 냉장고나 빵 굽는 기구의 소유와 마찬가지로 말이다. 기능적인 물건에 대한 응답은 존재하지 않는다. 물건의 기능이 있을 뿐인바, 이미 대답되어 있는 통합된 발언처럼 놀이에, 상호적인 관건에 어떠한 여지도 남겨두지 않는다(없애버리거나 물건의 기능으로부터 떼어놓는 일을 제외하고는).[14] 따라서 대중매체에 의해 기능화된 모든 전언들처럼, 국민투표 활동처럼 기능적인 물건도 단절, 의미의 출현, 그

---

13) (역주): 쓸 수 있는 것과 해독할 수 있는 것의 개념이 주로 다루어진 1970년의 저서.

14) 다기능성도 명백히 이 사실을 전혀 변화시키지 못한다. 다기능성·다학분성, 온갖 형태의 다면성 ── 이것은 체계 스스로가 중심성과 단일 등가성에 집착하는 데에 대한 체계의 반응이다. 자체의 병리 현상에 대한 체계의 반발이지만, 체계 자체의 논리를 건드리지는 않는다.

리고 검열을 통제한다. 극단적으로 말해서, 권력은(다른 것과 마찬가지로 내용에 사로잡혀 있지 않고 대중매체의 이데올로기 '설득'력을, 따라서 전언 통제의 필요성을 확신하지 않는다 해도) 방영 예정표에 대해 신경쓸 것도 없이 각 시민에게 텔레비전을 제공할 것이다. 사실상 권력에 의한 공안 차원의 텔레비전 유용을 환상으로 묘사하는 것 (오웰, 『1984년』)은 무익하다. 텔레비전은 현존한다는 사실 자체로 말미암아 성격상 사회 통제이다. 텔레비전을 각자의 사생활에 대한 체제의 잠망경-밀정으로 생각할 필요는 없다. 왜냐하면 텔레비전은 체제의 잠망경-밀정 이상이기 때문이다. 다시 말해서 사람들이 더 이상 서로 이야기하지 않는다는 사실, 사람들이 결국 서로 분리되어 응답 없는 발언을 향한다는 사실의 확실성을 구현하기 때문이다.

이 점에서, 맥루한이 "'매체'는 '전언'이다"라고 말할 때, 비록 엔첸스베르거가 그를 복화술자로 취급하면서 경멸하지만, (우리가 말하고 있는 사회 형식을 전적으로 보지 못한 채, 그가 망상적인 부족 낙관주의에 빠져 대중매체와 대중매체의 전언을 찬양한다는 것을 제외하면) 그는 이론에 훨씬 더 가깝다. '매체'는 '전언'이다라는 단언이 비판적인 명제는 아니지만 그 역설적인 형태 아래 분석상의 가치를 지니는 반면에,[15] "어떤 권력도 대중매체의 잠재력을 서슴지 않고 해방시킬 수는 없다"라고 할 때의 엔첸스베르거가 '대중매체의 구조적 성질'에 관해 내보이는 순진성은 스스로 혁명적이기를 바라지만 신비주의적일 뿐이다. 권력에 의한 공포 정치적 대중매체 공작(工作)이라는 오웰류의 신화와 반대이면서도 그 신화를 보충하는, 대중매체에 관한 사회주의적 예정설의 신비주의. 신(神)도 사회주의에 찬성할 것이다. 기독교도들이 그렇게 말한다.

---

15) 엔첸스베르거는 이렇게 해석한다: '매체'는 '전언'이다는 부르조아치의 명제이다. 이 명제가 뜻하는 바는 부르조아지는 더 이상 말할 것이 하나도 없다는 것이다. 부르조아지는 전달할 전언이 더 이상 없기 때문에 매체를-위한-매체라는 카드놀이를 한다――부르조아지가 말할 것을 전혀 지니고 있지 않다면, '사회주의'는 침묵하는 편이 더 나을 것이다.

전복 전략과 '상징적 투쟁'

68년 5월에 대중매체는 변혁 운동을 자발적으로 증폭시킴으로써 제구실을 했다는 반론이 제기되었을지도 모른다. 적어도 투쟁의 시기에는, 대중매체가 권력에(본의 아니게) 등을 돌렸던 것 같다. 바로 이 균열과 이 있음직한 반전에 의거하며 미국 히피들(호프만Hoffman, 루빈Rubin)의 전복 전략이 세워지며 세계의 변혁 운동들에서 '상징적 투쟁'의 이론이 구상된다. 대중매체의 연쇄 반응력을 통해 대중매체의 방향을 바꾸기. 대중매체가 지니고 있는 즉각적인 정보 보급의 기능을 활용하기. 함축된 의미: 대중매체의 영향은 가역적이며, 이익이 되게끔 통합할 줄 알아야 하는 계급 투쟁의 변수이다. 필시 아직도 전략상의 거창한 환상일 뿐인 것에 관해 자문할 필요가 있다.

68년 5월은 본보기의 구실을 할 것이다. 모든 것이 그 기간 동안에 나타난 대중매체의 전복하는 영향을 믿게 할지도 모른다. 주변의 라디오 방송, 신문들이 도처에서 학생들의 시위를 보도했다. 학생들의 시위가 기폭 장치였다면, 대중매체는 공명 장치였다. 게다가 정권은 대중매체가 혁명가들을 '지지한다'고 비난하기를 서슴지 않았다. 그러나 이 명백한 사실은 분석의 부재에 의거해 있다. 반대로 나는 대중매체가 제구실을 그렇게 잘 이행하지 않았으며 자체의 관례적인 사회 통제 기능에 따라 사건들의 층위에 머물러 있었다고 말하고 싶다. 이것은 대중매체가 (내용의 전복 아래) 자체의 형식을 계속 간직했기 때문이며, 대중매체를 권력 체계로부터 도저히 떼어 낼 수 없는 것으로 만드는 것은 바로 맥락이야 어떠하건 이 형식이기 때문이다. 사건을 여론의 추상적인 보편성 속으로 퍼뜨림으로써, 대중매체는 사건의 난데없는 지나친 전개를 강요했으며 이 너무 이른 강제된 확장에 힘입어 본래의 운동이 지닌 고유한 리듬과 방향을 빼앗았다——한마디로 대중매체는 운동을 재빨리 지나쳐버린 것이다.

(좌파 또는 우파)16) 정치라는 전통적인 영역에서, 공인된 모형들과

---

16) 대중매체에 대해서는 이 구분이 더 이상 의미를 지니지 않는다. 이 구분

규범적인 발언이 교환되는 곳에서, 대중매체는 의미를 왜곡하지 않고 전달한다. 대중매체는 상품의 유통과 동질이듯이 그러한 발언과 동질이다. 그러나 위반과 전복은 위반과 전복이 아니라고 미묘하게 부인되지 않는다면 전파를 타지 않는다. 말하자면 모형으로 변환되고 기호로 무력화되어, 위반과 전복으로서의 의미를 잃어버린다.[17] 위반은 모형도 원형도 계열도 없다. 따라서 위반을 치명적으로 공개하는 것보다는 위반을 줄이는 것이 아직도 더 나은 방식이다. 처음에는 그러한 조작 때문에 '눈부신' 성과를 믿게 될지도 모른다. 사실상, 그 조작은 운동의 고유한 추진력을 제거함으로써 운동을 무장 해제시키는 것이나 마찬가지이다. 파괴 행위가 관료적인 원격 (遠隔) 모형으로 바뀐 것이다――그도 그럴 것이 그것은 정확하게 대중매체의 작용이다.[18]

을 없애는 데 널리 기여한 그 명예는 대중매체에 돌아가야 한다. 이 구분은 정치의 초월성으로 특징지워지는 범주와 불가분의 것이며, 온갖 종류의 형태 아래 정치의 횡단선으로 나타나는 것과 더 이상 아무런 관계가 없다. 그러나 잘못 생각해서는 안 된다. 대중매체는 정치의 초월성을 청산하는 데 이바지하지만, 이는 정치의 초월성을 자체의 초월성으로, 결국 통합되어 더 이상 갈등 구조(좌파/우파)를 보이지도 않는 대중매체 형식의 추상적인 초월성으로 대체하기 위해서일 뿐이다. 그러므로 대중매체의 초월성으로 말미암아 정치의 전통적인 초월성이 줄어들기는 하나, 정치의 새로운 횡단성은 훨씬 더 줄어든다.

17) 이러한 형태의 '폭로' 또는 전파는 과학 또는 예술의 영역에서도 적절하게 분석된다. 일반화된 재생산 가능성으로 말미암아 작업 및 의미의 진전 과정이 지워지고 모형화된 내용만이 제시된다(라울 에르크만Raoul Erg-mann, 「조각난 거울」, 『디오게네스』, No. 68, 1969 ; 보두앵 쥐르당Bau-douin Jurdant, 「과학 대중화」, 『코뮈니카시옹』, No. 14 참조).

18) 귀속 집단의 층위에서는 언제나 이 활동에 선별 및 재통합 활동이 겹친다는 것(의사 소통의 두 단계 흐름, 래저스펠드Lazarsfeld〔1901년 오스트리아의 비엔나에서 태어나 1976년 뉴욕에서 죽은 미국의 사회학자로, 『청년과 직업』『잠재적 구조 분석』『사회과학의 어휘』『인과 관계의 경험적 분석』『사회 과정의 분석』등의 저서가 있다 : 역자〕)에 주의를 기울일 필요가 있다. 그리하여 대중매체에 실린 내용의 대단히 상대적인 함축성, 그리고 대중매체에 의해 유발되는 다양한 저항이 연유한다(한편으로는 이 저항이 내용보다는 오히려 매체들 자체의 추상을 노리지 않는가 하고 자문해야 할 것이다. 래저스펠드의 이중 분절은 두번째 분절이 대부분의 대중매체 전언들과 상반되는 개인적인 관계망의 분절이기 때문에 이 방향으로 진행될 것이다). 그렇지만 귀속 집단이 발신자들의 약호에 자체의 약호를 대립시키는(움베르토 에코의 학위논문, p. 227 참

이 모든 것은 '상징적'이라는 용어의 파생·왜곡에서 읽어낼 수 있다. 5월 22일 낭테르[19]에서 일어난 투쟁은 위반하는 것이기 때문에, 그러한 시기에 그러한 장소에서 근본적인 단절을 생각해냈기 때문에, 위에서 제안된 분석을 다시 취하자면 행정권 및 교권 체제만이 발언권을 갖고 기능상 어떠한 발언도 허용하지 않는 상황에서 응답을 창안했기 때문에 상징적이었다. 그 투쟁이 상징적이었던 것은 사실상 대중매체를 통한 확산과 만연 때문이 결코 아니다. 그렇지만 오늘날 상징적 투쟁을 규정하는 데 충분한 것은 점점 더 그 마지막 의미(유포의 충격)이다. 극단적으로, 전복 행위는 오직 자체의 재생산 가능성에 따라서만 출현한다.[20] 전복 행위는 더 이상 창안되지 않고, 몸짓처럼 단번에 모형으로서 나타난다. 상징적인 것이 (정치적이거나 그 밖의 다른) 의미 생성의 범주에서 언제나 권력의 범주인 의미 재생산의 범주로 슬그머니 빠져든 것이다. 상징적인 것은 순전한 상징적 제수가 되고, 위반은 교환가치가 된다.

합리주의적 비판 사상 전체(벤야민,[21] 브레히트, 엔첸스베르거)는 거

조) 그 '두번째' 독해는 확실히 지배 이데올로기의 내용을 비판적이거나 전복적인 내용처럼 무력화시키거나 '축소시키기'에 이르지 않는다. 지배 이데올로기의 내용(문화 모형, 대안도 응답도 없이 강요되는 가치 체계, 관료적인 내용)이 대중매체의 일반적인 형식(비상호성·무책임)과 동질이고 그 형식을 배가하면서 그 형식에 통합됨에 따라, 지배 이데올로기의 내용에 관한 필요 이상의 다원적 결정 및 더 큰 함축성의 효과 같은 것이 존재한다. 지배 이데올로기의 내용은 전복적인 내용보다 더 잘 "통과한다." 하지만 이것이 요점은 아니다. 알아야 하는 것은 위반의 형식이 "다소간 만족스럽게" 받아들여지지 않는다는 점이다. 위반의 형식은 대중매체의 형식에 의해 근본적으로 부정된다.

19) (역주) : 파리의 서쪽 교외에 위치한 행정·교육(파리 10 대학)·산업(야금·자동차 조립·전기 비품·식품·제약·향수·제지)의 중심지.

20) 이와 마찬가지로 발터 벤야민의 경우에도(「기술적 복제 가능성 시대의 예술 작품」) 복제된 작품은 점점 더 자체의 복제 가능성에 따라 '지정된'(복제 가능성에 충당된) 작품이 된다. 그에 의하면 작품이 의례(儀禮)에서 '정치'로 넘어가는 것은 바로 그때이다. '전시 가치'가 예술품과 예술품의 기능을 변혁시킨다.

21) (역주) : 독일의 작가(1892~1940)로서, 베를린, 뮌헨, 베른 등지에서 철학을 공부한 뒤, 1920년에 『독일 낭만주의에 나타난 예술 비평의 개념』이라는 미학 학위논문을 제출하고 문학 비평과 번역(프루스트와 보들레르)을 행한다. 유태인 출신인 그는 1933년에 파리로 이주하여 프랑크푸르트 학파의 기구인 사회연구소의 회원이 된다. 거기에서 그를 으뜸가는

기에서 결정적인 진보를 인정한다. 대중매체는 "어떤 정치 행위이건 한결같이 지니고 있는 시위성"을 현실화하고 보강할 따름이다(엔첸스베르거). 이는 명백히 혁명의 학술적인 개념, 그리고 더 나아가 '의식화의 변증법' 등과 일치한다. 이러한 합리주의 사상은 '계몽주의'라는 부르조아 사상을 부인하지 않았다. 곧 빛의 확산이라는 민주적인(여기에서는 혁명적인) 미덕에 관한 계몽주의의 모든 견해를 이어받았다. 그 사상은 교육학상의 환상에 젖어, 정치 행위가 일부러 대중매체를 노리고 대중매체에 대한 지배력을 기대하듯이 대중매체 또한 정치 행위에서 정치성을 배제하기 위해 고의로 정치 행위를 노린다는 점을 망각한다. 여기에서 한 가지 흥미로운 사실, 곧 정치권에서 찾아볼 수 있는 잡보의 범람(이는 예술품이 복제 가능성에 의해 정치적 단계로 넘어간다는 벤야민의 생각과 합류한다)이 확실한 증거로 인용될 수 있다. 파키스탄에서 일어난 급격한 혼란, 미국에서 벌어진 권투 시합, 어떤 젊은이를 향해 총을 쏜 술집 주인 등——옛적에는 대수롭지 않고 비정치적이었던 이러한 종류의 사건들이 이제는 온갖 확산력에 둘러싸임으로써 사회적・'역사적' 규모를 부여받는다. 그 사건들이 취하는 새로운 의미, 곧 예전에는 연대기의 일부를 이루었으며 이제는 정치의 새로운 형태들이 몰려들어 명확해지는 부대 사항들의 갈등화가 상당 부분 대중매체의 진상이라는 것은 의심의 여지가 없다. 그 잡스런 사건들은 숙고 끝에 결정된 것은 아니지만 동일한 정치적 의미 작용 과정에 편입되는 '상징적 투쟁'이다. 그 사건들이 받는 지지는 모호하다는 것, 그리고 대중매체에 힘입어 정치가 잡보의 범주 아래 다시 나타난다면 똑같은 대중매체에 힘입어 잡보가 도처에서 정치를 휩쓴다는 것 역시 의심의 여지가 없다. 게다가 대중매체의 보급으로 잡보의 지위가 바뀌었다. 유사한 범주(연감과 시평의 도래) 때문에 잡보는 완전한 신화

현대 미학자들의 반열에 올려놓은 「기술적 복제 가능성 시대의 예술 작품」을 발표하고, 언어와 역사 철학에 관한 성찰을 전개시킨다(1923년의 「번역자의 임무」, 1924~25년의 「괴테의 친화력」, 1928년의 「독일 바로크 연극의 기원, 독특한 의미」, 1940년의 「역사철학론」). 독일군이 프랑스로 침공하자, 프랑스와 스페인 사이의 국경을 넘으려다 실패하고는 게슈타포에 고발될 것을 두려워하여 자살한다.

해석 체계, 어떠한 사건도 빠져나가지 못하는 의미 작용들의 촘촘한 조직망이 되었다. 대중매체화 *massmédiatisation*[22])가 그렇다. 대중매체화는 전언 전파 기술들의 집합이 아니라 모형 부과이다. 여기에서 맥루한의 공식이 재검토되어야 한다. '매체'는 '전언'이다는 공학적인 구조로서의 매체 자체에 관한 의미의 전이를 수행한다. 그 공식은 여전히 공학적 이상주의에 관련되어 있다. 사실, 위대한 '매체'는 '모형'이다. 매체화되는 것은 신문 · 텔레비전 · 라디오를 거치는 것이 아니라, 형식/기호에 의해 재파악되고 모형으로서 분절되며 약호에 의해 지배되는 것이다. 상품이 상업적으로 생산된 것이 아니라 교환가치의 추상 체계에 의해 매체화되는 것이듯이 말이다. 알다시피, 대중매체의 영향 아래 행해질 수 있는 것은 기껏해야 일상사와 정치의 범주 및 이 두 범주의 분리를 지양하는 일, 하지만 일상사와 정치를 다 같이 동일한 일반적인 약호에 더 잘 할당하기 위해 지양하는 일이다. 사회 통제 체계로서의 이 강요된 사회화가 갖는 전략적 중요성을 헤아려보려고 하지 않은 것은 이상한 일이다. 다시 한번, 선거 제도는 강요된 사회화의 제일 중요한 역사적 보기이다. 그런데 승부를 걸 수 없다고 생각할 만큼(예전에는 가장 위대한 혁명가들 사이에서, 오늘날은 가장 하찮은 혁명가들 사이에서) 혁명가들이 부족한 적은 결코 없다. 총파업 자체, 곧 그토록 많은 세대 동안 갈구되어온 그 폭동의 신화는 환원의 표상으로 변했다. 대중매체가 파업을 프랑스의 방방곡곡으로 전파함으로써 폭넓게 이바지한 68년 5월의 총파업은 표면상 위기의 절정이었지만 사실은 총파업의 압력 감소, 확대로 인한 총파업의 질식, 총파업의 실패가 시작된 순간이었다. 물론, 수백만 명의 노동자들이 파업에 참여했다. 그러나 그 파업이 '매체화되자,' 투쟁의 모형으로 전달되고 받아들여지자(대중매체에 의해서건 노동조합에 의해서건), 그들은 어떻게 할지를 몰랐다. 어떤 점에서는 추상되어, 국지적이고 가로지르며 자

---

22) (역주): 온갖 것들이 대중매체에 의해 전달되면서 간접화되는 현상, 전파하기 위해 대중매체가 매개물의 구실을 하는 현상을 가리킨다. 사실상, 모든 것은 신문 · 라디오 · 텔레비전을 탐으로써 사람들에게 전달되기는 하지만 어쩔 수 없이 간접적인 것이 된다.

발적인 투쟁 형태들을(전부는 아니지만) 무력화시켰다. 그르넬 협약[23]은 기대에 어긋나지 않았다. 혁명적인 투쟁의 특수성을 끝장내는 정치 투쟁의 일반성으로의 그러한 이행을 뒷받침했다. 그 파업은 (파업의 계산된 확대 형태 아래) 조합의 통제를 벗어난 우발적인 파업에 대한 노동조합의 절대적인 무기가 되었다.

따라서 선거 제도, 총파업 역시 이를테면 대중매체이다. 형식적이고 외연적인 사회화에 작용하는 관계로, 가장 치밀하고 가장 확실한 여과, 무장 해제, 검열 제도이다. 거기에는 예외도 기적도 존재하지 않는다.

'오월'의 진정한 혁명 매체는 담벼락과 벽보, 유인물 또는 삐라, 발언이 행해지고 교환되는 거리——측각적인 게시문이며, 주어지고 되돌려지며, 말해지고 응답되며, 같은 시간에 같은 장소에서 항상 변화하며, 상호적이고 서로 반대되는 모든 것——이다. 이 점에서 거리는 모든 대중매체를 대신하고 전복하는 형태이다. 왜냐하면 대중매체처럼 응답이 없는 전언들의 객관화된 대중 전달 매체, 원격 면세 통과의 망이 아니라, 순간적이고 사라지게 마련인 발언, 대중매체의 플라톤학파적인 영사막 위에는 반영되지 않는 발언의 상징적 교환이 이루어지는 트인 공간이기 때문이다. 거리는 재생산을 통해 제도화되고 대중매체에 의해 구경거리가 됨으로써 생기를 잃어버린다.

그러므로 대중매체의 비판적 방향 전환을 신뢰하는 것은 전략상 잘못된 생각이다. 그와 같은 발언은 오늘날 그러한 것으로서의 대중매체의 파괴를, 비의사 소통 체계로서의 대중매체의 해체를 거친다. 담론에 대한 근본적인 비판이 의미를 나타내는 유형적 요소로서의 언어의 부정을 내포하지 않는 것과 마찬가지로, 그러한 발언이 청산을 내포하는 것은 아니다. 하지만 대중매체가 갖는 현행의 기능적·기술적 구조 전체의 청산, 대중매체의 사회적 형식이 반영

---

23) (역주): 1968년 5월의 사건들 뒤에 그르넬가의 사회부 Ministère des Affaires sociales 건물에서 정부·고용주·노동조합 사이에 맺어진 협약. 임금 인상과 S. M. I. G.(법직업적 최저보증임금)의 회복이 인정되고, 노동 지속 기간의 축소와 가족 수당, 직업 교육, 복수 노조 인정에 관한 여러 가지 개혁이 약속되었다.

되는, 그렇게 말해도 좋다면 대중매체 운용 형식의 청산을 명백히 내포한다. 극단적으로 말해서, 사라지는 것, 또 사라져야 하는 것은 말할 나위없이 매개체의 개념 자체이다. 교환되는 발언, 상호적이고 상징적인 교환은 매체·매개물의 개념과 기능을 부정한다. 그러한 교환이 기술적 장치(소리·화면·전파·에너지 등) 및 육체적 장치(몸짓·언어, 성적 욕망)를 전제할지는 모르지만, 그 경우에는 육체적 장치가 더 이상 매체로, 약호에 의해 지배되는 독자적인 체계로 작용하지 않는다. 상호성은 그러한 것으로서의 대중매체의 파괴를 거친다. "사람들은 불타고 있는 자신의 부동산을 이웃 사람들과 함께 물끄러미 바라볼 때에만 비로소 자신의 이웃 사람들과 마주친다"(제리 루빈Jerry Rubin, 『실행하라』).

의사 소통의 이론적 모형

여러 가지 가설들을 개괄하자.

i) 맥루한(참고로): 대중매체는 자체의 내용과는 별도로 자체의 공학적 구조만을 통해 변혁을 가져다주며, 변혁이다. 음성 자모와 책 다음에, 라디오와 영화, 라디오 다음에는 텔레비전. 이제부터는 전세계에 걸쳐 즉각적인 의사 소통의 시대이다.

ii) 대중매체는 권력에 의해 통제된다. 권력 장악을 통해서건 또는 전복적인 내용의 눈부신 증가에 의해 대중매체의 방향을 바꿈으로써건 대중매체를 권력으로부터 떼어놓아야 한다. 여기에서 대중매체는 전언으로서만 간주된다. 대중매체의 형식은 문제되지 않는다(물론 매체가 매체로서만 고려되는 맥루한의 경우에도 문제되지 않는다).

iii) 엔첸스베르거: 대중매체가 갖는 현행의 형식은 (자본주의 생산 양식의 사회 관계와 비슷한) 일정한 유형의 사회 관계를 유도한다. 그러나 대중매체의 구조와 발달로 보아, 대중매체에는 사회주의적이고 민주적인 의사 소통 방식, 정보의 합리성과 보편성이라는 잠재적 성질이 있다. 대중매체의 잠재력을 해방시키는 것으로 충분하다.

엔첸스베르거의 (마르크스주의적이고 분별있는) 가설과 미국 급진

좌파의 (극좌적이고 화려한) 가설만이 우리의 흥미를 끈다(마르크스주의적이건 아니건, 부르조아지의 실제와 혼동되는 공식적인 좌파의 실체에 대해서는 말하지 말자). 우리는 이 두 가설을 전략상 잘못된 생각으로 분석한 바 있는데, 그 이유는 둘 다 똑같은 의사 소통 이론——일반적으로 인정된 명백한 사실과 어느 학문, 말하자면 의사 소통의 기호언어학에 의한 고도로 '과학적인' 공리화에서 힘을 얻어 도처에서 인정되고, 한편으로는 구조언어학에, 다른 한편으로는 정보과학에 기대며, 대학과 대중문화 안에서 보증되는 이론(대중매체 화자들은 이것을 갈구한다)——에의 암묵적인 참조를 지배 이데올로기와 공유한다는 점이다. 그 이론의 개념적 하부 구조 전체는 고전 정치경제학의 개념적 하부 구조가 그랬고 아직도 그러하듯이 이데올로기의 측면에서 지배의 실제와 불가분의 것이다. 의사 소통의 영역에서 그 이론은 저 부르조아 정치경제학의 등가물이다. 그런데 혁명의 실천이 대중매체에 대한 전략상의 환상에 머물러 있다면, 그 이유는 혁명의 실천이 그 이데올로기의 모태, 곧 의사 소통 이론에 대한 철저한 비판으로까지 나아가지 못하고 피상적인 비판적 분석만을 행해왔기 때문이다.

야콥슨Roman Jakobson[24)]에 의해 더욱 상세히 공리화된 의사 소통 이론은 다음의 요소 연속을 기본 단위로 삼는다.

발신자——전언——수신자
(약호 편성자——전언——약호 해독자)

여기에서 전언 자체는 약호에 의해 구조화되고 맥락에 의해 결정된다. 이 '개념들' 각각에는 특수한 기능이, 곧 지시 기능, 시적 기능, 말을 거는 기능 등이 상응한다. 각각의 의사 소통 과정은 이처럼

---

24) (역주): 러시아 출신의 미국 언어학자(모스크바 1896~보스톤 1982). 로만 야콥슨의 작업은 음운론(이원주의 이론), 언어심리학(어린이의 언어 획득과 실어증을 통한 언어 파괴의 문제), 의사 소통 이론과 언어 구조 사이의 관계(언어의 기능들에 관한 이론), 시적 어법의 연구 등 언어학의 모든 영역에 걸쳐 있다. 범학문적 연구자로서, 그는 반세기 전부터 언어학적 성찰을 끊임없이 자극해왔다.

한 방향으로만, 곧 발신자에서 수신자로만 벡터화된다. 수신자는 제 차례가 되어 발신자가 될 수 있으나, 의사 소통은 양극의 항목이 교환되지 않는 그 단순한 단위로 언제나 귀착할 수 있으므로, 똑같은 구조가 다시 나타난다. 이 구조는 대상을 간단한 요소들로 분해한다는 방법상의 규칙을 따르기 때문에 객관적이고 과학적인 것으로 자처한다. 사실은, 경험적 여건, 명백한 사실과 체험된 현실의 추상물, 다시 말해서 이데올로기의 범주들——이것들 아래에서는 일정한 유형의 사회 관계가, 정확히 한편은 말하고 다른 한편은 말하지 않는, 한편은 약호 선택의 권리가 있고 다른 한편은 약호에 종속하거나 약호를 회피할 자유만 있는 사회 관계가 말해진다——을 공리화하는 것으로 그친다. 이 구조는 의미 작용의 자의성과 똑같은 자의성에 기초를 두고 있다. 거기에서는 두 항이 전언이라 불리는 객관화된 내용에 의해 인위적으로 고립되고 인위적으로 결합된다. 두 항 사이에는 상호적인 관계도 서로에 대한 영향력도 없다.[25] 왜냐하면 양쪽이 전언과 약호에 대한, 곧 양쪽을 각차의 상황 속에 유지시키는 '중간 매체'(양쪽을 모두 '위압'하는 것은 약호이다)에 대한 관계를 통해, 서로에 대해 거리를 두고, 곧 전언의 완전하고 자율화된 '가치'(사실상, 전언의 교환가치)를 메우게 되는 거리를 두고 따로따로 결정되기 때문이다. 이러한 '과학적' 구성은 상호성, 상대방들의 대립, 또는 그들 사이에서 일어나는 교환의 양면성이 단번에 배제되는 의사 소통의 모사 모형을 통해 확립된다. 실제로 유통하는 것은 정보, 곧 읽어낼 수 있으며 언제나 같은 뜻을 갖는다고 가정된 의미의 내용이다. 이 일사일의성(一辭一意性)을 보증하는, 그래서 약호 편성자와 약호 해독자 각각의 지위까지 보장하는 것은 바로 약호의 심급이다. 모든 것은 서로 연관성이 있다. 공식은 공식을 가능한 의사 소통의 유일한 도식으로 확정시켜주는 형식상의 일관성을 지니는 법이다. 그러나 양면성을 치닌 관계를 가정하면, 모든 것이 무너진다. 왜냐하면 양면성의 약호는 없기 때문이다. 약호가 없으면 약호 편성자도 약호 해독자도 없으며, 들러리들이 사라져버린다. 더

---

25) 두 항은 서로에 대해 그다지 현존하지 않기 때문에, 이론적으로 전체를 재구성하기 위해 '접촉' 범주를 설정해야 했다.

이상 전언도 없다. 왜냐하면 전언은 '발신되고' '수신되는' 것으로 규정되기 때문이다. 공리화 전체는 이러한 파국을 피하기 위해서만 존재할 뿐이다. 이것이 바로 그 공리화의 '과학성'이다. 그 공리화가 사실상 밑받침하는 것은 약호의 폭력 행위이다. 기준이 되는 그 도식에서 약호는 발언권을 행사하는, 두 항의 분리와 전언의 일사일의성을 가로질러(또는 양의성이나 다의성, 어느 것이라 해도 그다지 상관 없다――비양면성을 가로질러) 교환되고 재생하는 유일한 심급이 된다(이와 마찬가지로, 경제적 교환 과정에서도, 교환하는 것은 더 이상 개인들이 아니며, 개인들을 가로질러 다시 나타나는 것은 교환가치의 체계이다). 이처럼 의사 소통의 그 기본적인 공식은 있는 그대로의, 아무튼 약호의 추상 작용, 강제되는 합리성, 그리고 분리의 폭력주의가 지배하는 그대로의 사회적 교환에 대한 완벽한 요약을 의사 소통의 축소된 모형으로 제공하는 데 성공한다. 과학의 객관성은 이렇게 진척된다.

분리와 종결. 언어학 이론에서 기호의 층위에 작용하는 것은 바로 똑같은 구도이다. 서로에게 할당되어 있는, 그러나 '각자의' 지위를 유지하는 기표와 기의로 찢긴 각 기호, 그리고 자의적인 고립의 기조 위에 언어체라 불리는 약호를 가로질러 다른 모든 기호들과 '소통하는' 각 기호. 거기에서도 과학상의 금기는 예컨대 시의 언어에서, 기표/기의의 구분 이전에, 용어들이 갖는 상징적으로 교환될 가능성 위에 구축되어 있다. 상징적 교환에서와 마찬가지로 시의 언어에서도, 용어들은 약호보다 앞서 서로 화답한다. 우리가 이 텍스트 여기저기에서 모든 약호, 모든 통제, 모든 권력을 파괴하는 것으로――거꾸로 약호·통제·권력은 언제나 항목들의 분리와 추상적인 분절에 기초를 둔다――표시해온 것은 바로 이러한 응답이다.

이처럼 의미 작용 이론은 의사 소통 이론에 대해 핵심적인 모형의 구실을 하며, 기호의 자의성(의미 억압의 그 이론적 표상)은 의사 소통과 정보에 관한 이론적 도식의 자의성에서 자체의 정치적·이데올로기적 역량 전부를 취한다. 기호의 자의성은 우리가 살펴보았듯이 (발신하는 극의 잠재적인 독점권과 수신하는 극의 무책임, 교환항들의 차별과 약호라는 강제 조약에 의해 특징지워지는) 사회 지배의 실제에서뿐만 아니라, 대중매체의 혁명적인 운용을 지향하는 모든 어설픈 의지를 가로질러, 사회 지배의 실제에 의해 의식되지 않는 채 메아리친다. 예컨대, 대중매체의 내용을 전복시키려고 노리는 모든 어설픈 의지가 단지 전언이라는 분리된 개념의 자율성을, 따라서 의사 소통 항목들의 추상적인 양극성을 강화시키기만 한다는 것은 분명하다.

인간 기계론의 환상

현실 진전 과정의 비상호성에 민감한 엔첸스베르거는 정밀 과학과 인식 주체/대상 관계를 뒤엎어 그때부터 끊임없는 '변증법적' 상호 반응에 말려들게 한 변혁과 똑같은 변혁이 대중매체의 층위에서 일어나야 한다고 강경히 요구함으로써 그 비상호성이 한때나마 완화된다고 생각한다. 상호 반응에는 독점을 깨뜨리고 모든 이가 열린 과정 안으로 통합되도록 허용하는 효과가 있으므로 대중매체는 상호 반응의 모든 결과들을 참작해야 한다는 것이다. "의식 산업에 관한 계획들은 자체의 구체적인 성과, 스스로 초래하는 반작용과 수정을 자체 안에 통합해야 한다. 〔……〕 그 계획들은 소비 수단으로서가 아니라 생산 수단으로 이해되어야 한다." 그런데, 마음이 솔깃해지는 이 전망은

i) 약호와 전언의 분리된 심급을 그대로 내버려두며,

ii) 그 대신 더 유연한 역할 교환 및 되먹임 *feedback* 구조('회로들의 가역성') 쪽으로 나아가기 위해 의사 소통의 양극에 대한 구별을 파기하려 한다. "텔레비전이나 영화와 같은 장치들은 현행의 형식 때문에 의사 소통에 도움이 되지 않고, 오히려 의사 소통을 저지한다. 그 장치들은 발신자와 수신자 사이에 어떠한 상호적인 작용의 여지도 남기지 않는다. 기술적인 관점에서 보건대, 그 장치들은 되먹임을 체제와 양립할 수 있는 최저의 비율로 줄인다." 거기에서도, 발신자와 수신자를 '교대'로 동원하기 위한 노력이 어떠하건 '발신자'와 '수신자'라는 범주는 지양되지 않는다. 가역성은 상호성과 아

무런 관계가 없다. 인간 기계론cybénétique[26] 체계들이 오늘날 전체 과정의 추상에 아무런 변화도 일으키지 않고 어떤 것도 실제적인 '책임'에서 교환으로 넘어가게끔 내버려두지 않으면서 그 복잡한 조절, 그 되먹임을 이행하는 데 대단히 능숙한 것은 의심할 나위없이 이 깊은 이유 때문이다. 이처럼 되먹임은 그러한 응답의 가능성을 사전에 통합하기 때문에, 체제로서도 되먹임이 가장 적절한 대비 수단이다.

엔첸스베르거가 오웰의 신화에 대한 자신의 비판에서 보여주듯이, 엄청난 중앙 통제 조직을 구상하는 것은 사실상 가능하지 않다 (현행의 전화 체계에 대한 통제 조직은 복잡성의 면에서 전화 체계를 n 갑절 능가해야 할 것이며, 따라서 실질적으로 배제된다). 그러나 검열이 이처럼 대중매체의 확장이라는 사태로 말미암아 청산되리라고 생각 하는 것은 다소간 철없는 짓이다. 장기적으로도, 막대한 경찰 조직의 불가능성은 단순히 현행의 조직이 되먹임과 자동조절을 통해 이제부터는 쓸모없는 그 초통제 조직을 자체 안에 통합한다는 것을 의미한다. 대중매체는 대중매체를 부정하는 것을 보충 변수로 끌어 들일 줄 안다. 대중매체의 작용 자체가 검열이다. 대중매체는 초조 직을 필요로 하지 않는다. 따라서 대중매체는 전체주의적이기를 그 치지 않는다. 이를테면 지방 분권화된 전체주의라 불릴 수 있는 것 의 극치를 구현한다.

더 실질적인 층위에서, 대중매체는 또한 어떠한 응답의 여지도 주지 않고 역할들의 구별에 어떠한 변화도 일으키지 않으면서, 회로들(독자 통신란, 청취자들의 전화 개입, 여론 조사)의 형식적인 '가역성'을 매우 적절하게 정위치시킬 줄 안다.[27] 이것은 되먹임의 사회적·

---

26) (역주): 미국의 전기공학자·수학자인 N.위너(1948년의 『인간 기계론, 또는 인간과 기계에서의 제어와 의사 소통』, 1950년의 『인간 기계론과 사회』 참조)가 제창한 새로운 학문으로, 동물의 신경 계통의 반사·제어· 통합 작용과 기계의 기제로부터 출발하여, 인간의 사고 과정에 두뇌의 작용 대신 기계를 이용하는 문제까지를 이론과 기술의 양면에서 취급한 다. 보통 '사이버네틱스'로 음역한다. 어원상 지배(제어)한다는 의미가 있으며, 제어계측 공학과 밀접한 관계를 갖는다.

27) 여기에서도, 엔첸스베르거는 그 통제 회로들을 분석하고 폭로하지만, 관 념론으로 이야기를 이어간다: "그러나 이는 당연히(!) 구조에 어긋나며,

정치적 형식이다. 그러므로 매우 기이하게도 인간 기계론적 조절에 가까운 의사 소통의 '변증법화'를 행하는 엔첸스베르거는 비록 더 미묘한 방식으로지만 언제나 우리가 말한 이데올로기 모형의 희생자이다.

똑같은 관점에서, 곧 전문가 및 직업인들의 독점권과 동시에 대중매체에 관한 적대 계급의 독점권으로 나타나는 의사 소통의 일방성을 깨뜨려야 한다는 관점에서, 엔첸스베르거는 각차 활동적인 조작자·조립자 등의 의미에서 취급자가 되는 것, 요컨대 수신자의 신분에서 생산자/발신자의 신분으로 넘어가는 것을 혁명적인 해결책으로 제시한다. 이것은 말하자면 공작이라는 이데올로기적 개념의 비판적 방향 전환이다. 그러나 여기에서도, 이 '혁명'은 '발신자'라는 범주를 분리된 것으로서 일반화하는 데 그치고 각자를 자체의 발신자로 만듦으로써 결국은 그 범주를 보존하기 때문에, 대중매체 체계를 궁지에 몰아넣지 못한다. 각자가 휴대용 전화기나 코닥 사진기를 소유하고 자기 자신의 이야기를 한다는 것에서 유래하는 것은 알다시피 개성화된 애호가적 태도, 체제의 주변에서 일요일에 취미로 행하는 잔일의 등가물이다.[28]

엔첸스베르거가 바라는 것은 분명히 이런 것이 아니다. 그가 생각하는 것은 ('지하' 출판물이 부분적으로 그렇듯이) 독자들이 편집하고 배포하고 다듬는 출판물, 정치 집단들이 이용하는 비디오망 등이다.

이것은 동결된 상황을 녹이는 유일한 수단일 것이다: "사회주의 운동에서, 규율과 자발성, 중앙 집권주의와 지방 분권화, 권위주의

새로운 생산력은 이러한 경향의 반전을 허용할 뿐만 아니라 필요로 한다." 되먹임과 상호 작용은 인간 기계론의 논리 차체이며, 체제가 그 '혁명적인' 새로운 것들을 통합할 가능성을 과소 평가하는 데에는 자본주의가 생산력을 발전시킬 역량을 과소 평가할 때와 똑같은 환상이 개입한다.

28) 엔첸스베르거는 제록스 그룹이 보통 용지를 쓰는 로네오 정전기 윤전등사기계(일반적인 '자유 출판'의 가능성)에 대한 독점권을 계속 간직하고 엄청난 시세로 임대하는 것만을 승낙한다는 사실에서 논거를 끌어낸다. 그러나 각자가 자신의 제록스 복사기 또는 심지어 자신의 파장을 갖는다 해도, 요점은 거기에 있지 않다. 진정한 독점은 기술적 수단들에 대한 독점이 아니라 발언에 대한 독점이다.

적인 지도력과 반권위주의적인 붕괴의 변증법은 오래 전부터 사점 (死點)에 이르렀다. 회로의 가역성이라는 원리에 기초를 둔 의사 소통의 모형들만이 이러한 상황을 지양하게 해줄 수 있을 것이다." 그러므로 변증법의 실행을 복원하는 것이 중요하다. 그러나 문제가 계속해서 변증법의 용어들로 제기될 수 있을까? 사점에 이른 것은 변증법 자체가 아닐까?

그가 제시하는 보기들은 발신자와 수신자의 '변증법'을 넘어선다는 점에서 흥미롭다. 거기에서는 실제로 관료적인 모형들에 의해 걸러지지 않는 직접적인 의사 소통 과정, 사실상 발신자도 수신자도 더 이상 존재하지 않으며 서로 응답하는 사람들만 있기 때문에 독창적인 그런 교환 형식이 재발견된다. 여기에서 자발성과 조직화의 문제는 변증법적으로 지양되지 않는다. 그 문제는 자체의 항목들을 통해 위반된다.

거기에 본질적인 차이가 있다. 다른 가설들에서는 분리된 범주들이 존속한다. 첫번째 경우(대중매체의 사적인 감속률)에서는 발신자와 수신자가 단순히 한 개인 안에 합쳐져 있다. 그리하여 공작이 이를테면 '은폐'된다.[29] 다른 경우('회로들의 변증법')에서는 발신자와 수신자가 일제히 존재한다. 그리하여 조작이 상호적이게 된다(자웅동체적 배합). 체제는 전형적인 관료 모형과 동시에 이 양쪽 판에 다리를 걸칠 수 있다. 다시 말해서 두 범주의 가능한 모든 배합에 작용할 수 있다. 본질적인 것은 이 이데올로기적 범주들이, 그리고 그것들과 더불어 의사 소통의 정치경제학에서 찾아볼 수 있는 기본 구조가 무사하다는 점이다.

다시 한번, 상징적 교환 관계에는 동시에 행해지는 응답이 있는 바, 어느 쪽에서건 전언의 발신자도 수신자도 없으며, '전언'도, 다시 말해서 약호의 보호 아래 임의적으로 해독할 정보 자료체도 역시 존재하지 않는다. 상징적인 것은 '전언'의 그 일사일의성을 깨뜨리는 데, 의미의 양면성을 복원하는 데, 그리고 약호의 심급을 단번에

---

29) 그래서 개개의 아마추어 촬영기사는 대충 전달이라는 별개의 추상 작용 속에 머물러 있다. 두 심급 사이의 내적인 분열로 말미암아, 약호 전체와 지배 모형들이 휩쓸려들어가 대중 전달의 실제를 되찾게 된다.

청산하는 데 있다.

지금 막 말한 것은 움베르토 에코Umberto Eco[30]의 가설[31]을 평가하는 데 도움을 줄 수 있다. 요컨대, 전언의 내용을 변화시키는 구실을 하는 것은 하나도 없으며, 따라서 독해 약호들을 바꾸고 다른 독해 약호들을 부과해야 한다. 여기에서 (사실상 하나만이 아닌) 수신자가 본질적인 것에 개입한다. 수신자는 발신자와 약호에 대해 자기 자신의 약호를 내세우며, 제어된 의사 소통의 올가미를 피하면서 진정한 응답을 창출한다. 하지만 그 '전복적인' 독해의 사정은 어떠한가? 그것은 여전히 하나의 독해, 다시 말해서 해독, 일의적 의미의 추출인가? 그리고 수신자가 내세우는 그 약호는 무엇인가? 그것은 특이한(개인 특유의 언어 사용에 관련된, 그렇다면, 흥미 없는) 소(小)약호인가, 아니면 또다시 독해의 기준 도식인가? 그럴 경우에 문제되는 것은 텍스트의 변동뿐이다. 한 가지 보기, 곧 68년 5월 이후에 벽의 낙서에 의해 이루어진 선전의 방향 전환이 에코의 관점을 예증할 것이다. 그 방향 전환은 다른 내용을 내포하기 때문이 아니라 실로 바로 현장에서 응답하고 모든 대중매체들의 근본적인 무응답 계율을 깨뜨리기 때문에 위반하는 성질의 것이다. 그 방향 전환은 한 약호에 대해 다른 약호를 내세우는가? 나는 그렇다고 생각하지 않는다. 그저 약호를 깨뜨린다고 생각한다. 그 방향 전환을 통해서는 선전 담론의 경쟁하는 텍스트 같은 것을 해독할 기회가 주어지는 것이 아니라, 위반 같은 것을 생각해볼 계기가 마련된다. 그리하여 재치있는 말, 곧 위반하는 성격을 지닌 담론의 방향 전환은 그러한 것으로서의 다른 약호에 작용하는 것이 아니라, 패권을 잡은 담론과 약호의 해체에 작용한다. 그것은 약호의 범주와 전언의 범주를 증발시킨다.

거기에 문제 해결의 열쇠가 있다. 의사 소통의 구조적인 격차와 분리된 심급들 가운데 어떤 것이건 보존하기를 바란다면(그것들을

---

30) (역주): 이탈리아의 작가 겸 기호학자(1932~   )로서, 그의 주요 시론들은 문학 이론, 현대 사회의 변화, 그리고 전위 예술과 대량 전달 현상 사이의 관계를 다루고 있다. 저서로는 『열린 작품』(1962), 『부재하는 구조』(1968), 『일 수페루오모 디 마사』(1976) 등이 있다.

31) 『부재하는 구조』, 봄피아니, 1968.

"변증법적으로 지양하면서"도), 어떤 것이라도 근본적으로 변화시키는 것은 금지되며, 사람들은 확실성 없는 공작 실행——이것을 '혁명 전략'으로 간주하는 것은 위험할 것이다——에 매일 수밖에 없다. 이 점에서 지배 형식을 근본적으로 꼼짝못하게 하는 것만이 전략적이다.

디자인과 혁명 또는
정치경제학의 단계적 확대

　어떤 문화라도 물건을 생산하는 것은 아니다. 물건의 개념은 산업 혁명에서 발원한 문화, 곧 우리들의 문화에 고유한 것이다. 그렇지만 산업 사회조차도 여전히 생산물만 알고 있지 물건은 모른다. 물건은 기능/기호로서 명백히 해방됨으로써만 진실로 존재하기 시작하며, 이 해방은 우리들의 기술-문화[1]라 불릴 수 있을 글자 그대로 산업적인 이 사회의 급격한 변화와 더불어서만, 야금술적 사회에서 기호술적 사회로의 이행과 더불어서만——다시 말해서 생산물 및 상품으로서의 지위를 넘어(생산·유통, 그리고 경제적 교환의 양식을 넘어) 물건의 의미 목적성, 전언 및 기호로서의 지위(의미 작용, 의사 소통, 그리고 교환/기호의 양태)에 관한 문제가 제기되기 시작할 때——일어난다. 그 돌연한 변화는 19세기 동안 내내 준비되지만, 그것을 이론적으로 확립하는 것은 바우하우스[2]이다. 그러므로 '물건의

---

1) 갈브레이드John Kenneth Galbraith(1908년에 태어난 미국의 경제학자로서, 소비 사회에 대한 참된 비난이라 할 만한 『풍요의 시대』, 공학 발달에 의해 야기된 현대 경제계의 혼란을 논한 『신산업 국가』, 그리고 『우애, 재정, 환상』『불확실성의 시대』『대중 빈곤론』등의 저서를 썼다. J. K. 갈브레이드에 의하면 우리들은 '기술 구조 technostructure'의 시대에 살고 있다: 역자)의 '기술-구조'에 대한 메아리로서, 신자본주의·신산업·후기 산업 등 많은 용어들이 산업 정치경제학에서 초정치경제학(또는 메타 정치경제학)으로의 그러한 이행을 가리킬지도 모른다.

2) (역주): 1919년 바이마르에서 발터 그로피우스에 의해 창설된 독일의 미술 교육 학교. 그 뒤 데사우로 옮겨갔다가(1925~1932) 베를린(1933)에서 나치에 의해 폐교당했다. 그로피우스의 의도는 조형미술·수공업·산업의 종합을 수단으로 하여, 주거 환경에 생명력과 의미를 돌려주는 새로운 건

혁명'에 관한 연대를 논리적으로 결정할 수 있는 것은 바로 바우하우스로부터이다.

산업 발달에 연결된 생산물 영역의 단순한 확대와 차별화는 비록 경탄할 만하지만 중요하지는 않다. 문제는 지위 변동이다. 엄밀하게 말해서 바우하우스 이전에는 물건들이 존재하지 않는다——그 이후로는 모든 것이 돌이킬 수 없는 논리에 따라 사실상 물건의 범주 속으로 들어가며, 그러한 것으로서 생산될 것이다. 그래서 모든 경험적 분류(아브라암 몰Abraham Moles[3] 등)는 웃음거리밖에 안 된다. 집이나 옷이 '물건'이냐 아니냐, 물건은 어디에서 시작되는가, 어디에서 멈춰 예컨대 건물이 되는가——이러한 모든 기술적인 유형학은 알맹이가 없다. 왜냐하면 물건은 사물이 아니고, 심지어는 범주도 아니며, 의미의 지위와 형식이기 때문이다. 이 형식/물건의 논리적 도래 이전에는 어떤 것도, 심지어는 일상적인 집기도 물건이 아니지만——그 뒤에는 모든 것이, 하찮은 숟가락이나 도시 전체와 마찬가지로 부동산도 물건이다. 모든 것이 기능 계산과 의미 작용의 대상으로 바뀌는 이러한 환경의 보편적인 의미화 *sémantisation*를 정립하는 것은 바로 바우하우스이다. 전적인 기능성, 완전한 기호술. '물건들'(더 적절한 용어가 없으므로 이렇게 부르자)이 '해방되지' 않고 묶여 있는 관계로 고유한 지위를 지니고 있지 않으며 합리적인 목적성(기능성)을 토대로 서로 체계를 형성하지 않는 전통적인 양태에 비하면, '혁명'이다.

바우하우스에 의해 창시된 이 기능성은 (산업뿐만 아니라 환경과 사회 일반에 관련된) 형태들의 합리적인 분석과 종합이라는 이중의 움직임으로 정의된다. 형태와 기능의 종합, '아름다운 것'과 '유용한 것'의 종합, 예술과 공학의 종합. '스타일'을 넘어, 그리고 스타일링

축술을 정립하자는 것이었다.

3) (역주): 프랑스의 심리학자(1920~)로서, 1966년부터 스트라스부르의 심리학연구소 소장으로 일하고 있다. 심미적 지각 및 경험적 음악의 이론가인 그는 수학과 물리학을 인문과학에 응용했다. 그의 연구는 주로 예술과 컴퓨터의 관계, 심미적 정보 이론, 공간과 디자인의 심리학에 걸쳐 있다. 저서로는 『정보 이론과 심미적 지각』(1958), 『도시 사회에서의 벽보』(1970), 『예술과 컴퓨터』(1971), 『공간의 심리학』(1972), 『미시심리학과 일상 생활』(1976), 『행위론』(1977) 등이 있다.

styling[4)]과 19세기의 상업적인 속악 풍조(俗惡風潮)*kitsch*[5)]와 '현대풍'
에서 찾아볼 수 있는 스타일의 왜곡된 해석을 넘어, 바우하우스는
역사상 처음으로 환경에 대한 합리적 이해의 초석을 놓는다. 여러
부문들(건축·회화·가구 등)을 넘어, '예술'과 예술의 가식적인 특권
을 넘어, 바우하우스는 미학이 일상성 전체로 확정되는 현상이며
동시에 일상 생활에 봉사하는 기술 전체이다. 아름다운 것과 유용한
것 사이의 분리가 타파됨으로써 사실상 '공학 경험에 관한 보편적
기호론'(샤피로Schapiro,[6)] 『일차원성』[7)])의 가능성이 생겨난다. 또는 더
나아가 다른 각도에서 보자면, 바우하우스는 산업혁명에 힘입어 정
립된 기술적·사회적 하부 구조를 형태 및 의미라는 상부 구조와 조
화시키려고 애쓴다. 의미의 궁극성('미학')을 통해 기술을 완성하기
를 바람으로써, 바우하우스는 산업혁명을 완수하고 산업혁명이 뒤
에 남긴 모든 모순들을 해결하는 제2의 혁명 같은 것을 구성한다.
　혁명 또는 유토피아? 어느 것도 아니다. 산업혁명이 정치경제학
이라는 영역, 곧 물질 생산에 관한 체계적이고 합리적인 이론의 출
현을 표시했듯이, 마찬가지로 바우하우스는 그 정치경제학의 이론
적 영역 확대와 교환가치 체계가 기호들, 형태들, 물건들의 영역 전
체로 확대되는 현상을 표시한다. 의미 작용 방식의 층위에서, 그리
고 디자인의 영향 아래에서 생겨난 그 현상은 물질 생산 양식의 층
위에서, 그리고 정치경제학의 영향 아래에서 16세기 이래 일어나온
격변과 비슷한 격변이다. 바우하우스는 진정한 기호의 정치경제학
의 출발점을 표시한다.
　동일한 일반적 도식——한편으로는 자연과 인간의 노동이 고풍의

---

4) (역주): 산업 디자인에서, 제품의 기구(機構) 부분은 그대로 두고 외부의
　스타일만 바꾸는 일.
5) (역주): 저속한 예술 작품, 저급한 물건을 의미하는 독일어로서, 구식이
　거나 통속적인 요소들의 기묘한 사용으로 특징지워지고, 기존의 문화에
　의해 저속한 취향으로 간주되며, 산업 경제에 의해 야기되는 스타일 및
　심미적 태도를 가리킨다.
6) (역주): 1904년에 태어난 미국의 미술사학자로서, 마르크스주의·정신분
　석학·기호학에 기대어 미술품을 역사와 사회 환경에 연관시켜왔다. 그의
　글들(특히 잡지 기사들)은 주로 중세와 현대 미술(반 고흐, 세잔, 추상화
　등)에 관련된 것이다.
7) 폴 브레인즈Paul Breines, 『결정적인 중단』, 허더 앤 허더, 1970에서.

속박들에서 빠져나오고 생산력과 합리적인 생산 예측의 대상으로서 해방되며, 다른 한편으로는 환경 전체가 기표로 바뀌고 의미 작용의 요소로서 객관화된다. '기능화되고 모든 전통적(종교적·주술적·상징적)' 연루에서 해방됨으로써, 환경은 합리적인 의미 작용 예측의 대상이 된다.

기호 조작

물건의 기능에 대한 물건의 투명성 뒤에서, 디자인의 영향 아래 물건에 부과되는 그 보편적인 도덕률 뒤에서, 그 기능 방정식, 곧 직접적으로 '심미적' 가치를 띠는 물건에 관한 그 새로운 '경제학' 뒤에서, 일반적인 종합 표상(예술/기술, 형식/기능) 뒤에서 일어나고 있는 것은 사실상 분리와 추상적 재구성 작업이다.

i) 주체/대상이라는 복잡한 관계 전체를 단순하고 합리적이고 분석적이며 이제부터는 환경의 지위를 취하는 기능 집합들 속에서 재결합될 수 있는 요소들로 분리하는 작업. 왜냐하면 인간이 '환경'이라 불리는 어떤 것에서 떨어져나와 그것을 통제하는 일에 직면하는 것은 오직 그때부터이기 때문이다. 18세기 이래 체어해야 할 생산력으로서의 '자연' 개념은 제거되었다. 환경의 개념은 '자연의 개념과 교대하여 자연의 개념을 기호 체어의 방향으로 심화시키기만 한다.

ii) 물건들의 층위에서 일어나는 일반화된 분업, 14 또는 97가지 기능으로의 분석적 세분, 동일한 물건의 여러 가지 기능들을 연결하는 동일한 기술적 반응, 또는 여러 가지 물건들에서의 똑같은 기능 등——요컨대 하나의 전체를 분해하고 다시 조립하게끔 허용하는 분석적인 분할 방식 전체.

iii) 물건의 기호학적 (탈)분절이 아직도 더 근본적인바, 물건은 거기를 거쳐 기호의 효력을 얻는다. 그런데 물건이 기호로 바뀐다고 말할 때, 그것은 가장 엄밀한 정의에 따라서인바, 물건은 기표와 기의로 분절하며, 물건 자체의 기능인 객관화할 수 있는 합리적 기의를 의미하게 된다. 사물들이 의미를 지니지만 그 의미가 객관적인 기의에서 유래하지 않으며 사물들이 기표로서 그 의미와 부합하리라고 생각되는 전통적인 상징적 관계에서는, 사정이 전혀 다르다. 그와는 반대로 이것이 그 점에서 언어의 도식에 순응하는 물건/기호의 현대적 지위이다. '기능화된다'는 말은 또한 '구조화된다' 다시 말해서 두 항으로 양분된다는 뜻이다——이때 디자인은 두 항의 이상적인 분절, 이항 방정식의 '심미적' 풀이로서 솟아오른다. 왜냐하면 '미학'은 그 실용화할 수 있는 기호학을 마치 여분의 일인 듯 굳히려 오는 것과 다른 것이 아니기 때문이다.

사실상 미학은 그 용어의 현대적 의미에서 아름다운 것과 추한 것이라는 범주와 더 이상 아무런 관계가 없다. 비평가들, 대중, 디자이너들은 '아름다움'과 '심미적 가치'라는 두 용어를 아직도 구분 없이 뒤섞지만, 이 두 용어는 논리적으로 양립할 수 없다(그것들의 혼동은 전략적이다. 이를테면 스타일의 독특한 분위기였던 공업화 이전 가치의 독특한 분위기를 유행에 의해, 다시 말해서 교환/기호 가치에 의해 지배되는 체제에 보존할 수 있게 해준다).

미와 스타일에 관해서는 서로 모순되는 다수의 정의들이 있을 수 있다. 한 가지 사항 곧 미나 스타일이 기호 계산은 아니라는 점은 확실하다. 예전의 경제적 교환 방식들(물물 교환, 교환/증여)이 생산과 교환에 관한 합리적 계산의 설정으로 인해 자본주의의 추이를 따라 끝장나듯이, 미나 스타일이 기능적 미학의 체계로 말미암아 종말을 고한다. 기호학적인 것의 영역이 상징적인 것의 영역에 뒤이어 오듯이, 미학의 범주가 아름다움의 범주에 뒤이어 온다(아름다움의 범주를 청산하면서). 예전에는 미의 형태들에 관한 이론이었던 미학이 현재는 기호들 사이의 일반화된 양립 가능성, 기호들의 내적 응집성(기표/기의), 그리고 기호들의 통사법에 관한 이론으로 바뀐다. '심미적' 가치는 어떤 전체의 내적 기능성을 내포하며, 어떤 기호 체계의(경우에 따라서는 변덕스러운) 균형을 규정짓는다. 심미적 가치는 그저 자체의 요소들이 정보 통합을 최대화하고 정보 상실을 최소화하면서 모형의 관계 구조에 따라 서로 소통한다는 사실을 나타낸다(푸른 색조 속에서 조화되거나 푸른색과 초록색을 바탕으로 하여 '이루어지는' 실내 장식——주택단지의 결정체형 구조——녹색 공간의 '자연성' 등). 그러므로 미학은 더 이상 스타일이나 내용 가치가 아니며, 소통과 교환/기호에만 의거할 뿐이다. 미학은 관념화된 기호학 또는 기호학적 관념론이다.[8]

스타일이라는 상징적 영역에서는 영원히 해결되지 않는 양면성이 다루어진다——기호-미학의 영역은 실용화할 수 있는 해결책의 영역, 회부, 등가, 통제된 부조화 작용의 영역이다. '심미적' 전체는 어떤 것도 요소들의 상호 접속과 과정의 투명성, 말하자면 기호와 전언의 유명한 절대적 해독 가능성——인간 기계론자이건 디자이너이건 모든 약호 취급자들이 갖는 공통의 이상——을 해치러 오지 않는, 오류도 균열도 없는 역학이다. 그러한 심미적 영역은 생기 없는 영역이다. 기능상의 완벽성은 차가운 유혹, 증명과 대수학에 대한 기능적인 만족감을 행사한다. 기능상의 완벽성은 즐거움·아름다움(또는 무서움)과는 아무런 관계가 없는바, 이런 것들의 속성은 거꾸로 우리들에게서 합리적인 요구를 빼앗고 우리들을 절대적인 유년기 속으로(이상적인 투명성 속으로가 아니라, 욕망의 읽을 수 없는 양면성 속으로) 다시 빠뜨리는 것이다.

기호의 이러한 작용, 기표/기의라는 기능적 짝패로의 그 분석적인 분리——사용가치/교환가치라는 조작상의 양분처럼 현행의 모든 의미 작용 체계들(대중매체·정치 등)의 밑바닥에서 이루어지는 이러한 작용은 형식/상품과 정치경제학 전체의 근거를 이루며,[9] 디자인의 기본 개념들에서조차도 재발견된다. 한 물건의 있음직한 모든 유의성들, 어떤 모형으로도 환원될 수 없는 그것의 양면성 자체를 디자인은 두 가지 합리적인 구성 요소, 두 가지 일반적인 모형, 곧 디자인이 따로 떼어놓고 인위적으로 대립시키는 유익한 것과 심미적인 것으로 변환시킨다. 의미의 촉성 재배를 고집하는 것은, 의미

---

8) 1902년부터, B. 크로체Benedetto Croce(1866년 태어나 1952년에 죽은 이탈리아의 철학자·비평가·역사가로서, 『새로운 이탈리아의 문화』『나폴리 왕국의 역사』, 특히 『표현 과학 겸 일반 언어학으로서의 미학』과 『논리학』과 『미학 개설』과 『사료 편찬의 이론과 역사』와 『윤리와 정치』를 포함하는 대작 『정신의 철학』을 펴냈다: 역자)는 『표현 과학 겸 일반 언어학으로서의 미학』을 집필했다.

9) 그러나 양쪽 가운데 어느 쪽의 경우에서건 형식의 이러한 기본적인 조작은 결코 말해지지 않는다.

를 그 두 가지 제한된 궁극 목적으로 둘러싸는 데 끼어드는 자의성을 주장하는 것은 소용없는 일이다. 사실상 그 두 가지 궁극 목적은 단 하나일 뿐이다. 말하자면 동일한 가치 체계에 의해 굳어진 두 형식이다. 그러나 이러한 인위적 양분 덕분으로, 뒤이어 그 두 궁극 목적의 재통일을 이상적인 표상으로 불러일으키는 것이 가능하게 된다. 유용한 것과 심미적인 것이 분리되고, 그것들이 따로따로 치명된다(왜냐하면 둘 다 따로따로 치명되는 것 이외의 다른 현실성이 없기 때문이다). 그리고 나서는 이상적으로 다시 합쳐지며, 이러한 마술적인 작용으로 말미암아 모든 모순들이 해결된다. 그런데 동등하게 자의적인 두 심급은 바로 사냥개를 속이기 위해서만 존재한다. 진짜 문제, 진짜 모순들은 형식, 교환/기호 가치의 층위에 있지만, 정확히 조작에 의해 가려진다. 이것이 디자인의 이데올로기적 기능이다. '기능적 미학'의 개념과 더불어 디자인은 화해의 모형을, 보편적인 가치의 포장에 의한 형식적인 전문화(물건들의 층위에서 이루어지는 분업) 지양의 모형을 제안한다. 이처럼 디자인은 실제적인 구조들의 소멸에 의한 사회적 통합 표상을 부과한다. 두 가지 추상 작용을 결합시키는 기능적 미학 자체는 이처럼 교환가치/기호의 체계가 감추어지는 유토피아를 그려냄으로써 교환/기호 가치의 체계를 신성화하는 초추상 작용일 뿐이다. 기호 조작, 기호들의 분리는 분업만큼 기본적이고 분업만큼 대단히 정치적인 어떤 것이다. 정치경제학이 그러한 것으로서의 경제 활동의 분리와 거기에서 유래하는 육체 노동의 분화를 승인하듯이, 바우하우스의 이론은 기호학처럼 그러한 조작과 거기에서 생겨나는 의미에 관련된 분업을 승인한다.

'디자인'이란 용어에 그 어원의 포용력을 전부 부여할 필요가 있다. 그 용어는 소묘·구상(構想)·디자인의 세 방향으로 펼쳐질 수 있다. 세 경우에서 합리적 추상의 표상——소묘의 경우에는 서사적(書寫的)*graphique*이고, 구상(목표의 의식적 투사)의 경우와 더 일반적으로 디자인의 경우에는 반성적이고 심리적인 표상——, 곧 기호, 조작/기호 단계로의 이행, 요소/기호들로의 환원 및 합리화, 기능/기호로의 전이가 재발견된다.

이 의미 작용 과정은 단번에 체계적이다. 말하자면 약호와 언어 바깥에는 결코 기호가 존재하지 않는다. 이처럼 실질적으로 기호론의 혁명은 (같은 시기의 산업혁명처럼) 있음직한 모든 실천에 관련된다. 그때까지 특이하고 서로 다른 미술과 수공업, 형태들과 조형 및 사생 기법들(디자인과 친화력이 있는 그러한 영역에 그치건대, 그러나 다시 한번 디자인이란 용어는 조형 및 건축 영역을 훨씬 넘어선다)이 동일한 모형에 따라 동시화되고 동질화된다. 그때까지 자체의 집단 방언을 말했고 방언의 실제 또는 독창적인 '스타일'에만 종속하던 물건들, 형태들, 재료들이 동일한 언어, 디자인의 합리적인 세계어로 사유되고 쓰여진다.[10] 그것들은 기능의 측면에서 일단 '해방되면' 이중적인 의미에서(이는 말장난이 아니다) 스스로를 기호로 만들기 시작한다. 다시 말해서 기호가 되어 서로 소통하기 시작한다. 그것들의 통일성은 스타일 또는 실천의 통일성이 아니라, 체계의 통일성이다. 더 나아가 달리 말하자면, 물건은 기호의 구조적 합리성에 사로잡히자마자(기표와 기의로 쪼개지자마자) 동시에 기능적 통사법에 사로잡히며(연사체 안에서의 형태소처럼), 동일한 일반적 약호에 배정된다(언어에서의 형태소처럼). 물건을 다시 사로잡는 것은 바로 언어학 체계의 합리성 그 자체이다. 게다가, 무엇보다도 '구조' 언어학과 디자인의 기능주의에 대해 말할 경우, 실로 다음의 두 가지 사항을 알아차려야 한다.

i) 구조에 대한 직관(기표/기의, 언어체/발언 등)이 언어학에 강요된다면, 그 이유는 동시에 (엄밀하게 의사 소통의 수단이라는 목적이 부여된) 언어에 대한 순수하게 기능주의적인 통찰이 끌어내어졌기

---

10) 샤피로(앞의 책)는 자기 방식대로, 그리고 마르쿠제의 용어로 근사하나 기계론의 견지에서 실행된 공학적인 분석을 보여준다: "디자인의 발전은 기계의 발달 과정에서 전적인(포괄적인) 환경——이 속에서는 공학 경험이 심미적이고 동시에 경험적인 세계를 규정짓고 한정한다——의 모태 형식을 연역하는 데 따라 [……] 일차원성의 진전 과정을 이루는 본질적인 구성 요소이다. 총괄적인 추상 작용, 일차원적인 동질성. 그렇다, 하지만 기계 또는 기술이 이러한 진전 과정의 원인이나 본원적인 모형인 것은 아니다. 기술의 급격한 변화와 기호-언어학의 격변(약호의 추상 작용으로의 이행)은 기능적/구조적 합리성으로의 동일한 이행이 내보이는 협력적인 두 양상이다."

218

때문이다. 이 둘은 단 하나의 동일한 것이다.

ii) 디자인에 힘입어 물건들 역시 기능성과 동시에 기호의 지위에 눈을 뜬다. 이 합리적이고 한정된 궁극성은 물건들을 또한 구조적 합리성에 배정한다. 기능과 구조 동일한 '혁명.' 이는 기능상의 '해방'이 단지 약호와 체계에의 배정일 뿐이라는 것을 의미한다. 여기에서도 노동(여가·육체 등) 해방과의 상동 관계는 직접적인바, 그것들의 해방은 그것들을 교환가치 체계에 배정하는 것일 따름이다.

기호의 정치경제학의 등장과 (물질 생산의) 정치경제학의 등장 사이에서 찾아볼 수 있는 상동 관계(연대기상 별개의 것이지만, 동일한 논리적 과정)의 본질적인 특색들을 개괄하자.

i) 정치경제학은 유용성(욕구·사용가치 등, 곧 모든 경제적 합리성에의 인류학적 준거)의 보증 아래, 논리적이고 일관성 있는 체계를, 곧 모든 생산이 단순한 요소들로 귀착하며 모든 생산물들이 추상 작용을 받기 때문에 서로 동등한 생산성 계산을 정립하는 작업이다. 이를테면 상품의 논리이며 교환가치의 체계이다.

ii) 기호의 정치경제학은 기능성(유용성에 대응하는 '객관적인' 궁극목적)의 보증 아래, 주위의 모든 기호들이 논리적인 계산에 단순한 요소로서 작용하는 교환가치/기호 체계의 테두리 안에서 서로를 가리키는 일정한 방식의 의미 작용을 정립하는 작업이다.

이 두 경우에서 어떤 때는 정치경제학의, 또 어떤 때는 디자인의 최종적인 준거로 주어지는 사용가치(유용성)와 기능성은 사실상 똑같은 추상 과정에 대해 '구체적인' 현장부재증명의 구실을 할 뿐이다. 정치경제학의 진전 과정은 최대의 유용성을 산출한다는 구실 아래, 교환가치의 체계를 일반화한다. 디자인과 바우하우스는 물건들의 기능성(의미와 전언으로서의 해독 가능성, 다시 말해서 결국은 사용가치/기호)을 최대화한다는 구실 아래, 교환가치/기호의 체계를 일반화한다.

그런데 일관성 있는 어떤 욕구 이론에 의해서도 밑받침될 수 없는 한 파악될 수도 없는 생산물의 유용성이 오로지 교환가치의 체계를 위한 유용성인 것으로 드러나듯이──마찬가지로 구체적인 가치로서 해독될 수 없는 물건의 기능성은 그 물건/기호가 다른 모든 것들과 맺는 일관성, 그 물건/기호의 대치 가능성, 따라서 교환가치/기호의 체계에 대한 그 물건/기호의 기능적 적응만을 규정짓는다. 이처럼 비스듬한 구성 속에서 물건(선·형태)이 제대로 기능한다는 것은 유용하다거나 균형잡혀 있다는 것이 아니라, 비스듬하다는 것(또는 대조적으로 수직적이다는 것)이다. 요소들의 심미-기능적 가치를 정하는 것은 바로 체계의 일관성이며, 그 가치는 언제나 일반적 등가물로서의 모형에 관련된다(경제적 교환가치의 경우와 똑같은 추상 작용)는 점에서 교환가치이다.

이러한 상동 관계가 풍습의 층위에도 반영된다는 것은 우연한 일이 아니다. 자본주의의 혁명, 곧 16세기 이래 '기업 정신'과 정치경제학의 토대를 정립하는 혁명처럼, 바우하우스의 혁명도 청교도적이다. 기능주의는 금욕적이다. 이러한 사실은 기능주의 모형들의 면밀한 검토, 기하학적인 청사진, 장식과 기교에 대한 기능주의의 공포증에서, 요컨대 기능주의 담론의 '경제 체계'에서 읽어낼 수 있다. 하지만 이러한 사실은 기본 교의——생산력으로 간주된 노동의 해방이 노동의 미학을 밑받침하는 결과에 이르는 것과 꼭 마찬가지로 물건의 기능적 해방이 물건들의 미학을 확립하는 결과에 이르는 합리성의 교의——의 굳이 말하자면 (게다가 다른 것처럼 다시 수사법이 된) '기술법' 효과일 뿐이다. 300년이라는 시간적 간격[11]을 두고 똑같은 윤리(그리고 똑같은 심리)가 똑같은 논리에 상응한다. 그도 그럴 것이 베버가 합리적인 경제 계산을 '세속 안에서의 금욕'으로서 분석할 때(『프로테스탄티즘의 윤리와 자본주의 정신』)의 용어들은 변경되어야 할 것을 변경시키면 합리적인 기호 계산에도 들어맞는다.

기능주의의 위기

오늘날 기능주의의 위기가 디자이너들에 의해 어떻게 체험되고

---

11) 이것은 오히려 실제로는 연속적인 역사 과정이었던 것을 표시하기 위한 논리적 표지이다. 그렇지만 명확한 이론화(기호의 정치경제학에 대해서는 바우하우스이다)의 시기는 언제나 역사 과정 자체에서의 결정적인 시점을 가리킨다.

있는가를 분석하기 전에, 기능주의의 위기가 나타나기 시작했다는 것, 그 위기의 요소들은 늘 기능주의에 내재해왔다는 것을 올바르게 검토해야 한다. 기능주의의 위기는 기능주의의 영역 안에서 (자체 영역 안에서의 정치경제학처럼) 모든 것을 설명하고 모든 과정들을 정돈할 수 있는 지배적인 합리성으로 인정받으려는 기능주의의 의지로부터 연역된다. 필연적으로 자체의 자의성에 눈을 감는 그러한 합리성은 초현실주의와 속악 풍조라는 양극(둘 다 서로를 배제하지는 않지만, 하나는 직접적으로 적대하는 것이고 다른 하나는 미묘하게 공모하는 것이다. 이를테면 초현실주의는 속악 풍조에 대한 경멸에 크게 의거하여 작용하며, 속악 풍조는 흔히 초현실주의적 가치를 띤다) 사이에서 순환하는 환상적이거나 '비합리적인' 반대 담론을 단번에 불러일으킨다.

초현실주의적인 물건은 기능적인 물건과 같은 시기에 기능적인 물건에 대한 우롱, 위반으로서 솟아오른다. 공공연하게 기능이 불량하거나 반기능적인 그 물건/환상들은 그래도 역시 모순되게 물건에 관한 보편적 윤리 법칙으로서의 기능성의 도래, 그리고 별개이고 자율적이며 어쩔 수 없이 기능의 투명성에 묶인 거나 다름없는 그 물건 자체의 도래를 전제로 한다. 잘 생각해보면, 한 물건을 그것의 기능으로 환원하는 행위에는 비현실적이고 잠재적으로 초현실주의적인 어떤 것이 있다.[12] 게다가 부조리성을 솟아오르게 하는 데에는 그 기능성 원칙을 철저하게 밀고 나가는 것으로 충분하다. 이는 빵 굽는 기구/다리미 또는 카렐망Carelman의 '유례없는 물건들'의 경우에도 명백하지만, 주택 단지 안에서의 사람들의 '열망'에 대한 계산 역시 어리둥절케 하는 성질의 것이며, 실로 로트레아몽의 작품에서 읽어볼 수 있는, 해부대 위에서의 재봉틀과 우산의 연결에 비길 만하다.

그러므로 반대 추론에 의하면 a contrario[13] 초현실주의도 역시 의

---

12) 이와 마찬가지로, 인간을 인간의 (관료적인) 기능으로 환원하는 행위에는 직접적으로 카프카적인 어떤 것이 있다.
13) (역주): 다른 추론과 형식은 동일하나, 가설과 따라서 귀결이 반대인 추론에 관련된 라틴어 부사구.

미 및 기능 계산이 일상성의 영역 전반으로 확대되는 현상과 물건의 도래에서 싹튼다. 이 점에서, 바우하우스와 초현실주의는 물건에 관한 비판적이고 무규칙적이며 기괴한 담론이 물건들에 관한 합리적인 담론의 이면에 붙어 있듯이 서로 떨어질 수 없다(게다가 점차로 그 전복적인 담론은 풍습 속으로 슬며시 접어들 것이며 기능화된 세계에 파격의 변이형으로서 합류하게 될 것이다. 그도 그럴 것이 전복적인 담론은 오늘날 자체의 진부해진 설명 형식을 통해, 유사 요법[類似療法]적인 복용량으로 조제되어 우리들의 환경 전반에 스며든다).

마그리트의 구두-발, 옷걸이에 걸려 있는 가죽옷 입은 그의 아내(또는 그녀의 '장식 없는' 긴 옷), 조각조각 이어붙여진 모습의 인간들 또는 인간의 형체를 한 기계들──도처에서 초현실주의는 대상과 주체, 물건과 물건 자체, 또는 사람과 사람의 육체 사이의 거리에 의거하여, 어떤 항목이건 하나의 항목과 그 항목에 부과되는 추상적인 궁극 목적 사이에서 기능주의적 계산에 의해 설정되는 거리, 사람들과 사물들이 갑자기 기호로서 재분할되어 초월적인 기의, 곧 스스로의 기능에 직면하게 하는 그 분열에 작용한다. 젖가슴 피부와 부인복의 주름, 발가락과 구두 가죽의 융합──초현실주의적 비유는 이러한 상충을 부인하면서 이러한 상충과 더불어, 하지만 뜯어붙이기나 이중 인화 속에서 따로따로 읽어낼 수 있는 별개의 항목들을 바탕으로 하여 작용한다. 이는 초현실주의적 비유가 분리의 개념을 위한 여지조차 없는 상징적 관계를 복원하지 않는다는 것을 말한다. 왜냐하면 관계는 상호성과 교환 속에 통합되기 때문이다. 초현실주의에서 상징적 관계는 주체와 대상의 합치라는 환상으로서만 비쳐보인다. 두 범주 사이의, 곧 (여기에서 위반되고 조롱당하는) 기능성의 범주와 (여기에서 비틀리고 환상으로 변모한) 상징적인 것의 범주 사이의 단락(短絡)이라 할 초현실주의의 은유는 중재 형성으로 정의된다. 초현실주의의 은유는 대상이 여전히 인간 형상적인 것에 끈끈하게 붙어 있고 굳이 말한다면 자체의 순수한 기능성 속으로 아직 분만되지 않는 순간, 또는 더 나아가 물건이 인간을 자체의 기능적 비현실성 속으로 빨아들이고 있는 중이지만 아직 흡수해버린 것은 아닌 순간을 포착한다. 초현실주의는 인간과 물건의 뒤섞임에 극도의 생기를 줌으로써 주체와 대상의 찢어짐을 예증하고 고발한다. 초현실주의는 물건의 새로운 현실 원칙에 대한 항거이다. 초현실주의는 물건을 그 기능에서 해방시켜 상징적인 것이 아니라 환상 속에서 '해방된' 주관성 자체가 다시 나타나는(주체와 대상 각각의 결정화[結晶化]가 일어나지 않은) 자유 연상에 옮겨부음으로써, 물건을 그 기능 속으로 '해방시키는' 합리적 계산에 대립한다.

1차성의 과정[14]과 꿈의 결합 작용 combinatoire[15]이 기능적 결합 작용를 어지럽히러 오는 주관적인 시(詩), 곧 초현실주의는 물건 증가의 위기, 기능적 물건의 영향 아래 일반화된 삶의 추상화를 이처럼 간략하고 모순되게 비춘다. 절망어린 주관성의 고뇌어린 축제, 무의미의 시 전체(초현실주의의 선구자 루이스 캐럴[16] 참조)가 반항과 익살맞은 모방을 통해 의미의 정치경제학, 형식/기호, 그리고 구조적으로 형식/상품에 연결된 형식/물건의 돌이킬 수 없는 정립을 부정적으로 예증한다(낭만주의 작가들도 자신들의 시대에 일어난 산업혁명과 정치경제학 발전의 첫 단계에 대한 똑같은 유형의 반발이었다).

그러나 초현실주의적 위반 자체는 여전히 기호의 정치경제학의 상대적 확대와 비례한다. 그것은 형식적이고 상형적인 물건들에, 내용과 재현 기의들에 작용한다. 기능성이 고립된 물건에서 체계의 기능성(고립된 물건과 똑같이 '카프카적인' 과다 합리성)으로 넘어갔으며, 바우하우스의 여전히 거의 수공업적인 기능주의가 수학적 디자인과 환경의 인간 기계론을 통해 추월되어버린 오늘날, 초현실주의는 민속으로서 이름을 남길 수 있을 뿐이다. 지금부터는 물건과 그 기능을 넘어선 시대이다. 현행의 관계 및 정보 체계들 속에서는 이미 물건의 그러한 저편에 주체의 저편이 상응하고 있다. 정확히 물건의 형상과 사람의 형상 사이에서, 기능과 욕망——현실 속에서 서

---

14) (역주): 여기에서 1차성이란 심리나 동기 유발의 과정과 관련하여 후천적이지 않은 또는 바탕을 이루거나 본원적이라는 뜻을 지닌 심리학적 용어이다.

15) (역주): 언어학상의 개념으로, 'fonction combinatoire'의 동의어이나, 여기에서는 심리학에 전용되어 있다.

16) (역주): 『이상한 나라의 앨리스』를 쓴 영국의 수학자 겸 동화작가(1833~1898).

로 떨어진 채 초현실적인 것을 통해 여전히 서로의 결합을 경축하는 두 심급——사이에서 초현실주의자들이 벌이는 잡종의 놀이, 환상이 된 표상에서 비논리적인 것으로서 생겨나 기능적 로고스를 빈번히 괴롭히러 오는 상징적인 것이 분리되고 절단된 논리와 기능적 로고스가 벌이는 그 미묘한 혼합 경기——이 모든 것은 인간 기계론의 영역에 직면하여 소멸하며, 그 영역에서는 어떤 것도 다다와 초현실주의의 역행하는/위반하는 비판적 담론을 더 이상 대신하지 못한다.

초현실주의 이후에는(몽환적·기하학적, 또는 표현주의적 추상파 작품의 폭발적 증가——클레,[17] 칸딘스키,[18] 몽드리안[19] 또는 폴록[20]), 예술의 마지막——오늘날은 어떤 상태인가를 생각해보라——비판의 불꽃이 합리적인 범주의 언제나 더 진전된 체계화에 대응했다. 운동학이나 광-역학의 음모에, 또는 어떤 후줄근한 초현실주의의 황홀경 연출에, 요컨대 실제 체계들의 결합 작용을 그대로 닮은 결합 작용에, 인간 기계론 계획의 조작성과 조금도 구별되지 않는 심미적 조작성(쇠퍼Schöffer의 '미술의 신정신'은 이것에 대한 성서투의 표본이다)에 말이다. 체계들의 과다 현실성은 환상의 비판적 초현실성을 빨아들여왔다. 미술은 종합 디자인, 메타 디자인이 되었거나 되고 있는 중이다.

디자인의 숙적은 속악 풍조이다. 속악 풍조는 바우하우스에 의해 한 칼에 잘린 뒤에도 언제나 자체의 재에서 되살아난다. 속악 풍조

---

17) (역주): 스위스의 화가(1879~1940)로서, 표현주의·추상미술·초현실주의 등 여러 요소를 절충하여, 시적인 환상과 비관적 서정성이 풍부한 작품을 남겼다.
18) (역주): 러시아의 화가(1866~1944). 독일 인상파의 외광 묘사에 불만을 느끼고 비대상적인 기하학적 형태와 색채에 의한 추상적 구성에 노력하였으며, 추상파의 대가로서 이론과 실제에 큰 영향을 미쳤다.
19) (역주): 네덜란드의 화가(1872~1944). 현대 추상주의의 대가로, 1920년 파리에서 신조형주의 이론을 제창하였고, 추상 창조파에도 참여하였다. 기하학적인 공간의 조직이 그의 특색이나, 차츰 감정에 호소하는 신조형주의로 기울었다.
20) (역주): 미국의 화가(1912~1956). 뉴욕에서 활약한 미국 현대 미술의 대표적인 거장으로, 행동 회화(그림물감을 던지거나 하는 전위 미술)를 창시했다.

뒤에는 '경제 제도' 전체가 있기 때문이라고 디자이너들은 말한다. 그들은 나름대로만 덕이 있을 뿐이다. 그리하여 아브라암 몰은 1967년 『산업 미학』의 한 기사에서 기능주의의 위기를 디자인의 헐벗은 합리성, 기능에 관한 디자인의 엄격한 기풍이 소비재의 늘어나는 비합리성으로 말미암아 넘쳐흐르는 현상으로 분석한다. "경제 기구에 의해 촉진된 절대적 소비 기질"이 기능주의의 청사진을 신속악 풍조 아래 점점 더 파묻는다. 기능주의는 이러한 모순으로 타격을 받고 사라진다.

실제로는 그 분석이 모든 내적 모순에 대한 디자인의 무죄를 언도한다. '지위에 대한 강박관념'과 '욕망에 관한 전략'에 잘못이 있다는 것이다. 그러나 A. 몰(그리고 다른 많은 이들)은 그 체제(그리고 그 체제가 함축하는 소비의 진전 과정 전체) 역시 합리적이며 기능주의 자체와 아주 긴밀하게 결합되어 있다는 것을 무시한다. 날마다 당당하게 그 체제를 완수하는 것은 바로 기능성이라는 구호이다. 정확히 우리의 덕망 있는 한림원 회원들이 고발하는 기능주의의 그 '고풍스런 생산' 속에서, 그 구호는 기능주의의 목적, 곧 기능주의의 존속과 확대 재생산에 적합하다. 그러므로 모순은 없다. 합리성의 모형은 본래 경제적인 것의 모형이었으며 기본적으로 여전히 그러하다──경제 제도의 기능성이 우위를 차지한다는 것은 정상적인 일이다. 순수하고 엄격한 디자인은 손쓸 도리가 없다. 왜냐하면 그러한 디자인이 영감을 얻는 것은 계산에 근거를 둔 그 합리성 차체로부터이기 때문이다. 디자인은 경제 제도와 똑같이 단번에 합리적 추상이라는 토대 위에 존재한다. 그 합리성이 실질적으로 부조리하다는 점에는 아무런 의혹도 없지만, 이는 양쪽에 대해 똑같은 이유 때문이다. 디자인과 경제 제도의 명백한 모순은 디자인과 경제 제도가 맺는 깊은 결탁 관계의 종국일 따름이다. 디자이너들은 자신들이 잘못 이해되고 있으며 자신들의 이상이 체제에 의해 왜곡되어 간다고 불평한다. 모든 청교도들은 위선자이다.

그 위기는 사실상 전혀 다른 층위, 곧 기호학의 층위──이것의 요소들은 앞에서 설명한 바 있다──에서 분석된다. 바우하우스의 공식은 요컨대 모든 형식과 모든 물건에 결정할 수 있는 객관적인 기의──모든 형식과 모든 물건의 기능──가 있다는 것이다. 언어학에서 외연적 의미의 층위라 불리는 것 말이다. 바우하우스는 그 핵, 그 외연적 의미의 층위를 엄격하게 고립시키자고 주장한다──나머지 모든 것은 폐색, 내포적 의미의 지옥, 이를테면 잔류하는 것, 여분의 것, 돌출된 것, 중심에서 벗어난 것, 장식적인 것, 쓸데없는 것이다. 속악 풍조적인 것이다. 외시된 것(기능에 관계된다)은 아름답고, 내포된 것(기생하는 것이다)은 추하다. 더 나아가, 외시된 것(객관적이다)은 진실이고, 내포된 것은 거짓이다(이데올로기적이다). 객관성의 개념 뒤에서 문제되는 것은 사실상 윤리적·형이상학적 논거 전체이다.[21]

그런데 오늘날 와르르 무너지고 있는 것은 바로 외연적 의미라는 그 공준이다. 그 공준은 자의적이라는 것, 방법상의 인공물일 뿐만 아니라 형이상학적 우화라는 것이 마침내 (기호학에서도) 간파되기 시작한다. 물건의 진실은 없으며, 외연적 의미는 내포적 의미들 가운데 가장 아름다운 것이다. 이것은 이론적일 뿐만이 아니다. 디자이너, 도시 계획가, 환경 프로그래머들이 날마다(그들이 자신에게 몇몇 문제를 제기한다면) 객관성의 그러한 효력 상실에 직면한다. 형식들, 물건들의 기능(성)은 날마다 더욱 포착할 수 없고 읽어낼 수 없으며 계산할 수 없게 된다. 오늘날 물건의 중심성, 물건의 기능 방정식은 어디에 있는가? 경제적인 것, 사회적인 것, 심리적인 것 및 메타 심리적인 것이 착잡하게 섞여 있는 마당에, 누가 대답할 수 있겠는가? 나는 그 어느 '여분의' 형식, 그 어느 '비합리적인' 특징이 다른 데에서(더 장기적으로는 무의식 안에서 등등) 더 미묘한 어떤 균형에 부응하는 것은 아니며 따라서 어떤 방식으로건 기능적으로 정당화되지 않는다[22]는 것을 아무도 증명하지 못하리라고 생각한다.

21) 기능주의에 관련된 칸트 철학과 플라톤 철학의 유산은 눈부시다. 말하자면 동일한 이상 안에 윤리·미학·진실이 뒤섞인다. 기능적인 것은 순수이성과 실천 이성의 종합이다. 또는 그 이상으로, 기능적인 것은 아름다운 것＋유용한 것이다. 유용한 것 그 자체는 도덕적인 것임과 동시에 진실한 것이다. 전체를 다시 섞으라. 그러면 이것은 플라톤 철학의 성스러운 삼위일체이다.

22) 하여튼 모든 기능 계산을 철저하게 벗어나는 다른 것이 있다. 그것은 모든 실제적인 기능이 동일한 움직임 속에서 부인되고 해체되며, 일방적인

226

이 체계적인(왜냐하면 기능성이란 다른 것이 아닌 해석 체계이기 때문이다) 논리 속에서는 모든 것이 실질적으로 기능적이며 동시에 어떤 것도 기능적이지 않다. 이 주도적인 공상은 스스로를 배반한다. 그도 그럴 것이 그 객관적인 궁극 목적이 어쩌다 사물들을 저버리게 됨에 따라 체제 자체로 이송된다는 것은 놀라운 일이 아닌바, 체제는 자체의 재생산 과정을 통해 자체에 이익이 되게끔 나머지 모든 것에 목적을 부여하며, 결국은 스스로를 현재 실현되고 있는 기능성의 유일한 보유자라고 생각하고는 뒤이어 자체의 요소들에 기능성을 재분배한다. 사실은 체제만이 근사하게 '지칭되며,' 달걀처럼 체계 자체의 궁극 목적이 체제를 감싼다.[23]

물건의 절대적 유용성이 더 이상 없다면, 여분의 것도 끝장이며 기능주의의 이론적 체계 전체가 무너져내린다. 객관적으로 외시된 의미에 개의치 않고(그것을 열망함에도 불구하고) 전적으로 내포된 의미에 의거하여 작용하며, 기호들의 현재성이라는 유일한 특권 아래에서 자체의 항상 변화하는 수사법을 통해 체제 전체를 다시 포착하는 유행에 이익이 되게끔 말이다. 그런데 기능주의가 유행에 맞서 스스로를 지키는 데 그토록 서툴다면, 그 이유는 유행이 체계적인 잠재성 전체를 표현하는 데 반하여 외시된 의미의 형이상학에 기초를 둔 기능주의는 어떤 보편적인 윤리학에 따라 자의적으로 특권이 부여된 특별한 경우만을 나타내기 때문이다. 기호 계산이 정립되고 있는 이상, 어떤 것도 기호 계산의 일반화에 장애가 될 수 없으며, 더 이상 합리적인 것도 비합리적인 것도 없다. 바우하우스와 디자인은 기의들에 대한 지배(기능들에 대한 '객관적인' 평가)를 통해 과정을 통제한다고 우기지만, 승리를 거두는 것은 사실 기표

___

궁극성이 결코 존재하지 않도록 욕망의 논리에 따라 폐기되게 만드는 양면성이다. 이 층위는 기능의 복잡성마저 넘어선다. 심지어 모순되기까지 한 기능들의 완벽한 산출(算出)에 이르렀다 할지라도, 이러한 양면성은 영원히 해결될 수도 환원될 수도 없을 것이다.

23) 알다시피 달걀은 디자인의 이상적인 경향들 가운데── 다른 어떤 것에 못지않게 '속악 풍조적인' 명백한 상투 수단이다. 이는 체제의 '궁극 목적'이 그저 '동어반복적'이라는 뜻이다. 하여간 기능의 완성 단계는 실로 동어반복── 기표의 악순환 아래에서 기의가 누리는 완전한 표현의 잉여── 달걀이다.

들의 작용(교환가치/기호의 작용)이다──그런데 기표들의 작용은 무제한이고 모든 통제를 벗어난다(교환가치의 체계를 위한 정치경제학에서도 마찬가지이다. 기표들의 작용은 기표들의 작용을 제한할 수 있다고 믿는 경건한 자유주의자들을 거슬러 모든 영역에 몰려든다).

여기에 기능주의의 진정한 위기가 있다. 어떤 형태이건 유행의 한없는 결합 작용으로 복귀한다는 것──그렇게 되면 어떤 형태이건 한 형태의 유일한 기능은 그것의 기능/기호이다──에 장애가 될 수 있는 것은 하나도 없다. 디자인에 의해 '창안된' 형태들 자체도 유행의 결합 작용을 벗어나지 못한다. 그리고 디자인이 스타일링과 정말로 구분될 수도 스타일링의 엄밀성을 통해 재포착될 수도 없는 마당에, 바우하우스가 실격시켰다고 믿은 스타일링이 디자인을 가로질러 다시 나타난다면, 그 이유는 바우하우스에서 병적인 것으로 보이는 것이 바우하우스 자체의 '구상(構想)'의 논리 속에 있기 때문이다. 우리 시대가 바우하우스의 혁명에도 불구하고 향수를 느끼면서 19세기의 속악 풍조 전체를 되찾는다면, 이는 사실상 그것이 이미 우리 시대에 속하기 때문이다. 재봉틀이나 지하철 입구에서의 꽃무늬 주제는 퇴행적인 타협이지만, 오늘날 재출현으로 말미암아 초현실주의적 유행 가치를 띠는데, 이는 논리적이다. 그도 그럴 것이 초현실주의는 이를테면 상업적 속악 풍조의 잡종 생성을 단지 예술상의 위반으로 계속 공리화하기만 한다. 오늘날 '순수' 디자인은 꽃무늬 주제를 비난하지만, 꽃무늬 주제는 실로 더 근본적인 '순자연주의' 이데올로기를 품고 있다. 오래지 않아 도시 전체에 모형의 구실을 할 것은 바로 유기체들의 별모양 구조이다. 양자 사이에 근본적인 차이는 없다. 자연은 장식으로 간주되건 구조적 모형으로 여겨지건, 개념이 존재하게 된 이래 도처에서 사회적 모형의 투영물로 남아 있다. 그도 그럴 것이 별모양 구조는 결국 자본의 구조일 뿐이다.

그러나 디자인이 유행 속에 잠긴다 해도 한탄할 필요는 없다. 이는 디자인의 승리를 표시한다. 이는 기호의 정치경제학이 취하는 규모의 표지인바, 디자인은 바우하우스와 더불어 기호의 정치경제학에 관한 최초의 합리적 이론화였다. 팝 음악에서 환각제와 거리

예술까지 오늘날 주변적인 것, 비합리적인 것, 반항, '반예술,' 반디자인 등이 되고자 하는 모든 것, 그 모든 것은 바라건 바라지 않건 동일한 기호의 경제에 종속한다. 그 모든 것은 디자인이다. 디자인을 벗어나는 것은 하나도 없다. 바로 이것이 그 모든 것의 운명이다.

그러므로 위기보다 훨씬 더한 것이 문제이다. 아브라암 몰이 그렇게 하듯이 소비의 운명을 개탄하고, "체계적인 노력에 의해 공상력과 상상력의 자극을"(!) 이용하는 신기능주의는 재의미화(기의들의 부활[24])와 따라서 똑같은 모순들의 재순환에 귀착할 수밖에 없다. 더 사실임직하게는, 신기능주의는 신자본주의, 다시 말해서 기표들의 작용 강화, 약호에 의한 수학화 및 자동제어화의 성격 그대로이다. '인본주의적' 신기능주의는 쉽게 실용화될 수 있는 메타 디자인에 맞서 아무런 행운도 누리지 못한다. 기의와 기능의 시대는 가고, 시작되는 것은 기표와 약호의 시대이다.

환경과 인간 기계론: 정치경제학의 완성 단계

바우하우스가 발단이 된 그 기호의 혁명은 적어도 바우하우스에 의해 탐색되었으며 그 이래로 디자인 분석가들에 의해 비교적 명백하게 설명되었다. 『비판』(1967년 11월호)에서 반 리에르 Van Lier는 "그 새로운 형태들과 그것들의 조작이 〔……〕 점점 체제의 극단까지도 가리킨다"는 점, 그리고 기능성은 유용성이 아니라 "사물들을 상호적인 정보로 바꾸어놓은 것, 기호가 될 기회를 사물들에 부여하는 것, 여러 의미 작용을 야기시키는 것"이라는 점을 완전히 알아차리며, 당연하듯이 '모든 문화와 전인류의 양식'을 덧붙여 말한다. 더 많은 기호가 있을수록 더 많은 전언과 정보가 있으며, 더 많

---

24) 인간적 내용들이 더해져 '사회' 디자인이 다시 시작되거나, 더 나아가서는 놀이, 유희적인 것, '자유로운' 결합 작용 등이 다시 도입될 것이다. 그러나 잘못 생각하지 말자. 고려되는 것은 '놀이' 기능, 특별한 기능으로서의 놀이, 동일한 약호의 자유주의적·현대주의적 변이형이다.

은 소통이 이루어지는바——이는 더 나은 상황이라는 인본주의의 영원한 은유. 가치/기호의 도래와 합리적 생산성에 바탕을 둔 가치/기호의 무한한 확장을 밝혀낸 뒤, 반 리에르는 서슴없이 거기에서 인류를 위한 절대적인 진보를 본다. 산업의 비약적 발전에서 다소간 장기적으로지만 모든 이를 위한 풍요와 행복의 확실성을 보는 반응과 유사한 반응이다. 이 환상은 물질 생산에 관한 19세기의 환상이었는데, 20세기에 와서는 생산성/기호를 상대로 가장 멋진 것이 되어 다시 작용하기 시작한다. 인간 기계론적 이상주의, 정보의 파급에 대한 맹목적인 믿음, 정보과학과 대중매체에의 절대적 신념.

근본적인 오류, 곧 생산물 또는 기호로부터 사용가치의 측면만을 취하고 산업(또는 기호술)의 급격한 변동을 사용가치들(전언으로서의 기호들)의 한없는 증가라는 견지에서만 고려한다는 점은 어디에서건 마찬가지이다. 재화의 과잉, 기호의 과잉——최대한의 소비, 최대한의 정보, 무엇보다도 먼저 그 급격한 변화를 정리하는 것은 교환가치의 체계, 전혀 '모든 문화와 전인류의 양식'이 아닌 일반화된 추상적 사회 형식이라는 점을 결코 참작하지 않고서 말이다. (생산 또는 의미 작용의) 내용에 관한 그 관념론은 결코 형식을 고려하지 않는다. 전언에 관한 이 관념론은 약호의 패권이 전언들의 가속화된 유통 뒤에 자리잡고 있다는 사실을 무시한다. 실제로 양자는 가치의 투명한 범위 안에서 단번에 자리를 잡기 위해 아주 간단히 정치경제학과 정치경제학의 사회적·전략적·정치적 중대성을 잊어버린다. 이러한 낙천주의는 성실한 것으로 보일지도 모르며, 자신의 약한 입장으로는 자신의 창조력으로써 더 많은 정보에, 따라서 더 많은 '자유'에 이바지하고 있다고 생각하는 디자이너의 너그러운 태도를 취할지도 모르는바, 이러한 상황에서 전세계적 통신의 '이미-거기에 déja-là'를 찬양하는 맥루한의 예언자적 태도——의사 소통에 관한 이와 같은 이데올로기는 도처에서 으뜸가는 것이 된다——가 신화로 바뀌며, 이러한 상황을 거쳐 공간이라는 상상 세계 안에서 전언의 과잉이 재화의 과잉(풍요의 신화)을 이를테면 대체했기 때문에 인간 기계론이 신인본주의로서 주어진다.

도처에서, 사용가치의 관념론자들은 교환가치 체계의 정치적 확대를 위한 공모자 겸 앞잡이이다. 그런 식으로 소비는 물질적 재화의 범주에서 결코 사용가치의 신격화로서가 아니라 만족이라는 맹목적인 사회적 속박으로서, 생산 체계의 활성화 기능으로서 작용하게 되었다. 소비 덕분으로, 체제는 강제로 민중을 착취하는 데뿐만 아니라 민중으로 하여금 체제의 갖가지 생존에 참여하게 하는 데 성공한다. 이것은 상당한 진보이다. 그렇다치더라도 그러한 참여는 기호들의 층위에서만 믿을 수 없을 정도의 규모를 띤다. '신자본주의'의 전략 전체가 스스로 지닌 독창적인 것을 통해, 곧 조종된 참여의 발전된 형태일 뿐인 기호술과 실용 기호학[25]을 통해 점점 분명해지는 것은 바로 여기에서이다.

기호 생산이 교환가치의 체계로 여겨지는 관계로 기호들의 사용가치라는 순진한 공상에서와는 전혀 다른 의미를 띠는 이러한 관점에서는, 환경에 관한 학문들과 디자인이 대충 전달의 부문들 가운데 하나로, 인간 및 사회 공학의 거대한 분과로 간주될 수 있다. 우리들의 진정한 환경은 이제부터 의사 소통의 세계이다.[26] 환경이 19세기의 '자연' 또는 '주위 상황'이라는 개념과 구별되는 것은 바로 이 점에서이다. 자연과 주위 상황이란 개념들이 물리적·생물학적 법칙(물질·유전·생물종에 관한 결정론) 또는 사회-문화적 법칙('주위 상황')에 의거한 반면에, 환경은 단번에 전언 및 기호의 망이며, 환경의 법칙은 의사 소통의 법칙이다.

환경이란 일상적인 것에서 구성적인 것까지, 담론적인 것에서 몸짓에 관계되는 것과 정치적인 것까지 실천과 형식의 전영역이 조작과 계산의 부문으로서, 전언의 발신/수신으로서, 의사 소통의 공간/시간으로서 자동화되는 현상이다. 이 이론적인 '환경'의 개념에 실천적인 '디자인'의 개념이 대응하는바——디자인의 개념은 마지막 심급에서(사람에게서 기호들로의, 기호들끼리의, 사람들끼리의) 의사 소통의 생성으로서 분석된다. 거기에서는 물질적 재화의 구입에 의해

---

25) (역주): 'sémiologie opérationnelle'의 역어. 실용화할 수 있는, 손쉽게 집행(실행화)되는, 또는 다른 영역에 적용하기 위한 기호학이란 뜻일 것이다.

26) 역설적으로(그리고 의심할 나위없이 암시적이게도) 영국의 환경부는 대중매체를 제외하고 거의 모든 부문들을 다시 통합한다.

서가 아니라 기호와 전언의 유통에 의해 정보과학적 방식으로 소통하게, 다시 말해서 참여하게 해야 한다. 그래서 환경은 (경제 분야에서 환경의 등가물인) 시장처럼 실질적으로 보편적인 개념이다. 환경은 기호의 정치경제학 전체를 구체적으로 요약한다. 그 정치경제학의 상응하는 실천인 디자인도 동일한 차원에서 일반화되는바, 공업생산물에만 적용되는 것으로 시작했다 해도, 오늘날은 논리적으로 모든 부문들을 포괄하며 포괄하게 되어 있다. '인본주의' 디자인이 정하고 싶어하는 한계보다 더 허울뿐인 것은 하나도 없다. 사실은 모든 것이 디자인의 관할 아래 놓인다. 스스로 그렇다고 말하건 말하지 않건 말이다. 욕구 및 열망 등과 마찬가지로 육체도 성적 욕망도 인간 관계도 사회적 관계도 정치적 관계도 디자인된다. 엄밀하게 환경을 구성하는 것은 바로 이 '디자인된' 세계이다. 환경은 시장처럼 이를테면 하나의 논리, 곧 교환가치(기호)의 논리일 뿐이다. 디자인이란 쉽사리 실용화되는 모형 및 실행의 모든 층위에 그 교환가치 기호를 부과하는 작업이다. 또다시 기호의 정치경제학의 실제적 승리, 그리고 바우하우스의 이론적 승리가 확인된다.

기업의 홍보 활동·인간 관계·사회심리학처럼, 협의와 참여처럼, 마케팅과 머천다이징[27]도 관계를 생기게 하려고, 사회적 생산 관계로 말미암아 관계가 의심스럽게 되는 곳에서 관계를 복원하려고 애쓴다──그러므로 현체제에서 디자인의 임무, 디자인의 전략적 기능은 사람들과 정확하게 (언제나 시장처럼) 외부의 심급으로서만 존재하는 환경 사이의 소통을 초래하는 것이다. 환경은 많은 이데올로기적 개념들처럼 반어적으로 사람들과 분리되어 있는 것, 가까운 세계의 종말, 서로 사이에 경계가 그어진 존재와 사물을 가리킨다. 그도 그럴 것이 환경에의 절대적 신뢰는 체제가 사람과 '자연' 사이에서 날마다 더 깊이 파는 도랑에 비례한다. 놀랍게도 디자인의 존재 이유 겸 처소인 것은 사람과 자기 환경 사이의 그 단절, 사회 관

---

27) (역주): 마케팅은 제품을 생산자로부터 소비자에게 합리적으로 이전하기 위한 기획 활동으로, 시장 조직·상품 계획·선전·판매를 포함하며, 머천다이징은 일반적으로 상품화 계획, 곧 적정한 제품을 적정한 가격으로 적정한 시기에 적정한 수량을 제공하기 위한 계획을 말한다.

계를 그대로 본뜬 것 같은 그 기본적으로 깨어지고 분리된 관계이다. 디자인이 의미를, 많은 정보로써 투명성을, 많은 전언에 의해 '이해력'을 복원하려고 필사적으로 애쓰는 것은 바로 거기에서이다. 잘 생각해보면, 환경에 관한 이론 전체에 울려퍼지는 디자인의 철학은 요컨대 자연 천체로 확장된 참여 및 홍보 활동의 교의이다. (적의를 품게 되고 '오염됨'으로써 개발에 대해 복수하려고 하는 것 같은) 자연을 참여하게 해야 한다. 자연과 더불어, 동시에 도시 세계와 함께, 기호들의 힘으로 의사 소통을 재창출해야 한다(고용주와 임금노동자 사이에, 통치자와 피통치자 사이에 대중매체와 협의로써 의사 소통을 재창출해야 하듯이). 잘라 말하자면 자연을 상대로 사업 계약을, 이를테면 보호와 안전을 제안해야 한다──위험하게 되는 그 자연 에너지들을 조합에 가입시켜 더 적절하게 통제해야 한다! 왜냐하면 말할 나위없이 이 모든 것은 지적인 디자인에 의해 임시 직원의 신분이 부여되어 재처리되는 그 참여하는 자연을 합리적인 과다 생산성의 규범들에 맞추는 것만을 노리기 때문이다.

이것이 오늘날 환경에 관한 담론에서 전세계적인 규모를 띠는 디자인의 정치적 이데올로기이다. 그로피우스Gropius[28]에서 유니베르시타스Universitas[29]까지, 메타 디자인, 메타 정치경제학──신자본주의에 대한 이것의 관계는 자본주의에 대한 고전적 자유주의 경제학의 관계와 같다──이라 불릴 수 있을 것 쪽으로 단계가 계속 이어진다.

환경이 이야기된다면 그것은 환경이 이미 존재하지 않기 때문이다. 생태학에 대해 말한다는 것은 '자연'의 죽음과 완전한 추상이 확

---

28) (역주) : 독일의 건축가(1883~1969)로서 1919년 바이마르에 바우하우스를 창설하여 건축의 새로운 조형과 기능주의를 추구하다가, 그 학교가 강제로 폐교되자 미국으로 건너와 1938년부터 하버드대학에서 건축을 가르친다. 바우하우스 건물, 1949~1950년에 하버드대학 구내에 세워진 몇몇 건물들, 아테네의 미국 대사관, 보스톤의 J. F. 케네디연방사무소 빌딩, 뉴욕의 팬암 빌딩 등이 그의 작품이다. 그는 또한 『국립 바우하우스의 이념과 건축물』(1932), 『신건축과 바우하우스』(1952) 등 많은 저서를 남겼다.
29) 뉴욕의 현대미술박물관에 의해 시작된 '후기 기술 사회를 위한' 국제 재단 사업.

인된다는 것이다. 도처에서, '～에 대한 권리'(자연에 대한, 환경에 대한)는 ～의 소멸에 대한 부서(副署)이다. (긴요한 준거로서의, 그리고 이상적인 준거로서의) 자연의 이러한 소실은 우리가 현대의 기호에 대한 분석에서 기의의 소멸이라 부른 것(실제적·객관적 지시 대상의, 명시된 기능의, '진실'의, 기호의 실제적 보증물로 간주된 세계──약간은 기호의 담보금──의 소멸. 기의/지시 대상이라는 금은 사라졌으며, '금태환본위제'도, 기호가 자체의 참조 가치로 전환될 가능성도 없다. 현행의 세계적 경향에서 확인되다시피, 부동(浮動)하는 화폐들의 상호 관계만이 있을 뿐이다)에 밀접하게 관련된다. 위대한 '기의,' 위대한 '지시 대상' '자연'은 죽었으며, 자연을 대체하는 것은 자연의 죽음과 동시에, 자연을 모사 모형으로 복원하는 활동을(미리 잘게 썬 비프스테이크에 대해 말해지듯이, 자연의 재구성) 지칭하는 환경이다. 그리고 우리가 '자연'에 대해 말한 것, 곧 자연은 언제나 사회 모형의 투영물이어왔다는 것이 말할 나위없이 환경에 대해서도 유효하다. 여전히 준거로서 객관화될 수 있는 자연의 개념에서 기호 유통의(교환가치/기호의) 체계가 모든 준거를 폐기하거나 더 나아가서는 자체에 대해 자체의 지시 대상이 되는 환경 개념으로의 이행은 초월성·갈등·지양의 거역하는 모형들, 분열되어 있으나 현존하는 인간의 본성(욕구와 본성의 실체를 염두에 둔 인류학과 마르크스주의 자체 사이의 친화성 참조), 역사와 역사의 혁명 이론 등이 존재하는 여전히 모순되고 동질적이지 않으며 정치경제학에 의해 만족스럽게 설명되지 않는 사회의 이행──분쟁이 일어나는 그 '역사상의' 사회에서 인간 기계론이 적용되는 사회로의, 완전한 추상적 의사 소통과 내재하는 공작이 체제에 어떠한 외부점도 남겨놓지 않는 종합적 사회 환경으로의 이행──, 전통적인 정치경제학의 종언, 그리고 동시에 그 자체로 순수한 환경이 된 사회의 메타 정치경제학[30]을 표출한다. "환경에 관한 조작이 성공함에 따라 조작의 대상, 다시 말해서 단순한 환경이 된 인간에 관한 조작도 동시에 성공한다"(미체를리히 Mi-tscherlich[31]).

---

30) 이는 맥루한이 열광적으로 소묘하고 있는 것이다.
31) (역주): 독일의 의사·심리학자(뮌헨 1908～ ?). 1967년부터 프랑크푸르

환경 보호의 영향 아래 이루어지는 대기·물 등에 대한 사회의 통제, 사회적 통제의 장 속으로 약간 더 깊이 들어가는 것은 명백히 사람들 자신이다. 자연·대기·물이 단순한 생산력이었다가 진귀한 재화로 바뀌어 가치의 영역에 편입된다고 할 때, 정치경제학의 영역 속으로 약간 더 깊이 들어가는 것은 사람들 자신이다. 브라질에 '국립인디오재단'이 있듯이, 이러한 변환의 끝에 이르면, 자연 공원 다음에 '국제인간재단'이 존재할지도 모른다: "국립인디오재단은 원주민 보호와 아울러 (원문대로) 수천 년 전부터 그들과 이웃하고 있는 동식물종들의 생존을 최선의 여건 속에서 굳건히 할 수 있다"(그 기구를 뒷받침하고 옹호하는 것은 말할 것도 없이 민족 말살과 학살이다──제거한 다음에 재편성하기──똑같은 도식). 심지어는 인간이 자신의 환경과 대면하지도 못한다. 실질적으로 인간은 보호해야 할 환경의 일부를 이룬다.

트대학의 심리학 교수 겸 지그문트 프로이트연구소 소장으로 일한 미체를리히는 정신분석학을 S. 프로이트와 자아-심리학 *Ich-Psychologie*에 입각하여 더 폭넓게 전개시키고 인간 행동과 인간 사회에 관한 학문적인 이론 속으로 편입시키려고 애썼으며, 한편으로는 공격성으로, 다른 한편으로는 사회 여기저기에서 역할로 말미암아 초래되는 억압으로 전이될 수 있는 인간의 선천적인 활동성을 분석의 기본적인 소여로 간주했다. 이러한 노력의 결과는 정신신체의학, 신경병학, 사회 비판, 평화 연구에 이바지했다. 저서로는 『질병의 근원』(1947), 『아버지 없는 사회로 가는 길에서』(1963), 『갈등으로서의 병, 정신신체의학 연구』(1966, 1967), 『평화의 이념과 인간의 공격성』(1969) 등이 있다.

교환가치를 통한 욕망의 실현에 관하여
——상품의 숭고한 성격에 관하여
——과실과 놓쳐버린 기회에 관하여
——향유율의 편향적 하락에 관하여
——가치에 대한 환상에 관하여

　몇 년 전에 미국에서 발생한 백화점 습격. 한 무리가 백화점을 불시에 점거하고 무력화시킨 다음에, 확성기로 군중에게 물건을 마음대로 가져가라고 권유한다. 상징적인 행위. 결과: 사람들이 무엇을 취할지 모르거나, 몇몇 하찮은 물건들(정상적인 상황에서도 훔칠 수 있었을 것)을 집는다.

　만일 당신이 5천만 프랑을 가지고 있다면, 그 돈으로 무엇을 할 것인가?——혼란.

　마음대로 보낼 수 있는 자유 시간 앞에서도 즉각 똑같은 당혹을 느낄 것이다. 어떻게 그것을 없애버릴 것인가?

　다른 삽화적인 사건들을 비교하자면, 유럽 선수권 대회 400미터 경주에서 쉽게 선두를 유지하다가 결승선을 100미터 남겨놓고 분발심이 약해져 3등으로 들어오는 그 프랑스 선수의 경우를 들 수 있다. "내가 우승하리라고 느꼈을 때, 내 마음속에서 무언가가 무너졌다."

　에스파냐 대회에서 두 세트를 따내고 부상입은 상대와 시합이 진행중인데 승부를 결정지을 마지막 1타를 남겨놓고 굳이 말하자면 '불가항력으로' 패해서 모두를 경악케 하는 그 프랑스 테니스 선수를 비롯해서 말이다.

영원한 2위자 풀리도르 Poulidor[1]에 대해서는 말할 필요도 없다. 그의 전설은 정확히 승리를 '감당하지' 못하는 그 만성적인 무능에 결부되어 있다.

어떤 사람에 관해 그가 이길 '뻔했다'고, 그가 막 이길 '순간이었다'고 말할 때――그에게는 무엇이 모자랐을까? 승리는 파탄이 아니었을까? 그에게 일어났을 뻔한 것은 최악의 것이라고 표현의 방식이 분명하게 말하고 있지 않는가?

그때 인간의 가장 깊은 동기라고 여겨지는 것은 오로지 의지의 쇠퇴, 전유와 충족, 대성공과 패권에 대한 충동의 소멸일 뿐이다. 그 사소한 사실들에 입각하여, 프로이트는 심리 탐구 속으로 매우 멀리 나아갔다. 그건 그렇다치고 그 사소한 사실들로 인해 열리는 어마어마한 전망은 여전히 일반적인 인류학, 경제'학' 또는 '인문과학'을 가볍게 스치지도 않았다. 그러한 비정상은 정신분석학 자체가 그러한 비정상을 억제하는 데 이바지하는 '심층'심리학("각자는 자신의 무의식을 지니고 있다. 이것이 심층심리학의 관심거리이다")에 한정되었으며, 그리하여 본질적으로 '불멸의' 합리성이 지배하는 사회적 또는 정치적 관행에는 기적으로 인해서인 듯 그 비정상의 등가물이 없다. 과실의 분위기 아래 의문을 제기해야 하는 것은 바로 경제·사회·정치의 분야에서 찾아볼 수 있는 인간에 관한 일반적인 공준들의 불멸성에 대해서이다.

백화점의 거의 실험적인 극한 상황이 보여주는 것은 일단 교환가치가 무력화되면 사용가치도 사라진다는 것이다. 언제나 더 많은 유용성 및 만족에의 요구는 일단 직접적인 실현 가능성에 마주치면 이상하게도 무너진다. 그 동기들의 무더기 전체, 그 욕구와 합리성의 다발――사람들은 이것이 인간이기를 바란다――이 흐트러진다. "돈만큼의 보상을 구하는 것으로" 충분하기 때문에 모든 것이 분명한 경제의 투명한 영역을 넘어서면, 인간은 아주 자연스럽게도 자

---

1) (역주): 프랑스의 자전거 경기 선수로서, 1961년 밀라노-상레모 대회, 1964년 에스파냐 일주 대회, 1961년 프랑스 선수권 대회에서 우승했고, 프랑스 일주대회(1964, 1965, 1974년에는 2위, 1962, 1966, 1969, 1972, 1976년에는 3위) 및 세계 선수권 대회(1974년에는 2위, 1961, 1964, 1966년에는 3위)에서 여러 차례 입상했다.

기가 바라는 것을 더 이상 알지 못한다.

가설들:

——물건들과 물건들이 암시하는 욕구는 정확히 바라는 것을 알지 못하는 극도의 불안을 해결하기 위한 것이다.

——교환가치의 추상 작용에 의해 매개되지 않는 것은 또한 사용의 가치일 '자연적'이고 '구체적'인 가치로서도 존재하지 않는다. 그 층위가 첫번째 층위와 동등한 추상에 관련되며 두 층위가 서로 굳게 맺어져 있다는 이유 때문에 말이다. 교환가치가 없다면 사용가치도 없다. 일단 교환가치가 증여·무상·사치·낭비의 과정 속에서 무력화되면, 사용가치 자체는 파악할 수 없게 된다.

——이 가설은 또한 교환가치/기호에 대해서도 들어맞는다. 법규에 따른 사회적 경쟁에 의해, 차이를 나타내는 기호들의 교환에 의해, 모형들에 의해 매개되지 않는 것은 가치가 없다. 기호들의 분야에서는, 사용가치/교환가치의 구별이 실질적으로 없어진다. '교환가치/기호'가 시차적으로 만족으로, 선택과 선호의 기호 계산을 가로질러 예기(豫期)된 질적인 잉여가치로 정의되고, 교환가치가 모형들의 작용을 지배하는 일반적인 형식(약호)으로 규정된다면, 사용가치가 약호와 교환가치 체계의 작용에서 직접적으로 기인한다는 것은 자명하다. 이른바 '경제' 분야에서도 사실상 사정은 마찬가지이다. 그리하여 사용가치의 추상이 연유하는바, 사용가치는 어디에서도 교환가치(형식/상품)의 체계와 동시에 모형들 및 약호(형식/기호)에 이미 병합된 것으로만 보인다.

오늘날 교환가치와 교환가치/기호는 이처럼 뒤섞여 있다.[2] 완벽한 체계(결국은 정치경제학의 완성 단계로서 간주되는 '소비'의 체계)가 있기 위해서는, 생산의 층위에 (노동력을 팔고 살) 자유가 있어야 할 뿐만 아니라 두번째로, 오늘날에는 동시에, 소비의 층위에도 자유(선택의 자유)가 있어야 한다. 생산 및 경제적 교환(자본·화폐·교환

2) 베블런 효과(더 비싸기 때문에 산다)는 (양적인) 경제 전반이 차이/기호로 변하며, 교환가치의 순수한 증대에 입각하여 '욕구'의 출현을 파악할 수 있는 유의미한 극단적 사례이다(또한 가치의 영역들 사이에 놓인 전이 장소로서의 미술품 경매 참조). 기호들에 관해서는 베블런 효과가 절대적인 규칙으로 바뀐다. 유행은 증대하는 순수한 차별화만을 고려한다.

가치) 체계의 추상 작용에 교환 체계/기호의 추상 작용(모형들과 기호 계산에 모형들을 투입하는 작업)이 덧붙여져야 한다.

기호는 상품의 절정이다. 유행과 상품은 단 하나의 똑같은 형식이다. (이익의 양적인 논리가 아니라) 다름아닌 교환가치/기호의 그러한 형식에 상품의 차별화가 단번에 새겨진다. 상품의 완성 단계는 상품이 '약호'로서, 다시 말하자면 모형들의 기하학적인 유통 장소로서, 그러니까 (경제뿐만 아니라) 문화의 완전한 매체로서 부과되는 단계이다.

교환가치는 교환가치/기호를 통해 실현된다. 교환가치와 교환가치/기호는 사용가치를 통해 결정적으로 완결된다.

이 삼항식(교환가치, 교환가치/기호, 사용가치)은 인간이 (자기 '욕구'의 최종적인 충족에 의해) 실현되는 것으로 여겨지는 긴밀히 결합된 가치의 전체 영역을 묘사한다. 가치에 관한 그 마술적인 삼각형 안에서 인간은 자신의 '이용'률을 합리적인 계산에 따라 끊임없이 높이는 것으로 여겨진다. 그런데 인간은 그 삼각형의 한 꼭지점에서 다른 꼭지점으로 회부되면, 실제로 가치 안에서 스스로를 초월하거나 스스로에게 실증성을 부여하는 것 이외의 어떤 것도 바랄 수 없다. 그 삼각형은 여러 세기를 가로질러 인본주의의 정의와 혼동되고 있는 가치의 세계를 묘사한다.

가치에 관한 그 삼각측량은 덧셈 기호에 의해, 잉여가치의 논리에 의해(잉여가치는 가치와 떨어질 수 없는 것이다) 쉬지 않고 목적이 부여되는, 그리고 인간이 자신의 이름을 더럽힐 수 없을 것 같은 완전한 실증적 세계를 규정짓는다. 따라서 가치의 진전 과정은 환상에 종속하는 초칙화[3]——욕망의 실현 및 결핍의 해결, 욕망의 달성 및 수행('페르포르마레 *performare*'), 차이 및 상징적인 차원의 폐기가 이루어지는 장소——와 대등하다. 가치는 전체주의적이다. 가치는 양면성을, 그리고 인간이 끊임없이 가치 속에서 목적을 부여받고 등가와 잉여가치의 법칙에 의거하여 색인 형태로 분류되는 모

---

3) (역주) : 여기에서 환상 *phantasme*은 '다소간 의식적인 욕망들을 나타내는 상상적인 표상'이란 뜻이며, '환상에 종속하는'은 'phantasmatique'의 역어이다.

든 관계를 배제한다. 그러나 도처에서 이 양면성은 가치의 영역을 떠나지 않는다. 과실을 통해(비록 배후에 비쳐보이는 식일지라도) 다시 나타나는 것은 바로 양면성이다.

상품의 절대적인 처분 가능성 상황에 적극적으로(다시 말해서 자발적인 전유에 의해) 대처하지 못하고, 욕구의 정언적 지상명령에 순응하지 못하며, 자신이 바라는 것을 알지 못하고, 제공되는 것을 취하지 못하는 그 군중의 과실. 실제로, 무상성은 경제적인 의미에서 공급을 없애버리며, 그 서슬에 수요 또한 폐기된다. 따라서 무상성도 가치의 논리 속에서만 확립된다. 그 논리를 벗어나면 인간은 어떤 것도 '필요로' 하지 않는다. 사람들이 '필요로' 하는 것, 그것은 구입되고 판매되는 것, 계산되고 선택되는 것이다. 판매되지도 취득되지도 않는 것——주고 되돌려주는 것——은 어느 누구도 '필요로' 하지 않는다. 교환되는 눈길, 가고 오는 선물은 어느 정도 들이마시고 내쉬는 공기와 같으며, 교환·낭비·축제의——또한 파괴(생산을 통해 가치로 세워진 것이 파괴를 거쳐 비가치에 이른다)의——가치는 시세를 지니지 않는다. 가치에 대한 환상을 통해서는 욕망이 실현되지 않는다.

육상 경기자의 과실에서와 꼭 마찬가지로 소비재를 움켜잡지 못하는 그러한 무능에서 뻔히 드러나보이는 것은 개인의 '욕구'(이길 욕구 등)처럼 대대적으로 조직된 공식적 요구가 다른 것을, 그리고 매우 정확하게는 반대의 요구, 곧 이기지 않는 것, 지는 것, 포기하는 것을——그것도 가치의 목표·성과·실현(달성) 중심의 경제 활동으로 남아 있을 기본적인 경제 활동의 피학대음란증적 반전에 의해서가 아니라, 실로 결핍에의 전도된 근본적 요구에 따라——대신한다는 사실이다. 가치를 통한 모든 욕망의 실현은 그 반대의 극단에 이어진다. 왜냐하면 주체가 자기 자신의 욕망에 관해 제기하는 의문은 오로지 그 반대의 극단에 의해서만 만족의 항목에 보존되기 때문이다. 이것이 양면성의 토대이다.

취득은 결코 향유에 충분한 적이 없다. 받고 주고 돌려주고 파괴할 수 있어야 한다——가능하다면 동시에 말이다. 가치 실현의 과정은

240

——욕망을 실현하지 않으려는 요구, 곧 '결핍'과 동시에

——가치의 체계적인 논리에 의해 매개되지 않는 관계에의 요구, 곧 '상징적 교환'에 의해 규정되는 주체의 상징적 요구를 주체에게서 박탈함으로써, 그 모든 것을 궁핍의 양태로 변하게 한다.

이 근본적인 요구는 가치를 통해 승화된다. 왜냐하면 가치는 숭고하지만, 향유는 근본적이기 때문이다. 경제 분야에서, 그 숭고한 특성을 구체화하는 것은 상품이다. 거기에서는 주체가 물건들에 대해 갖는 수요의 끊임없이 갱신되는 실증성을 통해 주체의 근본적인 요구가 승화된다. 그러나 가치의 그 숭고한 실현 뒤에는 다른 것이 있으며, 다른 것이 말을 한다. 격렬한 파괴의 형태를 띨 수도 있지만 대개의 경우 결손, 투지 저하, 정신력 집중의 거부, 저항, 그리고 성취 거부의 형태를 띠는——그리고 현행의 경제 체제 전범위에 걸쳐서 향유율의 편향한 저하라고 불릴 수 있을 것의 형태를 띠는—— 무언가 완강한 것이 말이다. 획득 소홀의 불가해한 역경제 활동에 의하면, 최종심에서 주체의 존재를 굳건히 하는 것은 가치에 대한 그 뿌리 깊고 근본적인 부인, 동일성과 등가의 원리에 대한 그 잠재하는 폭력, 만족 저편에서의 그 동요이다. 그런데 이것은 메타-심리학[4]에 속하지 않는다. 경제학과 현행의 인문과학이 자체의 실패를 설명조차 할 수 없는 상태에서 자체의 합리적인 체계가 무너지는 것을 지켜보는 것은 그 모든 것을 모조리 '메타'-심리학 속으로 몰아냈기 때문이다.[5]

---

4) (역주): 심리이상학 또는 초심리학으로도 번역될 수 있을 것이다. 본래 프로이트가 자신의 이론을 의식에 관한 여러 철학적 또는 사이비 과학적 심리학들의 심적 장치와 구별짓기 위해 만들어낸 용어로서, 심적 과정의 동적·의론(議論)적·경제적 관계들에 관한 일반화된 이론적 해석을 뜻한다.

5) 도처에서 이루어지고 있는 그 역경제 활동의 매우 적절한 사회적·정치적 보기는 소년 교도소에 갇힌 청년 주인공이 운동 경기에서 눈부신 승리를 일부러 포기하여 동시에 자신을 억압하는 자들의 깃발이 승리를 구가하게 하지 않는 영화 「장거리 경주자의 고독」에 의해 제시되었다. 그는 경기에서 짐으로써 자신의 진실을 구해낸다. 여기에서 의지 저하하는 계급의 반항과 겹친다. 여기에서는 그 과실이 깊이 생각하고 난 뒤의 것이지만, '우연한' 실수, 실패한 행위 등도 부인과 저항의 잠재적인 의미를 지닌다고 인정할 수 있다. 400미터 육상 경주자 역시 자기 나름대로 교환가

손쉽게 향유하지 못하는 태도, 놓쳐버린 돈벌이 기회, 거기에서 말을 하는 것은 죽음의 충동인가?——도처에서 언제나 가치에 대한 일원적 환상에 대항하여 근본적인 차이를 보존하면서? 아마 그럴 것이다. 그러나 죽음의 충동에 입각한 담론은 주체의 초심리학에 너무 가까운 탓에, 그 이러지도 저러지도 못하는 상태, 자신의 욕망을 실현하지 못하는 주체의 그러한 투지 저하 속에 보존되는 것은 거세의 확인과 더불어 교환의 상징적 잠재성이라는 것을 망각한다. 결함이란 사람들이 다른 이들에게 모욕을 가하는, 그리고 다른 이들이 당신들에게 모욕을 가하는 원인이다. 가치의 진전 과정(상업과 관련된 투자이건 환상과 관련된 충전이건)에서는, 모든 것이 어떤 것과 대등하고 각자가 적어도 자기 자신과 동등함을 확신하기 때문에, 어느 누구도 다른 이에게 모욕을 가하지 않으며, 어떤 것도 무가치한 것이 아니다. 가치만이 교환되며, 다시 말해서 가치만이 가치 자체로 바뀌며, 개인들과 사물들은 가치의 항목으로서, 등가의 법칙에 따라 그렇게 된다. 이와 같이 교환의 잠재성을, 주체들의 차이와 결함이 진정으로 작용하게 되는 상호성의 잠재성을 유지하는 것은 '생의 본능 eros'이라고 말할 수 있을 것이다. ——반대로 죽음의 충동은 가치의 반복적 순환 과정 속에서 상징적인 것의 폐기를 지향하는 것이다. 이러한 관점에서 상품의 숭고하고 반복적인 세계는 그야말로 죽음의 충동이 실현되는 영역으로 간주될 수 있다.

그러나 이러저러한 심급의 꼬리표를 찾는 것은 결국 그다지 중요하지 않다. 요는 가치의 '객관적인' 진전 과정 아래에서 말하는 것은 ('변증법적' 모순의 의미에서) '모순되게' 말하지 않는다는 것을 파악

치의 체계 전체——이것의 형태들은 임금노동자 계급과 소비자 계급에 한정되지 않는다——를 문제삼고 있다. 각 육상 경주자는 이기기 위해 달림으로써, 서로 경쟁하는 가치관을 재활성화시키며, 교환가치를 그것도 개인적인 위세 충족의 '대가'로 재생산하는 데 힘쓴다. 이러한 층위에서도 착취는 노동력 판매의 층위에서보다 덜하지 않다. 각 육상 경주자의 투지 저하가 무의식적으로 일어나서 어긋나게 하는 것은 바로 이 날조된 교환의 역학이다. 이 점에서, (자본주의적 주위 상황의 법칙일 뿐인) 정상 상태에 대한 '심리적인' '기능 불량'은 정치적인 해석의 관할에 속한다. 오늘날 정치적인 것은 더 이상 '영역'도 정의도 없다. 이제야말로 정치적인 것의 잠재하는 형태들, 변이와 응축, 요컨대 정치적인 것의 '작용'을 드러내 보일 때이다.

하는 일이다. 양면성은 가치에 대한 변증법적 부정이 아니라, 가치의 무효화에, 가치에 대한 환상의 파괴에 감추어져 있는 부단한 잠재성이다. 양면성과 상징적인 것이 가치에 관한 담론에 대해 다른 약호를 내세우는 것은 아니다. 상징적인 것이 가치의 실증적인 초월성에 대해 자체의 근본성을 내세운다. 승화와 일반성(추상)의 논리에 욕망 실현과 상징적 교환의 근본성이 대립한다.

'백화점' 조작의 책임자들이 품은 '혁명적인' 착각을 분석해야 할 일이 남아 있다. 그들의 가설은 분명히 다음과 같은 것이었다: "우리는 교환가치를, 자본주의의 경기 규칙을 무력하게 만들 것이다. 우리는 상품을 순수한 사용가치로 복귀시키고, 동시에 의식을 기만에서 깨어나게 하며, 따라서 인간 관계의 투명성이 인간들 '자신의' 욕구에 귀착하도록 할 것이다." '지금 여기에서의' 혁명. 가장 순수한 철학적 마르크스주의에 의해 고취된 논리. 말하자면 (사용가치에 철학적·인본주의적 특전을 주기 위한) 사용가치와 교환가치의 근본적인 구별, 날조된 의식에 관한 합리주의적 이론이다. 결론——민중이 자유로운 사용가치를 자발적으로 되찾지 않는다면, 그 이유는 그들이 자기 억압과 자본주의적 존재 방식에 맞게 훈련되기 때문이며, 그들이 교환가치를 너무나 깊이 은폐해온 까닭에 한 사물이 그들에게 제공될 때 더 이상 그것을 탐낼 줄도 모르기 때문이다.

욕망은 결코 '자유' 속에서가 아니라 규칙 속에서, 결코 가치 내용의 투명성 속에서가 아니라 가치에 관한 약호의 불투명성 속에서 실현되는 성향이 있는바, '백화점' 조작은 이 사실을 망각한 행위이다. 욕망이란 약호에의 욕망이며, 그러한 욕망이 실현되려면 경기 규칙을 보전하는 것이 '필요'하다. 사회 질서는 바로 욕망이 자체의 실현을 위해 규칙에 결부시키는 그 감정상의 의의와 굳게 맺어져 있으며, 사회 질서가 자체의 재생산을 위해 활용하는 것은 바로 그러한 감정상의 의의이다. 환상과 제도, 권력의 정치적 질서와 성적 도착(욕망 실현)의 물신적 질서가 다시 합쳐지는 것은 바로 거기에서이다. 가치에 대한 환상은 또한 질서와 법에 대한 환상이다.

우리들의 사회에서 그 경기 규칙은 교환가치의 법칙이다. 더 이상 경기 규칙이 없다면 더 이상 흥미도 없다. 심지어는 더 이상 속임수를 쓸 수도 훔칠 수도(경제적 경기 규칙에 반종속적인 실행) 없다. 소비하는 것이 규칙 속에서만 가능하다면, 욕망이 물신숭배적으로만 실현된다면, 그 규칙의 철회는 자연발생적 향유의 길을 트는 것이 아니라 반대로 그러한 향유를 금한다. 그렇게 되면 사물들의 가격은 교환가치로서 양적으로뿐만 아니라, 베블런 효과에서처럼 차별적으로뿐만 아니라, 법칙으로서, 물신화된 형태로서 본질적이게 된다──판매 체계와 가치에 관한 정신 구조의 가장 중요한 사항. 그렇게 되면 사물들의 가격은 가치에 관한 정신 구조의 보증물이 된다. 사람들은 자연발생적인 무상의 탕진보다 이러한 균형을 더 좋아할지도 모른다. 하지만 지불되는 가격은 또한 향유의 대가인바, 향유율은 충족의 확대 재생산 주기에 따라 편향한 방식으로 떨어진다.

똑같은 방식으로, 지지 '않고는 배기지 못하는' 육상 경주자 또는 노름꾼 역시 싸움을 벌일 가능성 자체, (함께) 달릴 수 있게 하는 유일한 보호막, 곧 경기 규칙을 보존하기 위해 그렇게 한다.[6] 거기에서도 여전히, 경기 규칙을 구해내는 것은 이기는 것보다 더 근본적인 지상명령이다. 각 경기자는 암암리에 교환의 그러한 구조에, 그 집단적이고 무의식적인 기능에 순응한다.[7]

보다시피 여기에서는 '날조된 의식'과 혁명가들이 '해방을 가져다주는' 제거에 관해 어떤 환상을 마음에 품는가가 전혀 문제되지 않는다. 혁명가들은 욕망 실현과 교환가치 사이에 모순이 없다는 것을 알아차리지 못했다──실로 그 반대였다. 혁명을 실행하기 위해서는 그래도 가치에 기대는 것이 더 간단하기 때문에 그 모순을 강요하고 그리하여 모든 환상들을 교환가치로 집중시키는 것은 바로 관념론이다. 혁명가들 역시 가치에 관한 법칙의 근본성을, 따라서

──────────

6) 운동 경기의 이데올로기는 이 함축적인 '법칙'과 가장 강한 자의 법칙 사이의 혼합물이다.

7) 한 노름꾼, 한 경주자가 예외없이 언제나 이긴다면, 이는 교환의 법칙에 대한 심각한 침해, 근친상간이나 신성모독 같은 어떤 것일 터인바, 극단적인 경우에 집단은 마땅히 그런 자를 제거해야 할 것이다. 모든 항목이 다 갖추어져 있는 완결된 수집──이것은 죽음이다──도 똑같은 범주에 속한다.

그 법칙에 대한 위반의 과격성을 순화시키고 과소평가하기 때문에 말이다. 가치를 조심스럽게 다루며 피상적인 층위에서만 가치를 논박하는 개량주의자들은 자신들의 주도권에 대한 '대중'의 반발 부재를 직시하고는 깜짝 놀란다. 개량주의자들은 말할 나위없이 그러한 반발 부재를 자신들의 활동이 너무나 혁명적이었다는 사실 덕분으로 돌릴 것이며, '의식화'의 성숙에 희망을 걸 것이다. 그들은 그들의 활동이 너무나 개량주의적인 것으로 비쳤다는 사실에서 이러한 수동성이 유래한다는——그리고 그들은 이러한 수동성을 혁명에 이바지하는 수동성으로 해석하지 않고 개량주의에 대한 저항으로 해석하는 것이 아마 더 좋을 것이라는——추측을 한 순간도 하지 않을 것이다.

바꿔 말하자면, '해방된' '이용자들'의 '소극적인' 반발은 교환가치의 체계에 대한 그들의 순종에서가 아니라, 사용가치가 실제로는 교환가치의 농간일 뿐임에 따라, 사용가치에 대한 그들의 저항에서 기인한다. 모르는 사이에 사용가치의 장난에 넘어가는 것이 거부됨으로써, 모든 것은 마치 민중이 그 훨씬 더 치밀한 기만을 눈치채는 듯이 진행된다.

완전히 꾸밈없는 상태로 민중에게 다가오는 그 사용가치는 실제로 무엇인가? 그 봉헌물은 어디에서 오며, 누가 주는가? (생산물들의) 내용의 그러한 무상성은 무엇이며, 그것은 사회 관계의 투명성과 무상성을 밑받침하기에 충분한가? 전혀 아니다. 일방적인 증여는 자선일 뿐이다. 말하자면 양여되고 감내되는 상태로 체제의 깊은 논리 안에 머물러 있으며, 그리하여 혁명적인 상징적 활동도 자선 사업 행사를 주재하는 부인들의 열성 이상으로 일방적 증여를 벗어나는 것은 아니다. 그들은 비록 사용가치에 의해 깨달음을 얻었다 할지라도, 형식 상품을 타도하기 위해서는 추상성으로 충분하지 않다는 것을 알아차리지 못했다. 그런 것은 여전히 상품 출현 방식의 타도일 뿐이다. 교환가치의 논리를 철저하게 전복하기 위해서는, 사용가치의 자율성 또는 무상성을 복원하는 것으로 충분하지 않은바, 보답할, 다시 말해서 사회 관계의 형식을 변화시킬 가능성을 회복시켜야 한다. 가능한 반대 증여, 가능한 상호 교환이 없다면, 권력과 추상의 구조 속에 머물러 있을 수밖에 없다.[8] 실로 현재의 경우에서도 사정은 마찬가지이다. '해방자들'은 철저한 분석의 결핍으로 말미암아 가치(사용가치)의 일정한 층위를 보존하고 그 층위에서 가치를 이용함으로써, 동시에 일정한 수준의 권력과 공작을 보존해왔다. 그들은 가치를 농간질해서, 자신들의 잉여가치(지배에 관련된)를 논리적으로 끌어내왔다.

그리하여 느닷없이 양여된 저 사물들의 풍부함에 대한 소극적인 반응, 확립된 관계의 형식에 대한, 상황의 비상호성에 대한 방어 반응——"지불해서 어느 누구에게도 전혀 빚지지 않기를 선호하는" 이들의 방어 반응——일방적인 증여의 형식과 내용(이른바 '해방된' 사용가치)에서 당연하게도 체제의 다양한 변신을 눈치채는, 근본을 파헤쳐보면 '해방자들'의 반응보다 더 명쾌한 계급의 반응이 연유한다.

교환가치를 깨뜨리기 위해서는 가치(설사 사용가치일지라도)가 아니라 교환을 회복시켜야 한다. 사용가치는 교환가치와 같은 이유로 교환의 단절을 함축한다. 왜냐하면 가치로서 목적이 부여된 물건과 그 가치에 대한 관계 속에서 객관화된 개인을 같은 이유로 내포하기 때문이다. 상징적 교환에서 물건은 비록 충분한 가치를 띠었다 할지라도, 다시 그 '아무것도 아닌 것'(라틴어 낱말 '레스 res,' 용어의 양면성), 주어지고 보답되기 때문에 그러한 것으로서 상쇄되며 자체의 현존/부재로써 관계의 간격을 나타내는 그 대단한 것이 된다. 그러한 물건, 그 '레스 눌라 res nulla'[9]는 사용가치를 갖지 않으며, 글자 그대로 어떤 것에도 소용되지 않는다. 이처럼 끊임없는 상호적 교환 속에서, 증여와 반대 증여 속에서, 열린 양면성 관계 속에서, 그리고 언젠가는 궁극적인 가치 관계 속에서 의미를 얻는 것만이 교환가치를 벗어난다.

---

8) 일방적인 증여는 교환/증여의 반대이다. 교환/증여는 상호성을 밑받침하고, 일방적인 증여는 우월성을 밑받침한다. 특권자——봉건 사회에서는 봉건 군주——만이 보답함 없이, 반대 증여 없이 서슴지 않고 받을 수 있다. 왜냐하면 자신의 지위에 힘입어 도전과 위세 결손을 확고하게 방지할 수 있기 때문이다.

9) (역주): 가치 없는 것, 하찮은 것, 아무것도 아닌 것을 의미한다.

246

현재의 경우, '소극적인 반응'은 급진적인 요구의 입장으로, 물건들과 물건들의 가치가 아니라 교환 관계 자체를 해방시킬, 오늘날 가치의 폭력성이 도처에서 짓밟는 발언의 상호성을 해방시킬 혁명의 입장으로 해석된다.

역자 후기

　우리들은 온갖 종류의 물건들을 구입하고 사용하며 다 쓴 다음에는 버리고 다시 구입한다. 다시 말해서 소비한다. 당연해 보이며 아무런 비판 의식도 불러일으키지 않을 것 같은 이러한 소비 과정에서 보드리야르는 사회의 논리를, 이를테면 우리들이 어떤 사회와 어떤 사회 관계 속에서 살고 있는가를 읽어낸다. 주변의 사물들을 출발점으로 삼아 개인들의 심리와 위계를, 계급의 논리를, 사회가 돌아가는 이치를, 사회의 조직화 양태를, 지배 구조의 일반화 기제를 밝혀내는 셈이다. 『근사록(近思錄)』의 정신, 바로 여기에 사회학자 보드리야르의 독창성이, 보드리야르의 날카로운 안목이 있다고 생각된다. 그가 초기의 네 저서, 곧 『물건들의 체계』 『소비 사회』 『기호의 정치경제학 비판을 위하여』 『생산의 거울』을 통해 현대성에 관한 새로운 사유, 새로운 성찰의 영역을 확립했다는 평가 또한 바로 여기에 연원을 두고 있을 것이다. 그런데 소비가 우리들의 일상사이고 우리들이 물건들뿐만 아니라 물건들의 이미지(예컨대 텔레비전이나 잡지 등에 나오는 광고 영상이나 사진)와 물건들에 관한 담론들(예컨대 자동차에 관해 끊임없이 되풀이되는 대화)에 둘러싸여 있다고 해서 보드리야르의 담론이 그렇게 쉽게 이해되리라고 생각하면 오산일 것이다. 그가 정밀하게 분석하고자 하는 것은 소비하는 행위가 아니라 거기에 작용하는 복잡한 사회의 논리와 계급의 교묘한 지배 전략이고, 후기의 저서로 갈수록 그의 담론이 구체적인 물건들의 세계를 떠나 사변적인 층위로 '증발하는' 듯이 보이기 때문이다. 그의 분석은 생산보다는 소비를 우위에 둔 일상성의 사회학이라고 불리지만, 우리들이 일상 생활 속에서 재화의 풍부함과 신기한 기능성에 홀려 의식이 마비되어왔고 그리하여 사물들의 그 새

248

로운 질서 뒤에 숨은 논리와 백색의 전략들을 보지 못하는 까닭에 일상적인 것도 익숙한 것도 아니다. 오히려 한번 더 뒤집어서 이면의 것을 들여다보는 제도와 문화의 사회학이다.

이러한 사정은『기호의 정치경제학 비판을 위하여』에서도 마찬가지이다. 이제야 우리말로 번역된 이 책은 그의 초기 학문 체계에서 상당히 중심적인 자리를 차지하는 것 같다. 처음 두 저서, 곧『물건들의 체계』와『소비 사회』에서 제기된 문제들을 심화시키고 좀더 체계적으로 제시해놓았을 뿐만 아니라, 뒤이어 출판된『생산의 거울』에까지 직접적으로건 간접적으로건 연결되기 때문이다. 심지어는『상징적 교환과 죽음』『유혹에 관하여』『모사물들과 모사』『숙명적 전략』에서도『기호의 정치경제학 비판』의 편린이 여러 군데에서 눈에 띈다. 그리고 잘못하면 정신이 산만해질 정도로 치밀하고 논리적이면서도 쉽게 이해되는 재미가 있으며 접근하기가 용이하다. 따라서 보드리야르 사유의 바탕을 파악하는 데에는『기호의 정치경제학 비판』을 읽는 것이 효과적일 것 같다.

『기호의 정치경제학 비판』에서 출발점을 이루는 것은 경험론의 가설, 곧 욕구의 이데올로기와 사용가치의 신화에 대한 논박, 경제의 영역에서 사용가치는 더 이상 경제적 생산의 기반이 아니라는 공정 증명, 소비 사회에서는 모든 생산물이 즉각적으로 기호 겸 교환가치로서 산출된다는 단언 등이다. 이 책에서 보드리야르는 물건들을 교환가치/기호로 보는 기본적인 시각에 입각하여 기호 체계에의 접근을 소묘한 11편의 시론을 모아놓고 있다. 이를테면 현실적인 것, 상징적인 것, 상상적인 것의 층위를 넘나들면서, 욕구의 이데올로기적 기원을 따지기도 하고, 그림의 서명과 미술품 경매라는 구체적인 사례를 대상으로 하여 자본주의 사회의 숨은 체계를 드러내기도 하며, 일반 이론을 시도하기도 하고, 대중매체와 디자인의 이데올로기적(전략적) 기능을 분석하는 등 여러 각도에서 이른바 '기호의 정치경제학'에 입각해서만 제대로 설명되는 현대 사회의 본질적인 면모를 드러내고 비판을 행한다──이것이 제목의 진정한 의미일 것이다.

그 중에서 가장 흥미로운 것은 아무래도「대중매체를 위한 진혼곡」일 것이다. 그 시론은 보드리야르가 신명나게 말하고 있다고 느낄 정도로 유독 수월하게 읽히며, 68년 5월의 학생 시위와 총파업이 대중매체의 보도로 인하여 확산되어 혁명에 이르기는커녕 오히려 진정되는 역설——신문·라디오·텔레비전 등 매체들의 일방성에서 기인하는 당연한 역설——을 탁월하게 설명하며, 마르크스의 『정치경제학 비판』을 뛰어넘었다는 자긍심 같은 것이 엿보이기도 한다. 아무튼 보드리야르는 마르크스가 『정치경제학 비판』에서 형식/상품에 대한 비판을 행했듯이 『기호의 정치경제학 비판』을 통해 형식/기호에 대한 정치적 비판을 행한다. 여기에는 물건들과 물건들의 기능을 기호로 보고 소비를 사회의 언어로 보는 초보적인 기호학이, 물건들의 체계는 언어처럼 조직된다는 생각이 깃들어 있다. 그리하여 기표와 기의, 의미 작용, 지시 대상과 참조, 내포적 의미와 외연적 의미 등의 기호-언어학적 개념들과 의사 소통 이론이 사회에 대한 정치경제학적 분석 및 비판의 도구로서 원용되고 있다. (번번히 나타나는 중요한 개념으로는 그 밖에도 모사물과 모사, 추상[또는 추상 작용] 등이 있는바, 이것들에 대한 정의는 역주를 참고하면 될 것이다.) 그리고 이 책은 개별적인 시론들의 모음이라고 하지만, 맨 처음의 시론 「기능-기호와 계급의 논리」가 전체 내용에 대한 서론의 구실을, 맨 마지막 시론 「교환가치를 통한 욕망의 실현에 관하여」가 결론의 구실을, 그리고 나머지 시론들이 본론의 구실을 훌륭히 떠맡고 있다는 점에서 충분히 하나의 일관성 있는 저서로 간주되고도 남을 것이라 생각된다. 단절된 듯하면서도 이어져 하나의 전체를 이루는 것이 보드리야르(또는 그의 글쓰기)의 '현대성'을 구현하는바, 한편 한편이 독립적으로 깊은 흥미를 자아내면서 동시에 어느 한 시론이라도 빠진다면 이 책 전체의 진면목이 일그러질 정도이다.

그러면 보드리야르가 이 책에서 궁극적으로 노리는 것은 무엇일까? 그것은 우선 정체를 감추고 있는 지배의 관건, 지배 구조의 참모습, 지배 권력의 일반화된 전략과 전술을 발가벗기듯 드러내는 작업이다. 말하자면 타도나 비판의 대상(이것이 유형적 실체인 것은 아니다)을 고정시키는 일이다. 그리하여 공격 대상을 파악하지 못하고 우왕좌왕하지 않도록 하자는 것으로 보인다. 또한 「교환가치를 통한 욕망의 실현에 관하여」에서 드러나듯이, 가치의 폭력성을 청산하고, 교환가치를 깨트리고, 흉측스러운 현대 사회의 교묘한 지배 체제를 타도하자는 것일 터이다. 어떻게? 가치(설령 사용가치일지라도)가 아니라 교환을, 끊임없는 상호적 교환을, 증여와 반대-증여를, 교환/증여의 상호성을, 물건이 그 '아무것도 아닌 것'으로 다시 바뀌는 상징적 교환을 복원함으로써이다. 보드리야르는 맨 마지막 단락에서 이렇게 말한다: "현재의 경우, '소극적인 반응'은 근본적인 요구의 입장으로, 물건들과 물건들의 가치가 아니라 교환 관계 자체를 해방시킬, 오늘날 도처에서 가치의 폭력성이 짓밟은 발언의 상호성을 해방시킬 혁명의 입장으로 해석된다." 적어도 순수한 체하는 교활한 지배의 책략과 '사냥개를 속이는' 전략에 농락당하거나 사기당하지 않게 해줄 소극적인 반응——이 반응을 혁명의 입장으로 해석하는 그의 결론은 마르크스에 의해 생산성 본위의 이론적 모형이 창안되었다고, 그 모형에서 노동에 대한 물신숭배가 비롯되었다고 확인하면서 서양의 형이상학 전체가 반영되는 생산의 거울을 깨트리자는 제안, 요컨대 삶을 변화시키는 것이었던 마르크스의 요구가 현실이 되었다고 주장할 수 있기 위해서는 프롤레타리아트의 승리를 공언하는 것으로 충분하지 않다는 명제(『생산의 거울』)와 일맥상통한다고 말할 수 있을 것이다. 또한 도전에 의해서만, 노예의 도덕과 유예된 죽음을 거부하고 격렬한 죽음의 위험을 받아들여 상징적 지배 전체를 위태롭게 함으로써만 체제를 파괴할 수 있다는, 권력을 떨게 만들 수 있다는 근본적인 전략(『상징적 교환과 죽음』)과도 궤를 함께한다.

그러나 80년대에 이르면 보드리야르의 사유가 대단히 비관적이고 허무주의적인 색채를 띠는 것 같다(『모사물들과 모사』『숙명적 전략』). 무엇 때문일까? 보드리야르 자신의 냉철하고 치밀하며 꿰뚫어 보는 듯한 고집스런 분석의 시선으로 말미암아 그의 이론이 극단을 향해, 자체의 한계를 향해 치달을 수밖에 없었기 때문일까? 물고기가 물을 떠나 살 수 없듯이, 그가 분석하고 비판한 체제와 사회의 논리에 그가 어쩔 수 없이 잠겨 있기 때문일까? 달리 말해서 그의 이론이나 분석 자체의 논리적 관성(慣性) 때문일까, 아니면 권력이나 체제의 정교함과 견고함에서 혁명의 불가능성을 인정했기 때문일까? 추잡하거나 아니면 괴기스런 현대 사회를 부숴뜨리려 하지 않고, 그 전율스런 조직(에르네스토 사바토의 『알레한드라』에 묘사된 맹인들의 조직이나 카프카의 『소송』과 『성』이 내보이는 세계와 같은)을 분석적으로 드러내 보여주기만 함으로써 그것이 비판을 구성하는 데 만족했기 때문일까? 어쨌든 보드리야르의 허무는 니체의 허무에 비해 투명하면서도(아니 투명하기 때문에) 더욱 빠져나오기 힘들고 어떠한 유토피아도 부정되는 그러한 허무이다. 니체의 시대에는 신이 죽었다 해도 아르카디아의 환각이 황홀경을 유발할 수 있었지만, 보드리야르의 시대에는 곧 우리들이 살고 있는 시대에는 그러한 환각조차 허용되지 않는 것일까? 물건들과 더불어, 환경의 통제와 비례하여 사람들조차 점점 더 깊이 통제의 망 속으로 들어가기만 하는, 올더스 헉슬리의 '멋진 신세계'에 이르는 길밖에 없는 것일까? 왜 인간들은 갈림길에서 언제나 파국의 길로 접어드는 듯이 보이는 걸까? 서양 문명이 기본적으로 군신 마르스의 문명이기 때문일까? 모든 문화는 본질적으로 군사 문화이기 때문일까?

문장이 길지 않고 길 경우에도 짧게 끊기는 듯하면서 논리적으로 치밀하게 짜여져 있으며 독립적인 조각들의 모음 같고 중복이 많으면서도 일관성이 있는 보드리야르의 담론을 우리말로 옮기기에는 아무래도 힘에 겨웠고, 더군다나 사회과학과 철학에 관한 소양의 부족으로 틀린 데가 많을 것이라 생각된다. 그렇다고 기소를 면하려는 생각은 조금도 없다. 독자들의 질정(叱正)과 자비를 바란다. 마지막으로 출판을 맡아주신 문학과지성사의 김병익 선생님, 선배님 그리고 편집부 직원들께 감사를 드린다.

1992년 11월

역　자

우리 시대의 고전 4

기호와 정치경제학 비판

초판 1쇄 발행__1992년 12월 10일
초판 3쇄 발행__1995년 3월 20일
재판 1쇄 발행__1998년 10월 21일
재판 5쇄 발행__2023년 2월 20일

지은이__쟝 보드리야르
옮긴이__이규현
펴낸이__이광호
펴낸곳__㈜문학과지성사
등록번호__제1993-000098호
주소__04034 서울 마포구 잔다리로7길 18(서교동 377-20)
전화__02)338-7224
팩스__02)323-4180(편집) 02)338-7221(영업)
전자우편__moonji@moonji.com
홈페이지__www.moonji.com

ISBN 89-320-1029-3